Stefan Bittner

Phönizisches Wörterbuch

mit Punisch, Neupunisch und Kurzgrammatik

Die Deutsche Bibliothek - CIP-Einheitsaufnahme

Stefan Bittner

Phönizisches Wörterbuch mit Punisch, Neupunisch und Kurzgrammatik/Stefan Bittner. Frechen: Bodem, 2023

ISBN 978-3-934215-15-3

Veröffentlicht im Bodem Verlag, Frechen 1. Aufl. September 2023

Gestaltung: Stefan Bittner

Druck und buchbinderische Verarbeitung: Alpha Print

ISBN 978-3-934215-15-3

Printed in Germany

Inhaltsverzeichnis

Vorwort

Das Phönizische führt unter den älteren Sprachen eine Art Schattendasein: weltweit gibt es kaum eigenständige Lehrstühle, Wörterbücher und Grammatiken sind rar und vielfach mehrere Jahrzehnte alt. Wer hierzulande das Phönizische studieren will, muss sich an theologische Seminare mit einem entsprechenden Zusatzangebot halten. Darüber hinaus bieten die Lehrbücher nur selten phönizische Buchstaben oder lateinische Umsetzungen, sondern arbeiten mit der hebräischen Schrift. Ein autodidaktisches Herangehen an die alte Sprache ist damit erschwert. Dies obwohl das Phönizische nicht nur die ‚Mutter' des Hebräischen ist, sondern auch auf viele andere Frühsprachen des Mittelmeerraums einwirkte: auf das Aramäische, Griechische, Lateinische und Arabische[1]. Sogar manche kyrillisch notierte Sprachen und indische Dialekte gehen auf das Phönizische zurück. Diese Entwicklung war kein Zufall, denn die Variationsbreite einer gesamten Sprache mit 22 Buchstaben notieren zu können, war wohl die innovativste aller phönizischen Erfindungen und beendete die Epoche der Bilder- und Silbenzeichen.

Allein dies ist Anlass genug, das derzeit bekannte phönizische Vokabular und die zugehörige Grammatik auch für EinsteigerInnen und historisch interessierte Autodidakten bereitzustellen: Im Folgenden geht es also weder um Quellenforschung noch um etymologische Detailfragen, sondern schlicht um eine handhabbare Zusammenfassung längst bekannter Informationen. Die Erstellung der Wortverzeichnisse war dabei ebenso einfach wie arbeitsintensiv: Alle Vokabeln und Namen des jüngsten Wörterbuchs von Krahmalkov (2000) gehen in die vorliegende Sammlung ein. Was dort fehlt, wird aus älteren Werken - etwa von Levy (1864/2006), Harris (1936), Tomback (1978), Schröder (1979), Fuentes-Estañol (1980) und Friedrich/Röllig (1999) - ergänzt. Der grammatische Teil gibt dann ausgewählte Kernbereiche aus Friedrich/Röllig (1999) und Krahmalkov (2001) wieder[2]. Als erweiternde Sicht wurde noch Burchhardts Sammlung altkanaanäischer Fremdwörter im Phönizischen herangezogen (1909/1910 u. 1988).

---

1 Zum Modellcharakter des phönizischen Alphabets vgl. u.a. Sethe 1916. Nilsson 1918. Carpenter 1933. Jensen 1969.

2 Vgl. dazu die Zusammenstellung von Grammatiken und Glossarien bei Krahmalkov 2001, XIV-XV sowie die verschiedenen Verzeichnisse bei Friedrich/Röllig 1999, 235-250 (Register phönizischer Worte), 251-254 (griechisches Register), 262 (lateinisches Register), 263-266 (Sachregister) und bei Krahmalkov 2001, 299-309 (Sachregister mit einem Register von Schlüsselwörtern).

Die hier vorgelegte Publikation teilt sich in drei Hauptbereiche: Zunächst wird ein alphabetisch geordnetes Phönizisch-Deutsches Wörterbuch geboten, in das - zusätzlich zu den Übersetzungvarianten - der jeweilige fachliterarische Fundort sowie die Dialektzugehörigkeit eingehen und das deswegen als Hauptverzeichnis gilt. Sodann ein Deutsch-Phönizisches, thematisch strukturiertes Wörterbuch, das die Begriffsbreite zeigt, die für die jeweiligen Lebensbereiche überhaupt und die alltäglichen Verrichtungen zur Verfügung stand. Hier angeschlossen ist ein alphabetisches Deutsch-Phönizisches Wortverzeichnis. Schließlich folgt eine kurz gefasste Grammatik, über die ein erster Einblick in die sprachlichen Besonderheiten des Phönizischen gewonnen werden kann.

1. Einleitung

Die phönizische Sprache wird üblicherweise anhand der bisher bekannten Schriftquellen rekonstruiert, die als Inschriften auf Stelen, Sarkophagen, und Gedenktafeln, als Legenden auf Münzen, Gemmen, Siegeln, manchmal auch als Kritzel auf Tonscherben aufgefunden und oftmals aus relgiösen Motiven notiert wurden[3]. Nur selten sind längere zusammenhängende Texte wie etwa die Kilamuwa-Inschrift, die Regesten des Aztwadda, die Inschrift Esmun-Ezers (Eschmunazars), die Inschrift auf der sardischen Nora-Stele, Hannos Bericht über seine Westafrika-Umseglung bis zum Golf von Guinea (Periplus, griechische Übersetzung) oder seine Rede im Poenulus aufgefunden worden. Die Quellenlage ist damit vergleichsweise rar und reicht selten weiter zurück, als bis zum Beginn des ersten vorchristlichen Jahrtausends. Deutlich wird die Entwicklung von Sprache und Schrift vor allem mit Blick auf die frühe phönizische Geschichte:

1.1 Kurze Geschichte der frühen Phönizier

In der Fachliteratur wird das erste Auftreten der Phönizier („Paläophönizier")[4] und ihrer Kulturmerkmale im östlichen Mittelmeerraum auf die Frühe Bronzezeit (3100 – 2300 v. Chr.) datiert. Laut Herodot wanderte ein - von den Griechen ‚Phönizier', in der Bibel ‚Kanaaniter' bzw. ‚Kanaanäer' genanntes - akkadisch schreibendes semitisches Nomadenvolk vom Roten Meer aus zum Mittelmeer und besiedelte dort den

3 Zur Quellenlage und zu Sammlungen aufgefundener Inschriften vgl. Harris 1936, 1-5. Schröder 1979, 47-72, Friedrich/Röllig 1999, 7; 267- 280. Münzen bei Müller 1860-1872. Hill 1903 (2022) und 1910- Charrier 1912 (2022). Bronzen bei Acquaro 1988.

4 ‚Paläophönizier' ist der Fachterminus für die vielfach belegten Phönizier der frühen Bronzezeit. Lipinski 1982, 339.

südöstlichen Küstenstreifen (Levante)[5]. Dort fanden sie den seit dem 5. Jtsd. v. Chr. besiedelten Küstenort Byblos (gr. Gubla, Gubal oder Gabal) vor und machten ihn zu ihrer ersten Hauptstadt[6]. Wahrscheinlich befestigten sie ihn um 3000 v. Chr. mit einer Stadtmauer. Um 2800 v. Chr. wurde der Tempel der *Baalat-Gabal* (Dame von Byblos) gebaut, in dem u.a. ägyptische Weihgaben aufgefunden wurden. Die Lokalgöttin beherrschte mit ihrem göttlichen Partner *Baal Shamen* den religiösen Stadtkult; der jeweilige König hatte auch gleichzeitig die Position des obersten Priesters[7].

Nicht weit von Byblos entstand um 2750 v. Chr. als phönizische Neugründung und zweite Küstenstadt Tyrus[8]. „Die zahlreiche Bevölkerung ... wohnte ursprünglich in Hütten und Zelten, so dass die neue Ansiedlung oder die Neustadt (**qrt chdšt**, Qart Hadasat) ... anfangs das Aussehen eines Lagers hatte und auch Lager (**mahanat**) genannt wurde“[9]. Hinweise legen nahe, dass die Expansion der Phönizier zu den Mittelmeer-Küsten schon um diese Zeit beginnt; Moscati hat dafür den Terminus ‚Präkolonisation‘ geprägt[10]. Die eigentlichen städtebaulichen und archäologisch nachweisbaren Maßnahmen erfolgten bei allen phönizischen Niederlassungen jedoch deutlich später. So etwa ist in Byblos ein Tempel des Baal-Hadad erst ab 2300 v. Chr. nachweisbar[11].

Zudem verstanden es die Könige von Byblos bis 2500 v. Chr., ihre Herrschaft auf ein umliegendes Territorium auszuweiten, das in alten Texten **Ga-na-ne** (Kanaan) oder **La-ba-na-an** (Libanon) bezeichnet wird[12]. Die Immigranten entwickelten als ehemalige Bewohner Mesopotamiens die dortige Fluss-Schifferei zur Küsten- und Hochsee-Schifffahrt fort, so dass Byblos insbesondere durch seinen Seehandel zur reichsten und dynamischsten Städte Libanons avancierte: Die byblischen Herrscher verfügten

---

5 Hdt. I 1. Allgemein zur phönizischen Geschichte und Frühgeschichte vgl. u.a. Pietschmann 1889 (2002). Albright 1941. Harden 1962. Moscati 1968. Röllig 1983. Markoe 2003. Sommer 2008, 14. Lerberghe/Schoors 2009. Kistler 2009. Rawlinson 2013. Generell empfiehlt sich das Lexikon von Lipinski (1982).

6 Zu Byblos vgl. Virolleuad 1922. Navaille 1922. Montet 1923. 1928. Torrey 1925. 1926. Vincent 1925. Spiegelberg 1926. Lidzbarsky 1927. Dunand 1945. 1950. 1936-1958. Herrmann 1958. Mellaart 1959. Février 1966. Smith 1969. McCarter/Coote 1973. Rauck 1973. Ginsberg 1973. Starcky 1974. 1969. Schiffmann 1976. Salles 1980. Thiolett 2005. Kertai 2022. Kertai/Zaven 2023.

7 Aubet 2001, 18. 122. 127.

8 Vgl. Hdt. II 44. Strab. XVI 2, 22. EÜ Jesaja XXIII 7. Die lange Zeit bezweifelte Datierung Herodots (2750 v. Chr.) ist inzwischen archäologisch bestätigt.

9 Schröder 1979, 278. Diese allgemeine Eigenart wird später speziell für Karthago überliefert. Der generell eingesetzte Terminus **Quart Hadasat** hat sich im griechischen *Karchedon* für Karthago erhalten. Zur phönizischen Frühkolonisation vgl. auch Albright 1941.

10 Moscati 1983. 1996. Zum Expansionsgeschehen auch Brunner 1979. Liverani 1990 und Kistler 2009.

11 Hdt. II 43-44. Arr. II 15,7-16,7.

12 Aubet 2001, 16.

bereits um 3000 v. Chr. über eine Flotte von vierzig hochseetauglichen Schiffen, die sie zum Handel mit farbigen Textilien Elfenbein, Edelmetallen, Luxusgütern wie etwa Bronzevasen und Silberschalen oder Zedernöl zur Mumifizierung einsetzten[13]. Offenbar war es die Holzbau-Technologie, die diesen Übersee-Handel mit entfernteren Küstengebieten ermöglichte[14], wobei gerade der Transport von Metall den Einsatz von Schiffen erforderlich machte[15]. So etwa schreibt einer der frühen Herrscher von Byblos: „und ich schickte/segelte Frachtschiffe auf ferne Reisen“ (**wdrkm rchqm jlkt brrm**)[16], womit sicherlich nicht allein Ägypten gemeint ist und was Stützpunkte an fernen Küsten erforderte. Der phönizische Terminus für ‚Frachtschiff‘, ***br*** (*baru*), ist damit erstmals belegt.

1.2 Schiffbau und Schifffahrt

So weit bisher bekannt, gab es fünf phönizische Schiffstypen: Den doppelstöckigen und kastenförmigen Frachter (neubabyl. **sapinatu**), den kleinen Binnentransporter (gr. **hippos**), das den ägyptischen Nilseglern ähnliche, jedoch hochseetaugliche Byblos-Schiff (**kbnt**), das flache und schmale Schnellboot (phön. **kirkarah**) mit etwa 25 Ruderern pro Schiffsseite und den bauchigen Handelssegler (gr. **gaulos**)[17] der Klassischen Zeit. Überliefert sind auch die - technologisch bisher unspezifizierten - Termini **kmrj** für ‚Kutter‘, **krsj** für ‚Kanu‘, **krr** für eine noch völlig unbekannte Schiffsart und **an** allgemein für ‚Flotte‘. Alle Bootsarten durchliefen mehrere Entwicklungsstadien; als hochseetaugliche **br**-Frachter kamen nach bisherigen Erkenntnissen nur **sapinatu**, **kbnt** und **gaulos** in Frage. Es wird immer wieder darauf hingewiesen, dass einige dieser Schiffsformen auf skandinavischen Felsritzzeichnungen (hällristningar) auftreten; speziell mit

---

13 Aubet 2001, 59-61. Speziell zum byblischen Textilhandel vgl. Lipinski 1982, 446, zum Elfenbeinhandel 233-237. Zum späteren Elfenbeinhandel vgl. auch den in Byblos gefundenen Elfenbein-Dolch mit figürlich geschmückter Goldblech-Scheide (19.-18. Jhdt.v.Chr.) im Nationalmuseum Beirut (Lipinski 1982, Fig. 57).

14 Eine solche Frühterminierung wird auch von der jüngsten Westphönizier-Forschung bestätigt. Vgl. etwa Aubet 2001. Zuvor bereits auch Garcia y Bellido 1942. Guzzo Amadasi 1967. Galling 1972. Blázques 1975a.b. Zum internationalen Handel der Phönizier vgl. Ward 1968. Leclant 1968. Liverani 1990.

15 Nach Aristoteles (Polit. 1257ff.) ist Metall zu Schiff weitaus besser transportierbar als über Land. Zum Kupferhandel im Mitelmeerraum Wheeler/Muhly/Haddin 1979.

16 Es handelt sich um die Byblos-Inschrift 13.3. Krahmalkov (2000, 144. 152) übersetzt den Terminus ***brrm*** mit „*br-ships*“ („br-Schiffe“) bzw. „*cargo-vessels*“ („Frachtschiffe“). Da der Plural eigentlich ***brjm*** heißen müsste, könnte ***rm*** (hoch/Höhe) zusätzlich auf einen besonders hohen Aufbau hindeuten. Röllig (1974, 2. 12/13) übersetzt mit „und ferne Wege ging ich überaus“ und datiert auf das 6. Jhdt. Der Terminus ***br*** für einen Schiffstypus ist allerdings bereits aus dem Reisebericht des Wen-Amun (11 Jhdt.) bekannt, geht also auf die frühphönizische Zeit zurück.

17 Zu diesen Schiffstypen vgl. insbesondere Barnett 1958 und DeGraeve 1981. Allg. auch Lethbridge 1952.

dem **sapinatu** wurden Handelsreisen nach Tartessos an der spanischen Atlantikküste unternommen[18].

Abb. 1: Phönizische Schiffe auf einem assyrischen Flachrelief in Korshabad, 7. Jhdt. v. Chr., links wohl das kastenförmige **Sapinatu**. Am Heck sieht man die beiden langen Steuerruder; beide Schiffe waren auch andersherum manövrierbar, wie an den Personen auf dem Oberdeck gezeigt wird. Aufgrund einer zweiten, leicht nach unten (oder innen) versetzten Ruderbank, eines zusätzlichen Oberdecks zur Personen- und Warenbeförderung sowie der Möglichkeit, ein Rahsegel einzusetzen, waren diese hochseetüchtigen Schiffe für lange Zeit einzigartig im Mittelmeer und wurden auch für Kriegszwecke genutzt. Bei beiden Abbildungen handelt es sich um Achtzehnruderer, evtl. mit zusätzlichen Soldaten, wie die Anzahl der an der Reling hängenden Rundschilde vermuten lässt. Es gibt allerdings auch Darstellungen von Schiffen gleicher Bauart mit mehr Ruderplätzen. Offenbar wurde das Schiff weiterentwickelt oder es liegen z.T. vereinfachende Abstraktionen vor (Aubet 2005 Fig. 10).

Wie ein moderner global *player* unterhielt Byblos die meisten internationalen Beziehungen[19]. Insbesondere sind es aber ägyptische Inschriften, die ab 2600 v. Chr. immer wieder die „Schiffe von Byblos" (**kbnt**) erwähnen, die Holz und Öl bringen; auf den Grabreliefs des Pharaos Sahure (2490 bis 2475 v. Chr.) sind diese Boote wohl erstmals abgebildet. Umgekehrt ist die 5. Dynastie für ihre frühen Handelskontakte mit Phönizien und Syrien bekannt; den Annalen zufolge entsandte Sahure seine Handelsschiffe sogar nilaufwärts ins Weihrauchland Punt[20]. Dem entsprechend entstand ab 2500 v. Chr. eine lebhafte Korrespondenz zwischen den byblischen Herrschern und

---

18 Früheste Seekontakte und Handel zwischen Vorderasien und Skandinavien liegen bei den vielen Nordfahrten der Phönizier auf der Hand. Henning 1944. Dies wird in der Fachliteratur auch immer wieder angedeutet, so etwa hinsichtlich des frühen Mittelmeer-Schiffbaus bei Lethbridge (1952, 8. 92ff.) und Braunmüller (1998) oder allgemeiner Kulturkontakte wie bei Schauer (1985), Thrane (1990) und Burkert (1997). Zur Identifikation des **Sapinatu** als das Tarsis-Schiff Hirams I. und Salomos vgl. Barnett 1953, 140. 1958, 225. 226. 229.

19 Die Annahme, dass die Phönizier von Byblos aus sogar Südamerika entdeckten (Thiolett 2005, 31/32) und über Indien schließlich auch die Inseln des Pazifiks besiedelten, erscheint deutlich übertrieben.

20 Krug 1978, 5 Anm. 4. Vgl. die Funde von Dorak/Türkei bei Mellaart (1959, 754)

den Pharaonen[21]. Etwa seit dieser Zeit belieferte die phönizische Stadt Ägypten vorwiegend mit Zedern-Bauholz für Gebäude[22], so dass Byblos im Nachhinein wie eine ägyptische Handelskolonie erscheint[23].

Dieser irrige Eindruck ist Folge der ökonomisch-kulturellen Konstellation: Von Anbeginn sind Diversität und Multikulturalität unter Haupteinfluss des jeweils wichtigsten Handelspartners - in diesem Fall Ägypten - phönizisches Kulturspezifikum und archäologisches Erkennungsmerkmal. Für die umliegenden Machtblöcke viel entscheidender war jedoch die politische Enthaltsamkeit phönizischer Städte: Alle Entscheidungen wurden letztlich von den mächtigen Großkaufleuten (akkad. **tamkaru**, Sg. **tamkarum**) getroffen, die als Eigner von Handelsflotten den Wohlstand der Stadt beeinfussten und aus ökonomischen Erwägungen wenig Interesse an Kriegszuständen hatten[24]. Die reichen Privatiers schlossen sich zunehmend zu Ältestenräten (akkad. **šibatu**) zusammen, die schließlich auch legislative und judikative Funktion einnahmen (phön. **spt**, **sophet** bzw. Suffeten)[25]. So lange Byblos keine eigene Streitmacht besaß, florierte der Handel mit Ägypten, wobei die Funktion des byblischen Königs vorwiegend repräsentativ blieb.

1.3 Seehandel

Wie spätere Quellen zeigen, gründeten und unterhielten diese Großkaufleute feste Seehandels-Assoziationen bzw. -kompanien (phön. **hbr**, **hubur**) mit anderen Ländern oder dort befindlichen eigenen Niederlassungen, so dass Byblos (und auch das nahe gelegene Ugarit[26]) ab 2500 v. Chr. über den Seeweg zu Kulturvermittlern zwischen den größeren Anrainern des Mittelmeers, insbesondere zwischen Syrien und Ägypten, wurden[27]. Hier spielte der Handel mit Kupfer und Zinn zur Herstellung von Bronze eine wichtige Rolle[28]. Nachweislich sind die byblischen Schiffe auch mit der kupfersteinzeitlichen Naqada-Kultur am Nil in Handelskontakt getreten, die sich zwischen 4500 und

21 Aubet 2001, 120. Siehe dazu den ägyptischen Fund eines Papyrusbriefs in frühphönizischer Sprache bei Delekat 1971.
22 Vgl. dazu wesentlich DeGraeve 1981 und auch Barnett 1958, 226. Aubet 2001, 18.
23 Aubet 2001, 18.
24 Aubet 2001, 85ff. Der Terminus ist seit dem 3. Jtsd. v. Chr. bekannt.
25 Aubet 2001, 120.
26 Vgl. die phönizischen Silberschalen mit vielen Darstellungen des Alltagslebens bei Lagarge 1983, Taf. 113/114 und die phönizischen Bronzen bei Acquaro 1988.
27 Albright 2008, 24. Goedicke 1975, 66ff. 152. Katzenstein 1983, 599, Anm. 1. Saghieh 1983. Aubet 2001, 18. 93.
28 Wheeler/Muhly/Haddin 1979.

3000 v. Chr. zwischen dem unterägyptischen Amara und dem oberägyptischen Assuan ausdehnte[29]. Zudem stand von dort aus der Weg zu den Gütern des Landes Kush/Nubien – Elfenbein und Edelmetalle – offen. Es gab zwar noch keine Münzen, aber offenbar festgelegte Wertigkeiten im Warentausch.

Die Frühe Bronzezeit muss mithin als die größte Zeit des byblischen Handels, Byblos selbst als prähistorisches Zentrum der mediterranen Schifffahrt und Schiffssindustrie gelten. Nicht von ungefähr galten die byblischen Bootsingenieure noch lange Zeit später als Experten für die Reparatur einer jeden Havarie[30]. Die Frühe Bronzezeit endet mit 400 dunklen Jahren (2300-1900 v. Chr.): Der kriegerische Ansturm der semitischen Nomadenvölker Amoriter (Amurru) und Hurriter führt zu Zerstörungen - die Handelsbeziehungen Byblos‘ brechen ab und die Monopolstellung der Stadt endet vorerst[31].

In der Mittleren Bronzezeit (1900-1550 v. Chr.) geriet Byblos zunächst unter ägyptische Herrschaft, während Tyrus freie Handelsstadt blieb. Um 1650 vor Chr. erfolgte jedoch der sog. Hyksos-Sturm auf Ägypten, einer Kampfgemeinschaft von Amoritern und alteingesessenen Kanaanitern, der zu einer Befreiung der phönizischen Städte sowie zu einer Eroberung Unterägyptens mitsamt einhundertjähriger Besatzung des Nildeltas führte. In dieser Zeit stellten die Hyksos sogar die 15. und 16. ägyptische Pharaonen-Dynastie[32]. Gegen Ende der Mittleren Bronzezeit gewann Ägypten wieder die Vormacht über das Nildelta, ab nun wurden Ugarit, Byblos und Tyrus zu Zentren eines weitreichenden mediterranen Handelsnetzes.

Dementsprechend nahm Byblos - nun im Verbund mit Tyrus - in der Späten Bronzezeit (1550-1200 v. Chr.) seine ehemals intensiven Handelsbeziehungen zu Ägypten wieder auf. Dies allerdings unter veränderten Bedingungen, da die Pharaonen von Thutmose III. (1504-1450) bis Amenophis IV (1370-1352) eine eigene Werft samt Marine-Arsenal (aram. bêt-sefinâtâ) einrichteten. Beides befand sich im Hafen von Memphis (Peru-

---

29 Genannt nach der Stadt Naqada in der Nähe Luxors. Aus der Naqada-Kultur sind erstmals hochseetaugliche Floßboote bekannt. Montet 1923. Montet 1929. Smith 1969. Lipinski 1982, 56. Saghieh 1983. Mączyńska 2015.

30 EÜ Hesekiel XXVII, 8-9.

31 Aubet 2001, 19. Thiolett 2005, 49/50.

32 Lipinski 1982, 221. Die Kulturvermischung zeigt sich u.a. darin, dass sowohl die ägyptische Göttin Seth als auch der phönizische Baal angebetet wurde. Manetho in Waddell 2004, 91. 95. 97. 99. Vgl. auch Sommer 2008.

Nefer), wo phönizische und syrische Fachleute ein - möglicherweise hochseetaugliches - Kriegsschiff namens **Silsila** bauten[33]. Trotzdem - oder gerade deswegen - entstand ein reger Schriftverkehr zwischen den Königen Rib-Addi (Byblos) und Abi-Milki (Tyros) mit den Pharaonen Amenophis III (Amenhotep, 1388-1351) und Echnaton (1351-1334) in akkadischer Keilschrift[34]. Darin wird das frühere Handelsabkommen (**hubur**) zur Lieferung von Zedernholz bestätigt, möglicherweise diesmal als Tributleistung. Erstmalig tritt Tyrus als Monarchie mit politischem Einfluss in das historische Gesichtsfeld.

Wohl schon zuvor hatte sich - in Rückgriff auf verschiedene Zeichensätze des Umlands und unter Überlagerung einer älteren „byblischen Symbolschrift" - das aus 22 Blockbuchstaben bestehende phönizische Alphabet entwickelt, das etwa seit dem 12. Jhdt. v. Chr. inschriftlich nachweisbar ist[35]. Das Ende der Bronzezeit kündigte sich durch das Auftreten der schlagkräftigeren Eisenwaffen an; um 1200 v. Chr. beendeten massive Zerstörungen den Handelseinfluss Byblos' und seiner Nachbarstädte ein zweites Mal[36].

Die Verbreitung der Phönizier und ihrer Seehandelskultur rings um das Mittelmeer war jedoch auch in der nun beginnenden Eisenzeit (1200-1050 v. Chr.) nicht aufzuhalten: Flachreliefs bilden sie um 1200 v. Chr. mitsamt ihren Schiffen als Kombattanten der Ägypten angreifenden ‚Seevölker' ab[37], Homer - dessen Geschichten etwa um 1200 v. Chr. spielen - kennt sie als weitreisende Seehändler[38] und in der Bibel werden sie oftmals erwähnt[39]. Zwischen 1200 und 1100 v. Chr. befestigen sie die westlichen Hütten- und Zeltniederlassungen Utica und Kerkouane an der tunesischen sowie Lixus und Gadeira/Cádiz an der afrikanischen und spanischen Atlantikküste. Speziell Byblos nahm im 11. Jhdt. den diplomatischen Brauch des Geschenkaustauschs mit befreundeten Ländern, Städten und Regierungen wieder auf, wie er bis in die späte Bronzezeit üblich gewesen war.

33 EÜ Jesaja XVIII 1. Barnett 1958, 226.
34 Aufgefunden in El Amarna.
35 Aubet 2001, 20. Sethe 1916.
36 Aubet 2001, 21. Thiolett 2005, 143.
37 Zur phönizischen Teilnahme am Kampfbund der sog. Seevölker vgl. Lipinski 1982, 348.
38 Die Phönizier bei Homer vgl. Bérard 1902. 1902-1903. Muhly 1970. Wathelet 1983. Niemeyer 1984. Gehring/Niemeyer 1990Aubet 2001, 102-108.
39 Lipinski 1991.

Abb. 2: König einer Handelskolonie in traditioneller Tracht und Herrschaftssymbolen. Münze aus Ebusus (Pityusen/Balearen), ca. 5. Jhdt. v. Chr. Aufschrift laut Schröder: **aj jbsm** (auch jbwsm und jbsm = ai ibusim oder Fichteninsel) (Schröder 1979, 280 Taf. 18, Abb. 28. Bose 1844, 129-160, 257-296 u. Taf. XV 1-5).

Vor diesem Hintergrund erneuerte sich die seit dem 16. Jhdt. v. Chr. bestehende Handelspartnerschaft (**hubur**) mit Ägypten: Im Jahr 1075 v. Chr. schickte der unterägyptische Herrscher Smendes seinen Minister Wen-Amun nach Byblos, um Tannenholz für den Bau der Ritualbarke des Amon-Re in Theben einzukaufen. Der lange Reisebericht des Gesandten überliefert einen genauen Eindruck der damaligen Handelsbeziehungen[40]. Es zeigt sich, dass Ägypten weiterhin die oftmals in Privatbesitz befindlichen hochseetauglichen phönizischen Handelssegler (**br**, **baru**) chartern musste. Die Fahrzeuge wurden dann mit der Namenskartusche des Pharaos gekennzeichnet und **mnš**-Schiffe genannt[41]. Der Bericht erweist auch, dass die byblischen Herrscher inzwischen die ägyptische Schreibtechnologie übernommen hatten: Sie notierten ihre Sprache mit Tinte auf Papyrus-Rollen – ein Grund für den Mangel vorinschriftlicher Sprachzeugnisse und Indiz für die längere Existenz der phönizischen Schrift[42]. Auch entstanden vermehrt levantinische Küstenorte wie Sidon, Arados, Sarepa, Berytos, Tripolis, Amrit und das zypriotische Kition[43], wobei Sidon bereits 1075 v. Chr. als eigentliche phönizische Hauptstadt galt. Alle Orte verfügten ihrerseits über Häfen und Flotten für den Seehandel.

Als nächster Ort schwang sich Tyrus zum mediterranen Militär- und Handelszentrum auf: Hiram I. (999-935 v. Chr.) setzte mithilfe von Sidon und Byblos die tyrische Seeherrschaft über die libanesische Küste durch und verfügte damit über das Seehandels-

40 Eine englische Ganzübertragung mit ausführlichem Kommentar bei Goedicke (1975) und eine Übersetzung bei Aubet (2001, 296-302). Vgl. auch Barnett 1958, 226. Thiolett 2005, 123ff.

41 Goedicke 1975, 68. Vgl. auch ders. 1975, 25. 169.

42 Goedicke 1975, 77.

43 Sommer 2008, 16 Abb. 1. In Sidon waren Astarte und ihr Partner Esmun die lokalen Hauptgottheiten.

Monopol im südöstlichen Mittelmeer. Zum Zeichen des Neubeginns und seines Herrschaftsanspruchs ersetzte er ein älteres Heiligtum des Melkart in Tyrus durch ein repräsentatives Neues[44], womit der Seefahrer-Schutzgott zur tyrischen Lokal- und Hauptgottheit avancierte. Zumeist gehörte zur Ausstattung einer phönizischen Stadt noch ein runder Marinehafen (**kothon**) und ein rechteckiger Handelshafen (**mahoz, sap**), wie bereits in Byblos nachweisbar und später auch in Karthago angelegt[45]. Über Land unterhielt Hiram Handelsbeziehungen zu Salomon, mit dem er auch eine Handelsfahrt in den Atlantik zum spanischen Tartessos, dem Umland des Ortes Gadeira/Cadiz, unternahm (Tarsis-Route)[46]. Die wohl aus phönizischen Frachtschiffen bestehende Flotte wurde von sidonischen Kapitänen gesteuert, die als unerreichte Meister ihres Fachs galten und auch den Osthandel - von Ezechon-Geber aus an den Küsten entlang nach Indien (Ophir-Route) – beherrschten. Glaubt man Hesekiel, verfügte Tyrus derzeit über ein weltweites Netzwerk von Handelsniederlassungen und Kapitänen[47]. Speziell für Tyrus und Byblos sind etwa ab 1200 v. Chr. die genannten Suffeten-Räte bekannt, ein Verwaltungssystem, das sich in den neueren phönizischen Ortschaften zunehmend durchsetzte und auch im 814 v. Chr. gegründeten Karthago nachweisbar ist[48].

Unter dem Tyrer Ithobaal (887-856 v. Chr.) wurde Byblos zur tyrischen Kolonie, in der Zeit Assurnasirpals II. (883-859 v. Chr.) gerieten die drei phönizischen Metropolen Byblos, Tyrus und Sidon unter assyrische Herrschaft und waren seitdem tributpflichtig. Um 670 v. Chr. sicherte sich der Assyrerkönig Asarhaddon (680-669 v. Chr.) in einem Vertrag mit König Baal v. Tyrus den Zugriff auf die königlichen „Schiffe von Baal" und die Segelschiffe „der (Kauf-)Leute aus Tyrus"[49]. Der bei Plutarch überlieferte Mythos, Isis verbrenne den Sohn des Königs von Byblos jede Nacht erneut, um ihn unsterblich zu machen, erhält vor dem aufgezeigten historischen Hintergrund eine plausible Deutung: Trotz aller Hindernisse und Destruktionen entstiegen die Phönizier immer wieder der Asche ihrer zerstörten Existenz und erweiterten ihren Seehandel kontinuierlich.

---

44 Menander v. Ephesos in Ant. Jud. III 146. VIII 5. Contra Apionem I 118. Aubet 2001, 35. 127. 128. In Utica, Lixus und Gadir/Cadiz gab es schon seit dem 11. Jhdt. v. Chr. Melkart-Tempel: Plinius n.h. XVI 40. XIX 63. Arrian an. II 17, 1-4.

45 Vergil Aeneis I 422. Appian Pun. 96. Hurst 1979, 604. 606 Fig. 1. 608 Fig. 2. Aubet 2001, 153.

46 EÜ II Chronik VIII 18.

47 EÜ Hesekiel XXXVI. Barnett 1958, 230.

48 Zur Geschichte Karthagos siehe Metzer 1879. Pietschmann 1879. Picard 1964. Hurst 1979. Lipinski 1988.

49 Aubet 2001, 96.

Abb. 3: Das überall im Zusammenhang mit phönizischer Handelsschifffahrt und Siedlungsentwicklung auftretende ‚Tanitzeichen' (Symbol der Göttin Tanit, auch Neith: Eine Frau mit Dreieck-Rock und erhobenen Armen) in seinen verschiedenen Variationen. Offenbar handelt es sich um ein kulturspezifisches Erkennungszeichen (Lipinski 1981 Fig. 310).

Abb. 4: Phönizischer Votivstein mit einer auf einem Delphin reitenden Tanit und Herrschaftsszepter (Constantine 150 v. Chr. Paris, Louvre. Lipinski 1981 Fig. 26).

1.4 Schriftentwicklung und Handelssprache

Folglich dehnte sich das Phönizische als Zunge kanaanäischer Küstenhändler spätestens ab Mitte des 2. Jtsds. im südöstlichen, mit zunehmender Handelsexpansion auch im westlichen Mittelmeerraum sowie im Nordosten bis an die Küsten des Schwarzen Meeres aus. Weil nichtphönizische Küstenstädte erst viel später über hochseetaugliche Schiffe vefügten und insofern zunächst keine Handelskonkurrenz darstellten, wurde das Phönizische für lange Zeit zur *lingua franca* des mediterranen Seehandels und beeinflusste auf diese Weise die Sprachentwicklung der verschiedenen Küstenbewohner[50]. Laut Fachliteratur geschah dies in sieben Schritten[51]:

---

50 So gesehen etwa von Thiolett 2005, 41. Vgl. dazu auch Jensen 1969. Ward 1968. Brunnens 1979. Sagieh 1983. Coessen 1986. Baurain et al. 1991. Burkert 1997.

51 Vgl. etwa Harris 1936, 27-38. Lipinski 1982, 142/143.

a) ab etwa 2000 v. Chr. trat das Phönizische in Byblos als erste Buchstaben-Schrift auf. In der Fachliteratur gilt sie als „typisch für die phönizische Zivilisation“[52] und verbreitete sich unter Ausprägung von Eigenentwicklungen im heutigen Südsyrien, Libanon und im Norden Israels[53], dann durch erste Übersee-Niederlassungen ebenfalls auf Zypern und wurde bis zum Ende des 7. Jhdts. v. Chr. genutzt. Entsprechend gilt Byblos als das Epizentrum der phönizischen Sprach- und Kulturenwicklung[54].

b) erst ab Ende des 11. Jhdts v. Chr. spricht man vom ‚Klassischen Phönizisch‘ (ph) als einer Blockschrift mit 22 festgelgten Buchstaben und eindeutiger Zeilen- und Wörtertrennung mittels diakritischer Senkrechtlinien. Funde aus Byblos zeigen, dass es dort im Jahr 1075 v. Chr. nach ägyptischem Vorbild auf Papyrus-Rollen notiert wurde[55].

c) Vom 8. bis zum 6. Jhdt. v. Chr. entstand das ‚Mittelphönizische‘ (ph) mit ersten Kursivbuchstaben und einer langsamen Auflösung der deutlichen Wörtertrennung. Sein Siegeszug um das Mittelmeer herum war Folge der verstärkten Kommerzialisierung der Schifffahrt. Sie war begleitet von einer Stabilisierung der bisherigen Handelsrouten mittels täglich erreichbarer Schutzhäfen, einer Verbesserung älterer Hütten-Niederlassungen durch Steinbau, gefolgt von einer allmählichen Ausstattung der neuen Siedlungen mit Stadtmauern, Toren, Tempeln, Verwaltungsgebäuden mit Bauinschriften, Grenzsteinen sowie Schriftstelen aller Art.

d) Ab dem 5. Jhdt. v. Chr. spricht man im Ostmittelmeerraum vom ‚Neuphönizischen‘ (ph), zu dem es vielfache archäologische Belege aus Byblos, Sidon, Tyrus, Akko, Kition, Tamassos, Rhodos, Kos etc. gibt.

e) Nach der Gründung Karthagos 814 v. Chr. im heutigen Tunesien entwickelte sich im Westmittelmeerraum ein spezifisch nordafrikanisches Phönizisch (‚Punisch‘) (p), das eine zunehmende Umformung der Blocksymbole in schreibschriftartige Kursivbuchstaben aufweist[56]. Allein aus Karthago sind ca. 6000 Inschriften-Funde bekannt.

---

52 Lipinski 1982, 140.

53 Dort entwickelt sich aus dem Phönizischen sehr bald das frühe Hebräisch. Harris 1936, 6-10. 67. Friedrich/Röllig 1999, 6.

54 Die in Byblos entstehende phönizische Sprache wird zumeist als „byblisches Phönizisch“, „Alt-Phönizisch“ oder „Ur-Phönizisch“ bezeichnet. Vgl. dazu Friedrich/Röllig 1999, Taf. 1. Schröder 1979, 1-40. Das Phönizische verdrängte dabei allmählich die ältere ‚Byblos-Schrift‘, bisher nicht entschlüsselte Silbenzeichen.

55 Goedicke 1975, 77.

56 Die Benennung erfolgt in Anlehnung an das lateinische Wort ‚Punier‘ für ‚Phönizier‘. Ohne umfangreiche Rückgriffe auf die gewachsenen Sprachinhalte und -strukturen war das Punische nur rudimentär einsetzbar. Im folgenden Verzeichnis geht dies aus dem Mengenverhältnis zwischen Wörtern phönizischen und punisch-neupunischen Ursprungs hervor. Zu den letztlich nur geringfügigen Unterschieden vgl. etwa Friedrich/Rölling 1999, 1-5.

Vielfach belegt ist das Punische aber auch in Hadrumetum und den karthagischen Kolonien Malta, Sizilien, Sardinien, den Balearen, an der spanischen Küste und den punischen Siedlungen Numidiens: Dougga, Guelma, Maktar oder Constantine[57]. Deutliches Merkmal ist ein allmählich einsetzender Vokalismus mit den Buchstaben bzw. Aspiranten **jot** (i/j), **wau** (u), **alf** (a) und **ain** (vorwiegend a und u)[58]. Zudem entfallen die Worttrennungen nun ganz, so dass die Schrift undeutlich und schwer lesbar wird.

f) Insbesondere in Karthago und in Tripolitanien entwickelte sich im 3. Jhdt. bis zur Zerstörung Karthagos 146 v. Chr. das ‚Neupunische' (np) als eine durch die Aufnahme vieler Kursive inzwischen kaum noch leserliche Schrift.

g) Seit der Zerstörung Karthagos 146 v. Chr. erhielt sich das ‚Neupunische' (np) im Römischen Imperium als sprachliches Parallelidiom. Gesprochen und geschrieben wurde es insbesondere in Tunesien, Algerien, Marokko, Spanien und Italien, vereinzelt aber auch noch auf Sardinien, Sizilien, Malta und Delos. Ein in Südengland aufgefundenes neupunisches Graffito eines Legionärs zeigt, dass Sprache und Schrift bei punischstämmigen Römern lange Zeit gepflegt wurden[59]. Mit zunehmendem Kulturkontakt gelangen aber umgekehrt auch lateinische Lehnwörter in das Punische. Seit etwa 20 v. Chr. traf man an den afrikanischen Küsten nur noch ein Latino-Punisch („Spätpunisch") an, das sich immerhin bis zum vierten nachchristlichen Jahrhundert erhielt. Bei aller Eingliederung in die römische Gesellschaft dienten Punier noch lange Zeit als Objeke der Satire, wie die Komödie *Peonulus* („Das Punierlein") des Plautus zeigt[60].

Die Zerstörung Karthagos war insofern gleichzeitig die rigorose Ausrottung einer südeuropäisch-afrikanischen-semitischen Konkurrenzkultur mitsamt einer Überlagerung ihrer uralten Sprachtradition. Wohl nicht zufällig verläuft dieser Akkulturationsprozess parallel zur militärischen Unterwerfung der hellenistischen Großstaaten im östlichen Mittelmeerraum, die bekanntlich mit einer Plünderung der zentralen wissenschaftlichen Bibliotheken und ihrer Überführung nach Rom einherging[61]. Wie manche der

57 Lipinski 1982, 142. Zu den phönizischen Münzen aus Numidien, Mauretanien bzw. Nordafrika vgl. Müller 1860-1872. Charrier 2022.

58 Friedrich/Röllig 1999, 35-42, speziell zum „phönizisch-punischen Vokalismus" vgl. 38-47. Bei der Notation entfällt oftmals das alf. Zur Vokalschreibung im Phönizischen und Altpunischen vgl. 57-58, zur Vokalnotation im Punischen und Spätpunischen 58-62.

59 Neupunisches Graffito eines röm. Soldaten der 20. Legion aus Holt, dem römischen Bovinum/Castro Leonis in Denbigshire/Gallierfeld. Museum Cardiff. Guillaume 1940. Lipinski 1982, 219.

60 Der gesamte Text des ‚Poenulus' samt Übersetzung und Erläuterung bei Schröder 1979, 285-340. Vgl. auch Gray 1922/1923. Nixon 1952. Krahmalkov 1970. Gratwick 1971.

61 Raub der makedonischen Königsbibliothek durch Aemilius Paulus (168 v.Chr.), Plünderung der Hauptbibliothek von Pergamon durch Marcus Antonius (146/133 v.Chr.), Abtransport der Zentralbibliothek von Pontos und der Hauptbibliothek von Athen durch Sulla (88/86 v.Chr.) sowie

nachfolgend aufgezeigten Begriffsbestände vermuten lassen, gingen die Römer gegen die phönizische Kultur weit härter vor: Die vielfachen Handelsbezieungen und Verwaltungsvorgänge, die gesamte innere Organistaion der Stadtstaaten sowie die intime Kenntnis fremder Länder hätten zu weit mehr schriftlichen Hinterlassenschaften führen müssen, als bisher an religiösen und regestiven Inschriften, Münzlegenden oder vereinzelten literarischen Texte bekannt wurde. Ganz offenbar sind die Bestände der phönizischen Bibliotheken und Verwaltungsarchive systematisch vernichtet worden.

1.5 Das phönizische Alphabet

In seiner frühen Überlieferung tritt das Phönizische als beinahe reine Konsonantenschrift auf[62], so dass die Texte von der damaligen Bevölkerung nur unter Voraussetzung einer virtuosen und kreativen Lautierung verstanden werden konnten. Schon weil viele Worte beim Deklineren oder Konjugieren ausschließlich ihre Vokaltät änderten, ermöglichten die notierten Konsonantenfolgen oftmals mehrere Les- und Verständnisarten. Ohne eine diesbezügliche Lesefähigkeit bei der Bevölkerung wäre die sich stetig vermehrende Herstellung und Platzierung von Inschriften aller Art überflüssig gewesen und weist zudem darauf hin, wie lebendig und weit verbreitet das Phönizische als Sprache war. Die vokale Dekodierung der Schrifttexte muss demnach nicht nur weitgehend bekannt, sondern auch eindeutig gewesen sein. Dass dies bei einer lebendigen Sprache möglich ist, zeigt sich beispielsweise darin, sogar völlig avokal zitierte deutsche Textabschnitte auf Anhieb verstehen zu können, wenn man das Deutsche beherrscht: eine Konsonantenfolge wie ‚Rdgr' wird man kaum anders als ‚Rüdiger' entschlüsseln können.

Bei einer längst ausgestorbenen Sprache sind fehlende Vokale jedoch ein Handicap, insbesondere dann, wenn es um Lautierungen innerhalb einer einzigen Konsonantenfolge - also um die Rekonstrukton der Flexionsvarianten etwa in einer Deklination - geht. Andererseits kann es nicht das Ziel einer Beschäftigung mit dem Phönizischen sein, deren Mündlichkeit wiederzubeleben. Überlegungen zur Phonetik sind insofern weniger bedeutsam als die Wiedergabe der Konsonantenfolgen, weil gerade sie aus

Plünderung der Königsbibliothek der Seleukiden durch Lukullus (69 v.Chr.). Die Zentralbibliothek der Ptolemäer in Alexandria blieb erhalten; der Bibliotheksbrand ist ein Mythos.

62 Harris 1936, 11-16. Schröder 1979, 75-78. Krahmalkov 2001, 16, 20-27. Thiollet 2005, 81-101.

heutiger Sicht eine relative Gewissheit erzeugen, was mit dem Text gemeint sein könnte[63].

Das phönizische Block-Alphabet stellt sich in damaliger Reihung folgendermaßen dar:

𐤀 (alf = a), 𐤁 (bēt = b), 𐤂 (gaml = g), 𐤃 (delt = d), 𐤄 (hē = h), 𐤅 (wau = w/u), 𐤆 (zai = z), 𐤇 (hēt = ch), 𐤈 (tēt = t/ŧ), 𐤉 (yōd = j), 𐤊 (kaf = k), 𐤋 (lamd = l), 𐤌 (mēm = m), 𐤍 (nūn = n), 𐤎 (semk = s), 𐤏 (ain = å/u/o), 𐤐 (pē = p), 𐤑 (sädē = ss/ʦ), 𐤒 (qōf = q), 𐤓 (rōš = r), 𐤔 (šin = s/š), 𐤕 (tau = t)

Dabei zeigt sich, dass das Phönizische mit den Buchstaben 𐤀 (alf, a), 𐤄 (hē, h/e), 𐤉 (yōd, i/j/y), 𐤏 (ain, å/a/o) und 𐤅 (wau, u)[64] schon früh über Zeichen für die meisten bekannten Vokale verfügte und konnte damit sogar Umlaute (ai/ä, oi/ö, ui/ü, au, eu etc.) bilden. Da die Vokale offenbar nur schwach lautiert wurden, sprechen Linguisten von ‚Halbvokalen'. Die Buchstaben 𐤀 (ˀ) und 𐤏 (ˁ) werden oft nur mit einem Syllabicum (Hakenzeichen) wiedergegeben[65].

Zwecks besserer Lesbarkeit sind die Konsonatenfolgen der überlieferten Wörter im Folgenden mit lateinischen Buchstaben wiedergegeben; entsprechend sind sie dann von links nach rechts zu lesen. Als nicht in lateinische Schriftzeichen übertragbare Buchstaben bleiben dann allerdings das 𐤈 (tēt), das 𐤑 (ṣädē) und das 𐤔 (šin), für die nachfolgend die Sonderzeichen **ŧ**, **ʦ** und **š** eingeführt werden. Das 𐤈 (tēt, ŧ) grenzt sich als stimmloses ***te*** (wie in ‚Tor**te**') vom hart (‚emphatisch') gesprochenen ***tau*** ab. Das 𐤑 (ṣädē, ʦ) steht für ein scharfes **z**, **ts**, **ss** oder **ß** (wie in ‚**Z**eichen', ‚rückwär**ts**', ‚Spa**tz**' oder ‚Stre**ss**'), wogegen das **zai** ein stimmhaftes **s** (wie in ‚**S**egel') markiert. Schließlich erhält der Buchstabe 𐤔 (šin) das Symbol **š** mit dem Lautwert **sch** (wie in ‚**Sch**amane') und ist damit vom **semk**, dem stimmhaften **s** unterschieden. Weiterhin werden einige Buchstaben als Kehllaute (Laryngale) gesprochen bzw. gehaucht: **alf** (wie in **Ach**at), **ain** (wie in **ach**t/**ech**t), **hē** (wie in Ko**ch**) und **hēt** (wie in **Ch**emie)[66]. Zusätzlich erhält das **ain** als Zeichen ein **å** (wie in Ångstrøm), da es offenbar einen Laut zwischen **a** und **o** angibt.

---

63 Allg. zur Lautlehre/Phonetik vgl. Schröder 1979, 75ff. Friedrich/Röllig 1999, 7-62. Krahmalkov 2001, 1-16, 16-32. Speziell zur phönizischen, punischen und neupunischen Aussprache vgl. Harris 1936, 20-26 Krahmalkov 2001, 16-19. Allgemein zur Satzphonetik siehe Friedrich/Röllig 1999, 47-56.
64 Speziell zu den A-, I- und U-Lauten vgl. Schröder 1979, 124-136.
65 Allg. zu Vokalen und Halbvokalen Schröder 1979, 117-124. Friedrich/Röllig 1999, 9; 32-34. Zum Syllabicum Schröder 1979, 136-142.
66 Schröder 1979, 79-98. Friedrich/Röllig 1999, 12-18.

	1	2	3	4	5	6	7	8
a								
b								
g								
d								
h								
w								
z								
ch								
y								
k								
l								
m								
n								
s								
a								
p								
q								
r								
ś								
t								

Abb. 5: Verschiedene Schreibarten der Buchstaben (nach Lipinski 1981 Fig. 118. Vgl. dazu die differenzierteren Tafeln im Anhang).

Die Lautung der phönizischen Konsonanten entspricht beinahe durchgängig den deutschen: Es handelt sich um die Lippenlaute (Labiale) **b** und **p** (teilweise wie **f** gesprochen)[67], die Zungensspitzen-Laute (Dentale) **d** und **t** (als stimmloses **tau** und emphatisches **tēt**), die Gaumenlaute (Velare) **g**, **k** und das wie *ck* gesprochene **q**[68], um die Zischlaute (Sibilanten) als stimmhaftes/stimmloses **s** (zai/semk), ***sch*** (šin) und als emphatisches **ts/ss/sz** (ṣādē)[69], die durch die Nase gesummten Nasale **m** und **n**[70] sowie um die Fließlaute (Laterale/Liquide) **r** und **l**[71].

67 Schröder 1979, 113-115.
68 Friedrich/Röllig 1999, 18-24. Schröder 1979, 115-117.
69 Schröder 1979, 109-113. Friedrich/Röllig 1999, 24-28.
70 Friedrich/Röllig 1999, 28-32.
71 Friedrich/Röllig 1999, 28-32. Schröder 1979, 98-109.

	heb	Phönizisch Blockschrift	Phönizisch Kursiv	Punisch Karthago	Punisch El Hofra	Punisch El Hofra 63	Neupunisch
a	א						
b	ב						
g	ג						
d	ד						
h	ה						
w	ו						
z	ז						
ch	ח						
ṭ	ט						
j	י						
k	כ						
l	ל						
m	מ						
n	נ						
s	ס						
å	ע						
p	פ						
ṭs	צ						
q	ק						
r	ר						
š	ש						
t	ת						

Abb. 6: Entwicklung des phönizischen Alphabets (Lipinski 1981 Fig. 119. Vgl dazu die differenzierteren Tafeln im Anhang).

Teil 1

Phönizisch-Deutsch

(alphabetisches Hauptverzeichnis)

Dem nachfolgenden Wortverzeichnis sind einige wenige Erklärungen vorauszuschicken: Besonders alte Lexika wurden aus naheliegenden Gründen nicht herangezogen, so dass das Verzeichnis keinen Anspruch auf Vollständigkeit erhebt. In der Referenzliteratur aufgefunden und hier wiedergegeben wurden 2460 Worte unterschiedlicher Bedeutung, wobei die quantitative Überschreitung bisheriger Wortmengen an der Zusammenführung phönizischer und punischer Wortbestände liegt. Der phönizische Ursprung eines Wortes wird mit (**ph**) angezeigt, der punische mit (**p**) und der neupunische mit (**np**) markiert, sofern die Referenzpublikationen hierzu Angaben machen. Zudem sind die Wortstämme (Qal, Piel etc.) in Klammern aufgegriffen worden. Wo Worte, Sätze oder Textstücke in phönizischer Schrift auftreten, sind sie von rechts nach links und von oben nach unten zu lesen; die lateinischen Umsetzungen wie gewohnt von links nach rechts. Die fehlenden Vokale führen oft zu gleichlautenden Konsonantenfolgen, obwohl die linguistische Fachanalyse zu differierenden Bedeutungen kommt.

Da in vielen Wörterbüchern der Eindruck entsteht, das Phönizische habe beinahe ausschließlich liturgisch-religiösen Zwecken gedient, sollen hier auch sein anderer, lebensweltlich orientierter Gebrauch thematisiert werden. Dabei wird vorausgesetzt, dass auch die in religiösen Texten auffindbaren Wörter letztlich einer umfassenderen Lebenswirklichkeit entstammen, die mit Handel, Familie, Wohnungs- und Städtebau, Krieg und Kriegsführung etc. zu tun hatte. Zur Vertiefung dieser Sicht findet die große Anzahl der Orts-, Personen- und Götternamen nur im thematischen Nebenverzeichnis Berücksichtigung.

Wie die phönizischen Wörter ausgesprochen wurden, ist weitgehend unbekannt. Sofern die herangezogenen Sprachwerke Lautierungsvorschläge anbieten, werden diese hier übernommen und ohne weitere Kennung in Klammern hinzugefügt. In ihren Publikationen haben insbesondere Tomback und Krahmalkov etymologische Zusammenhänge mit anderen alten Kultursprachen aufgezeigt[72]. Dabei beziehen sie sich auf das Ugaritische, Ägyptische, Akkadische und Aramäische, aber auch auf später entstandene Sprachen wie das Hebräische oder Arabische. Auf diese Weise ergeben sich begründete Lautierungsvorschläge, die im Folgenden ebenfalls aufgenommen werden: beinahe durchgängig handelt es sich um hebräische Vokalisierungen, die mit ei-

72 Tomback 1978. Krahmalkov 2000. 2001, 27-38; 157-158.

nem zusätzlichen **^** gekennzeichnet sind, alle übrigen sprachlich begründeten Gleichsetzungen mit einem *. Ein eingeklammertes Fragezeichen **(?)** markiert eine fragliche Lesung oder Übertragung.

Selbstverständlich ist es im gegebenen Rahmen unmöglich, für alle einzelnen Wörter eine genaue Quellenherkunft anzugeben, was in Vokabularien anderer alter Sprachen ebenfalls längst unüblich ist. Deswegen sind Verweise auf die genannten Werke von Levy, Burchhardt, Schröder, Harris, Friedrich, Fuentes-Estañol, Tomback und Krahmalkov (L BU S H F FE T K) eingefügt, so dass die genauen Fundstellen dort nachgeschlagen werden können.

𐤀 (alf). Immer als **a** lautiert. Am Wortbeginn ein im Rachen angehauchtes **ach** wie in *Achat.* Wird auch mit einem nach rechts geschlossenen Haken (ˀ) notiert.

a Flussland (ph) (F)

a (a) der, die, das (ph) (K)

ab (^oyeb) Feind (ph) (F K)

ab (ab) (Präp.) (ph) (K)

ab, abt (Pl.) (^ab, abt) Vater (ph p np) (L F FE K)

ab, abt (Pl.) (^ab, abt) Vorfahre (ph np) (K)

abadr (abadir) Großvater (ph) (K)

abb (^habib) Kornähre (ph) (K)

abd (^abad) zerstören (ph) (T)

abl (abil) nicht (ph) (K)

abn (abinu) unser Vater (L)

abn, abnm (Pl.) (^eben, ebenim) Grabstein, Gedenkstein (ph) (L F K)

abn, abnm (Pl.) (^eben, ebenim) Grenzstein, Meilenstein (ph p np) (L F T K)

abn, abnm (Pl.) (^eben, ebenim) Stele, Stein (Material) (ph p np) (L F T K)

abst (^ebus) Schüssel (ph p) (T K)

abr Hengst (BU 20)

abt (^abot) Vaterschaft (ph) (K)

abt gravieren (Qal) (p) (FE)

agat (agat) Hinterlassenschaft (ph) (K)

agat (^agad) zusammenbinden (ph) (FE)

agd (^agad) zusammenkommen, zusammenbinden (ph) (T)

agdd (^gedud) Gruppe, Gang, Räuber, Bandit (ph) (FE K)

agn[n] (^aggan) Schüssel (ph p) (T K)

agnn unbek. Vogelart (ph) (K)

agrt (^agora) Münzeinheit oder Gewicht (p) (FE K)

agw hz Mischkrug (F)

ad, adt (Pl.) (ad, *adath) Haut, Häute (L)

adb (*adeb) einen Freund lieben (L)

adln mit (Präp.) (ph) (FE T)

adm, admm (Pl.) (^adam) Mensch (heit), Leute, Personen (ph p np) (T K)

admt (^adama) Land, Gebiet (p) (FE K)

adn (^adon) Gentleman, Adliger Sklavenhalter (ph) (K)

adn (^adon) König, königlich (ph p) (T K)

adn (^adon) Vater (ph) (K)

adn (adon) Adon („Herr“, Anrede für Gott) (ph) (L)

adnj, adnm (^adonaj, adonim) Gott, Götter/Herr, Herren (ph) (K)

adr (*adir) ordnen (ph) (L F)

adr (*adaru) etwas/einen Gott fürchten, einen Eid respektieren (ph) (T)

adr (^addir) Präfekt, Bürovorsteher, Gruppenchef (ph p np) (FE K)

adr (^adir, nedar) mächtig (werden), ermächtigen, herrlich, groß (ph p np) (FE T K)

adr (*udurru) sich ärgern (ph) (K)

adrm (^addirim) Leiter/Leitung des Landes, z.B. Senat (ph) (K)

ads♂, adot♀ (*ades, adot) Mann, Mensch, Bürger, jedermann (ph) (L K)

adt (^adona) Dame (rel. Titel) (ph) (T)

ahd (*achad) ein Anderer (ph) (L)

ahd (*achod) Rest eines Opfertiers (L)

ahl (^ohel) Familie (auch als Namensteil ‚ohli‘) (ph) (K)

aholn (achalon) Gottesfreund (ph) (L)

aw (^oh) oder (Konjunk.) (np) (T)

awbt (*aubath) Hilfe (L)

az (^az) dann (ph) (K)

az (ezde, ezdo) dies, das (ph) (K)

azr Gürtel, Waffe (Qal) (ph) (T K)

azrm wenig (ph) (FE)

azrm♂, azrt♀ heiliges Kinderopfer, Molk-Opfer (ph p np) (FE T K)

azrt, azrtn Familie, Clan, Sippe (p) (F FE T K)

azz (azuz) stark (F)

ach/achj (^ach) Bruder, Freund (ph np) (L F T K)

achd♂, acht♀ (^echad, achat) eins, einer (p np) (L F T K)

achd♂, acht♀ (^echad, achat) jeder, jedermann (Pron.) (ph) (K)

achdj (^jachdaw) zusammen (p) (T K)

achjm (^achujim) Brüderschaft, Verbrüderung (ph) (K)

achr (^achar) (da)nach, hin, dahinter, (ph) (F T K), dann, anderweitig (np) (FE)

achrj (^achari) Rest (ph p) (T F)

acht, aht (achot) Schwester, Freundin (ph np) (L T F)

atwmtå(?) Natur (ph p) (FE T)

aj (^aij) Insel, Land am Meer, fernes Land (ph p) (L T F)

aj „nein, es gibt kein“, „nein, nicht!“, „nein, nein!“ (ph p) (FE T)

aj (*aije) nicht (ph p) (L T)

aj (^aije) wo (Adv.) (ph) (K)

ajbl/abl (^abal) wahrlich!, nicht (ph np) (T K)

ajknå existieren (np) (FE)

ajl (^ajjal) Hirsch, Hirschbock (p) (L S T)

ajl Schafbock (ph p) (FE)

ajl Chef, Anführer (ph p) (FE)

ajl bemerkenswert (ph p) (FE)

ajl (^ajl) rammen, stoßen (ph) (K)

ajntsm Falkeninsel (p) (FE)

ajqdš weihen (ph) (FE)

ajr Hirsch, Bock (BU 12)

ajr (^ijjar) Monat ‚Ijar' (2. Monat) (p) (T)

ajš (*ajesch) Mann, jemand (L F)

ajt (^et) Akkusativpartikel (ph p) (T K)

ajtkd einverstanden sein (FE)

ak (^ak) nämlich (ph) (K)

akl (^akl) Gebrauch (ph) (K)

akl essen (ph) (T)

aksdra, åksdrå (lat. exedra) Wohnzimmer, Freizeitraum (p) (K)

al (^al) „nicht, nein!" (ph) (T K)

al (^el) zu, so weit, entspricht (Präp.) (ph np) (T K)

al (^ajil) Anführer, Chef (ph) (T)

al (^el, al) Gott (ph p np) (L F T K)

al (^elle) diese (ph p np) (T K)

al (^illu) wenn, obwohl (ph) (T)

al qn arts(?), al (il) Schöpfer der Erde (ph) (K)

al, aj (*alij) Sieger (ph) (K)

alb (*eleb, elib) dahingehen, schwinden (L)

all unbek. Beruf (p) (K)

alk ich (FE)

alm (^elim) „Elim" (Gott als Name) (ph) (K)

alm (^illem) stumm, still, sprachlos (Adj.) (p) (T K)

alm ausgezeichnet (ph) (FE)

alm für immer (ph) (FE)

almt (^almana) Witwe (ph) (T K)

aln, alnm (Pl.) (alon, alonim) Gott, Götter (ph) (L F K)

alnm rpam (alonim ^repaim) Todesgott, vergöttlichter Tod (ph) (K)

alp (^allup) Freund (ph) (K)

alp (^allup) Chef, Kommandeur, militärischer Anführer (p) (T K)

alp (^elep) eintausend (p) (F T K)

alp (^elep) Ochse (ph) (H T K)

alpn Rind (F)

alt (*ilt) Göttin (p np) (T)

alt (^ala) Bund, Eid (ph) (T)

am (^em) Mutter (ph p) (L T K)

am (^em) Mutterstadt einer Kolonie/Person (ph p) (L T K)

am (^im) wenn, oder, entweder-oder, aber, obwohl (ph p) (F T K)

am (am) wie für (Part.) (ph) (K)

am/amh (am, ama) Dienerin (ph) (L)

amap (amap) sogar wenn (ph) (K)

amd (*amed) mächtig; sagen (L)

aml (^aml, amal) entkräften, schwächen, schwach werden, verdorren (p) (T K)

amn (^omman) Handwerker, Künstler (ph) (K)

amr (^omer) Wort, Botschaft, Gespräch (ph) (K)

amr Lamm (ph p) (FE T H)

amr (^amar) sagen, sprechen, denken, nachdenken (Qal) (ph p) (FE T K)

amt (^ama) Ich (PersPron bei PossPron) (ph) (K)

amt (^ama) Sklavin, Magd, Dienerin eines Gottes (ph p) (F T K)

amt handgefertigt (H)

an (^onj) Flotte, Schiffe (p) (T)

an (*an) Zeder, Zedernholz (L)

an (^ani) Ich (PersPron) (ph) (K)

an (^awen) Bosheit, Ungerechtigkeit (ph) (K)

an (^en) ohne (p) (T)

anw Eiche (BU 76)

anchn (^anachnu) Wir (PersPron) (ph) (T K)

ank (^anoki) Ich (ohne Verb) (ph p np) (T K)

anm (^onim) Vermögen (ph) (K)

asbr Peitsche (BU 134)

asj kurieren, heilen (ph) (K)

ask šbrzl Eisengießer (F)

askn = skn (K)

asp (^asap) versammeln, sammeln (np) (T K)

aspdw (*asfidu) genau, abgezählt (L)

asr Garnison (ph) (FE)

asr (^asar) anspannen, anschirren (ph) (T)

ast dieser (F)

ap (^ap) und, auch, ebenfalls, darüberhinaus (ph) (F T K)

apam, amap (apam) auch wenn (ph) (K)

apdt (^epod) ‚Ephod'. Kultgerät aus Edelmetall (ph) (K)

apj backen (Qal) (ph) (T K)

aps (^epes) aber, jedoch, nur (ph) (T K)

atsl (^esel) neben, nebenbei, angrenzend (Präp.) (ph np) (T K)

atsl Seite, Schenkel (np) (FE)

atspt Köcher (BU 137. II 67)

aqna (aknu, iknu) Lapis-Lazuli (ph) (K)

ar (^or) Licht (ph) (L F K)

ar Löwe (BU 88)

arbå♂, arbåt♀ (^arba) vier (np) (F T K)

arbåj (*arbai) Vierter (p) (K)

arbåj♂, arbåt♀ (^arbai) der/die Vierte (ph) (K)

arbåm (^arbaim) vierzig (p np) (F T K)

arbåt (*arbat) Vierergruppe (np) (K)

ard (erd) Erde, Land (F)

arg (^oreg, arag) Weber, Wirker (p) (FE T K)

arg (^arag) weben (Qal) (p) (T K)

arh Schutz anbieten, beherbergen (Piel) (ph) (K)

arw Löwe (ph) (FE T)

arw (^arje) Löwenstatue (F)

arz Brust (H)

arzm ein Opfergerät (L)

arj (^ara) (Früchte) sammeln (ph) (T)

arj verbrennen, kremieren (Qal) (ph) (K)

arj (^ur) Feuer, Asche (p) (T)

arjt (*oryt) Überreste von Verbranntem, Asche (ph) (K)

ark Zeit verlängern (Jifal) (ph) (K)

ark (^ arak) lang sein, lange Zeit (ph p) (T K)

ark (^orek) Länge (ph p) (H T)

ark (^arok) lang, groß (ph) (K)

ark rch (^erek ruach) Geduld (ph) (K)

arkrnch (*arechernach) langmütig (L)

arn♂, arnt♀ (^aron) Kasten, Kiste, Arche, Sarg, Beinhaus, Sarkophag, Ur-ne (ph p) (F FE T K)

arš fragen, bitten, wollen, wählen (Qal) (ph p) (FE K)

aršt (^areset) Wunsch (ph) (T K)

arts (^eres) Erde, Welt (ph) (K)

arts, artst (Pl.) (^eres, erest) Land, Areal, Region, Gebiet, Mutterland (np), Staat, Provinz, Distrikt (ph np) (H F FE T K) artst dgn hadrt die berühmten Kornländer (ph) (T)

arr (*arru) Rufvögel im Tempel (Gänse?) (np) (T)

art kein (p) (FE)

aš (^scha) das, aus, von, in (Pron.); jeder; wer? welche? wo?; würde das? (Adv.) (ph) (K)

aš (^scha) vor (RelPron) (ph p np) (T)

aš (^esch) Feuer (ph) (T K)

aš (^isch) Bürger, Einwohner, Eingeborener, Mann, Ehemann, Gatte, Mitglied, Personal, Mannschaft (ph p np) (L F T K)

aš (^jes) es gibt (ph) (K)

ašadr (isaddir) König, bedeutender (großer) Mann (ph) (K)

aš mchnt, am mchnt Soldat, Mitglied des Heeres (ph) (K)

aš tsdn Sklave (ph) (K)

ašalm (^is elohim) Mann Gottes, Prophet (ph) (K)

ašlb, ašlbm (Pl.) Rippe (F)

ašlb Schenkel (FE)

ašr (^oscher) Glück (np) (T K)

ašr (^ascher) Ort, Stätte (ph p) (T)

ašr (^ascher) heilige Bäume, Stangen (ph p) (T)

ašr qdš (^aschera) ‚Aser'. Kultgerät oder Kultstatue (ph) (K)

ašrt (*eschertu) Heiligtum, Tempel (ph) (K)

ašt, aštt (Pl.)♀ (^ischa) Frau, Gattin, Frauenstatue, weibl. Tempelpersonal (ph p np) (L T K)

ašt (^schet) Säule, Pfeiler (ph) (T)

at (^at) Du (♀Pron., auch Imp.) (ph) (T K)

at (^atta) Du (♂Pron., auch Imp.) (ph) (T K)

at (^et) mit, zusammen mit, neben, zu, zum (ph np) (T K)

at (at) Akkusativpartikel (ph) (K)

ata (^ata) kommen (np) (T)

atm (^attem) Du (Pron., AllgPlural) (ph) (K)

atnjm, atnm (^etanim) Monat ‚Etanim' (d.i. Sept./Okt.) (ph np) (F T K)

atpn (^etpene) vor, in Anwesenheit von (Präp.) (ph) (K)

𐤁 (bēt). Immer als **b** gesprochen

b Sohn (FE)

b- im, in, von, unter, auf, bei, an (lok.); in, auf, während (temp.); aus, gemacht aus; von, (partitiv); mit, wegen, aus (Absicht, Zweck) (ph p) (S F T K)

b- Kosten, Wert, zu einem Preis von, in Zahlung oder Austausch für, verantwortlich für, Verschleiß, Lager (ph) (K)

ba (^bo) kommen, hereinkommen, eintreten, mitbringen (Präfix, Präp. Qal) (ph p np) (T K)

bar (bur) Brunnen, Gruft (F)

bar also (np) (FE T)

baš(?) wo (Adv.) (ph) (K)

bgw (*bego) inmitten, innen (Präp.) (ph) (K)

bd (bod) Diener (L)

bd (byd) durch (F)

bd (^bad) plaudern (ph) (FE T)

bd im Namen von (ph p) (T)

bda (^beyad) von, in jemandes Verantwortung, in seiner Obhut, im Besitz von, im Dienst eines Meisters/Herrn/Gottes (ph) (K)

bdd lügen (ph) (L)

bdd (^badad) getrennt sein (ph) (T)

bddr müßiges Gerede (H)

bdjw Übermaß (L)

bdlch (^bedolach) Bedellium (bot.) (ph) (T K)[73]

bdts l- (=dts)(?) über, im Gegensatz zu (Präp.) (ph) (K)

bdwl Eisen (L)

bwk, bwkm (Pl.) Schatz (S)

bwts Leinen, Flachs (ph) (FE)

bwts (^bus) Byssos (ph p) (T)

btn (^beten) Prägung (auf Münzen) (np) (T)

btsn Schaft (einer Säule) (FE)

bj (^belo) ohne (ph) (K)

bjk (*bik) Falke (ph) (K)

bjlw(?) Herr („unser Herr“, Anrede, Titel) (L)

bk, bkm (Pl.) Maurer (S)

bka Baumeister (F)

bkj weinen (H)

bkr (^bekar) erstgeb. Sohn (ph) (K)

bl (^bal) nicht, niemals, gibt es nicht (Part.) (ph p) (L T K)

bl (baal) (= bål) Besitzer (L)

bl (bul) Bul (8. Monat, d.i. Okt./ Nov.) (ph) (L S T K)

blt (^bilti) nur, ausschließlich (ph) (FE T)

blaš(?)keine, niemand (Pron.) (ph) (K)

bll (^belil) Futter, Mischfutter, Opferbrei (p) (T K)

bll (balal) übergießen (L)

blt (^bilti) nur, alleine, ausschließlich (Adv.) (ph) (T K)

bm Sohn des ... (FE)

bmlk (bomelek) Ortsvorsteher (L)

bmtkt zwischen (FE)

bn (^bain) in, zwischen (Präp) (ph p) (T FE)

bn (^bano) bauen (ph) (L K)

bn (^eben) (= abn) Stein (ph) (L F K)

bn (^ben) Sohn, Sohn eines Gottes (ph p np) (L S F T K)

bna Baumeister (FE)

bna, bnat, bnt bauen (FE)

bn bkr (^ben bekor) erstgeb. Sohn (ph) (K)

bn bn (^ben ben) Sohn des Sohnes, Enkel (ph p np) (T K)

bn šabn (ben *saban) Steinbaumeister (ph) (F)

bnadm (^benadam) Person, Menschen, Leute, Götter (ph) (K)

bnalm (^bene elim) Götter (ph) (K)

bnalm (^bin ilim) Gottessohn (Anrede, Titel) (ph) (K)

bnam (^bene am) Landsleute (ph) (K)

bnchdš zu Neumond geboren (H)

bnh (*bana) Erbauer, Bauleute (ph) (L)

bnj (^bana) bauen; eine Stele errichten, eine Stadt/Kolonie/Familie

---

73 Harz aus dem Balsambaum, verwendet als Duftstoff, Räucherwerk und Wundmittel.

gründen, eine Stadt ausstatten (Qal) (ph p np) (FE T K)

bnj, bnjm, bånjm (Pl.) (buny, bunim) Baumeister, Architekt (ph) (F FE)

bnjchd (^benjahid) einziger Sohn (ph) (K)

bnm (^banim) Sohnschaft (ph) (K)

bnn Kasten (BU 344)

bnsdq (^bin senek) legitimer Thronanwärter/-folger (ph) (K)

bnt (^bina) Intelligenz (ph) (T)

bnt (*binat) besitzen, gleich (ph) (K)

bnt (=pnt) vor (temp. Präp.) (p) (T FE)

bs (^bus) Stoff/Gewand aus Byssos (ph) (K)

bsl (^basal) Zwiebel (ph) (K)

bså eine Strafe auferlegen (Qal) (ph) (K)

bss etwas tun, übernehmen (Qal) (ph) (K)

bå Byssos (ägyptisches Leinen) (H)

båar also (FE)

båbr (^babur) Danke an, um … Willen, auf Geheiß, besitzen, befehlen (ph) (K)

bål♂, bålt♀ Baal. oberster Gott, Lokalgottheit, persönliche Gottheit, göttlicher Herr, König, Souverän, Bürger einer Stadt, Meister einer bestimmten Kunst oder Dienstleistung, Herr, Besitzer, Eigentümer, Ehemann, verw. Beziehung (ph p np) (L F T K)

bålt (^ba'ala) Herrin (ph) (T)

bå agddm (^baal gedudim) Bandit, Mitglied einer Gang (ph) (K)

bål hrš, bolchrš (^baal heres) Künstler, Handwerker (ph) (F K)

bålbt (^baalbajit) Lokalgottheit eines Landes/einer Dynastie (ph) (K)

bålj (*baali) Baal, Gott (ph) (K)

bålns Flüchtling (p) (K)

bålt Bürgerschaft, Bürgerin, Leute, Öffentlichkeit (p) (L K)

bålzbh (^baalzebah) Opferer (ph) (K)

bår anzünden, abbrennen (Piel) (ph) (K)

bårr (borr) Borr. Ethnische Gruppe bei Zinjirli (ph) (K)

bårr Viehzüchter (ph) (FE)

bårr unzivilisiert (H)

båt (*bi'at) Kaufvertrag, Tarif, Steuer, Brettchen, Zwischenablage, Täfelchen (ph p np) (FE T K)

båt (^biut) Schrecken, Angst (ph) (K)

båt (bat) Tochter (F)

båt tmt (^bet tamma) in vergangener Zeit, in Vergangenheit (Adv.) (ph) (K)

bpr Vieh, Herde (H)

bts Leinen (ph p) (FE)

btså (^besa) gewinnen, Profit, Beitrag, Abgabe (Nifal) (np) (FE T)

btså (^basa) beitragen, abgeben (np) (T)

btsar Zisterne (F)

btsl Zwiebel (ph) (T)

bqj (^baqi) verweilen, bleiben, zurückbleiben (Qal) (ph) (T K)

bqj aufhören (Qal) (np) (FE)

bqr (^baqar) Vieh (ph) (T K)

bqš anfragen (Qal) (ph) (K)

bqš (^biqqesch) suchen, ausschauen (Piel) (ph) (T K)

bqš finden (Qal) (ph) (FE)

br (^bor) Grab, Mausoleum (ph) (K)

br Fisch (BU 349)

br Schiff (BU 348)

br Sohn (ph) (T)

bra Graveur, Steinmetz (Qal) (p) (FE)

bra (^bara) göttlich (p) (T)

bra, brba Gesundheit (p) (FE)

brašt(?) erstklassig (S)

brbm (^berabbim) überaus, sehr viel, höchst, viele, äußerst, reichlich (ph) (FE K)

brch (^barach) abfahren, abreisen, verschwenden (Qal) (ph) (T K)

brch fliegen (H)

brj Holzart (BU 350)

brjk (barik) Gesegneter, Gesundheit (F FE)

brk (*barik) Geschenk, glücklich (Adj.) (ph) (K)

brk (^beraka) gesegnet, er segnet (L)

brk segnen (Qal) (ph p) (T K)

brk Segen (ph p np) (FE)

brk (barik) selig (p np) (FE)

brkt (birkath, ^beraka) Segen (p) (L T K)

bro, broj (^bari) korpulent, gesund (ph) (K)

brq, brqn (barkan) Blitz (p) (F FE)

brqwj Smaragd (F)

brzl (^barzel) Eisen (ph p) (H T)

brzl (^barzel) Eisengießer (p) (K)

brt Vertrag (BU 365)

brš (^nibreset) Kerzenhalter (p) (T)

bš, bšm(?) Fichte, Fichten (S)

bšar, bšr Nachkommen (p, np) (FE)

bšm (^bosem) Balsam, Parfum, Gewürz (np) (FE T)

bšr (^baschar) Fleisch, Ganzopfer (p np) (T)

bt (^bajit) Haus, Heim, Grab, Tempel (ph) (L F K)

bt (^bitt) besitzen (ph) (K)

bt (bat) Tochter (ph p np) (T K)

bt Haus, Gebäude, Tempel, Familie (ph p np) (FE T)

bt Teil vom Streitwagen (BU 381)

btab (^betab) Königshaus, Dynastie (ph) (K)

btadn (*betadon) Königshaus, Dynastie (ph) (K)

btalm/betalnm (^bet elohim) (Haus der Götter) Tempel (ph) (K)

bt bt (bat bat) (Tochter der Tochter: Enkelin (ph) (K)

btch vertrauen, sicher sein (Qal) (ph) (K)

btm (*bittim) auf eigene Kosten (np) (K)

btn (^betan, beten) Bauch, Körper (np) (T K)

btolm (^betolam) (Haus der Ewigkeit) Grab, Mausoleum (ph) (K)

btšot(?) Haus der Bruderschaft, Clubhaus (np) (K)

bttnr (^bet tanur) Gießerei (ph) (K)

⅂ (gaml). Immer als **g** gesprochen.

gaw(?) Gefäß (evtl. Krater) (F)

gbl (^gebul) Grenze, Bezirk, Territorium (einer Stadt) (ph p) (L S F FE T K) gbl Byblos (BU II 68)

gblm (^gebulim) Territorium (eines Stadtstaats) (ph) (F K)

gbr (^geber) junger kräftiger Mann, Mann, Mensch (ph) (L T K)

gbr (^gibbor) Krieger (ph) (K)

gbrt (^gebura) Macht, Kraft (np) (T K)

gbrt Machtbereich, Domäne (p np) (FE)

gg (^gag) Dach (p) (FE T K)

ggb stehlen (H)

ggo(?) unbek. Beruf (evtl. Dachdecker) (ph) (K)

ggp (^gappa) Zaun, Gatter (p) (FE T)

gd (^gad) gut, Glück, viel Glück! (ph) (L F K)

gd (^gad) Koriander (ph) (K)

gd Vermögen (p) (FE)

gd, gda, gdj (^gedi) Kind (ph p) (H FE T K)

gdd jdn. glücklich machen (Jifil) (ph) (K)

gdd sei glücklich! glücklich sein (Qal) (ph) (K)

gdd (^gedud) Trupp (mil.) (ph) (T)

gdl lobpreisen (Jifil) (ph) (K)

gdr (^gader, gadir) Mauer, ummauertes Grundstück, Burg (ph) (L F K)

gd(?) unbek. Beruf im Bauwesen (evtl. Maurer) (np) (K)

gh, gj (ga, gi) Tal (F)

gw (^gawwa) Mitte, mittig, inmitten (ph) (T K)

gw (^goy) Gemeinschaft (ph p) (T K)

gw Garten (L)

gw Pferdeart (BU 1049)

gwl hinwegraffen (L)

*gwl (gr. gaulos) Frachtschiff

gwn Sack (BU 1050)

gwš zerbrechen (BU 1051)

gz (^gazaz) Scherer (Schafe) (np) (T)

gzl (^gozal) Küken, Vögelchen (ph) (K)

gzl einen Menschen vor dem Tod retten (Qual) (ph) (K)

gzl (^gazal) stehlen, konfiszieren, rauben (Qal) (ph p) (K)

gzl (^gazel) geschnappt werden, spielen (ph p) (T)

gzt (^gazit) Gebäude/Mauer aus behauenen Steinen, behauener Stein (p) (FE T K)

gl Wasserquelle (L)

glb (^gallab) Barbier (ph p) (H FE T K)

glb rasieren (Qal) (ph) (FE)

glb (galib) Sieger (FE)

glb alm (*gallabal) Barbier Gottes (ph) (K)

glgl (^galgal) Rad (ph) (K)

glgl (^gilgel) daraufrollen, belasten (p) (T)

glj freigeben, entdecken (FE)

glj (^gala) aufdecken; offenbaren (Piel) (ph) (T K)

glj beseitigen, entfernen; bewegen (Qal) (ph) (K)

glj Exil (Jifil) (ph) (K)

glm (*jalama) Scherer (ph) (K)

glm scheren (Wolle) (ph) (K)

glm (^gelom, galam) eine Art Geist (später: Golem) (p) (T)

gln (^gulla) Schüssel, Tasse (ph) (K)

glån offene Augen, mit geöffneten Augen (ph) (T)

gm Majestät, Kgl. Hoheit (np) (T)

gmr gnädig sein, schonen, begnadigen, Gutes tun, teilen (Qal) (ph) (T K)

gmr (^gamar) erübrigen (p) (T)

gmr (^gamar) zerstören, fertigstellen (ph p) (T)

gmt Gemeinde (F)

gn Garten (H)

gnb (^ganab) stehlen, rauben (Qal) (p) (T K)

gnn (^hagen) bedecken, zudekken, abdecken (Dach); schützen (Jifil) (ph np) (T K)

gnn reparieren (Jifil) (p) (FE)

gnn (ganan) Kreis, schützen (p) (FE)

gs(?) Tafel (ph) (F)

gåb(?) Stele (ph) (F)

gådj glücklich (np) (FE)

gål (*gol) setzen, beisetzen (ph) (L)

gp Meerkatze (BU 1053)

gpp (^gappa) Steinzaun mit Tor (p) (T)

gr (*ger) Schützling, Gast, Proselyt (ph) (L F FE)

gr♂, grt♀ (^ger) Furchtsamer, Gottesanbeter (ph) (K)

gr fürchten, einen Gott anbeten (Qal) (ph) (K)

gr (^gur) Löwenwelpe (ph) (T)

grgnt (^gurganta) große Trommel (p) (T)

grd kratzen, schaben (Qal) (ph) (K)

grhkl Tempelgast, Palastgast (ph p np) (FE)

grl (^goral) Zuteilung von Land (ph) (K)

grm Proselyt (FE)

grr Sägewerker, Holzfäller (p) (K)

grr sägen (Holz) (Qal) (ph) (K)

grr (^garar) Schlepper, Spediteur (p) (T)

grš (^geraš) vertreiben, verdrängen (Qal) (ph) (T K)

gšr (gešur) stark (p) (FE)

gt (^gat) Weinfass (ph) (T)

𐤃 (delt). Immer als ***d*** gesprochen.

d (^dai) ausreichend (ph) (T)

db Heer (BU 1207. II 78)

db Teil v. Lastkarre (BU 1206. II 77)

dbr sagen, sprechen, jemandem sagen, was er tun soll (Qal) (ph) (T K)

dbr sprechen, sagen (Piel) (ph p np) (FE)

dbr (^dabar) Angelegenheiten, Ding, Sache, Handlung, Geschichte, Wort, Aussage, Erklärung, Versprechen (ph) (T K)

dbr (^dabar) Wort, Bitte, Gelöbnis (ph) (K)

dbr (^dabar) Wort, Ding, Objekt (ph p np) (T FE)

dbr (^debir) Innenraum/Cella eines Tempels (np) (T K)

dbr (debor) Biene (ph p) (FE)

dbr (^hidbir) austreiben, vorantreiben (ph) (T)

dbrm (dobrim) Sprecher (Pl.) (ph) (S)

dgn (^dagan) Körner, Getreide (ph) (H F T K)

dgn Weizen (ph) (FE)

dgn (dagan) Dagan (Gottheit der Ernte) (ph) (H FE)

dd Blume (BU 1248)

dd Großbehälter, Container (ph) (FE)

dh Phönizien (BU 1240)

dchj ein Gebäude vergrößern (Jifil) (ph) (K)

dchj (^dacha) drücken, herunterdrücken (Qal) (p) (T K)

dchj brechen (p) (FE)

djs verstummen (ph) (F)

dkj (^dikke) niedergedrückt, depressiv (ph) (T)

dl (^dal) mager, arm, arm an Viehherden (ph p) (T F)

dl unfertig, defekt, arm (ph p np) (FE)

dl (*dullu) Arbeit (ph) (K)

dl(?) ohne (Präp); und, auch, ebensogut wie, zusammen mit (Konj.) (p np) (T K)

dl♂, dlt♀, dlht (Pl.) (^dal, delet) Tür, Torflügel, Tor des Meeres[74] (ph np) (T FE)

dl (^dalalu) glorifizieren (p) (T)

dlj besitzen, haben (Qal) (K)

dll geneigt sein (F)

dlt, dlht (Pl.) (=dlcht) (^delet) Tafel (ph) Schreibtafel, Holztafel, Buch/Codex (p); Spalte eines schriftlichen Dokuments (p) bronzene Gedenktafel (T K)

dm (^dam, edom) Blut (np) (K)

dmå Papyrus (BU 1217)

dm åts (*dam ats) Wein (Blut des Weins, Rotwein) (ph) (K)

dn Furcht (BU 1220)

dnch Teil eines Ruders (BU 1226)

dnår[ja] (denarius) Denar (röm. Währung) (p) (F T FE)

dnr Entgelt (BU 1223)

dnrj Skorpion (BU 1224)

dådd Stock (BU 1204)

dås (*das) etwas, irgendetwas (F)

dåt (*dot) Freundschaft (np) (K)

dåt (^da'at) Wissen (np) (T FE)

dpk Tänzer (BU 1214)

dts (= bdts l-) über, anders, im Gegenteil, im Gegensatz zu (Präp.) (p) (FE T K)

dq/dqt (^daq) fein zerkleinert, pulverisiert (p) (FE T K)

dqr, dqrt (Pl.) (*diqaru) Tongefäß (allgemein) (K)

dr (^dar) Familie, Versammlung, Kaste, Nachkommen (ph np) (FE T K)

dr (^dor) Zeit, Zeitraum, Epoche (p np) (T K)

dr Bote (BU 1228. II 78)

dr bn alm (*dar ben alonim) Götterfamilie, Pantheon (ph) (K)

drj (*dariu) andauernd, immer (Adj.) (ph) (K)

drk (^derek) Kommandant (np) (T)

drk (^dorek) Fußsoldat, Infanterist (ph) (K)

drk (^derek) Weg, Straße, Pfad, Reise, Seereise (ph) (T K)

drk (^darak) treten, auftreten, stampfen (ph) (T)

drkmn (gr. drachmon) Drachme (griech. Währung) (ph) (T F)

74 Friedrich/Röllig 1999, 131.

drkn (gr. dareikon) Dareike (pers. Währung) (F)

drkw Daric (Münze) (H)

drš (^darasch) nachfragen (p) (T)

dt Olive (BU 1243)

(hē). Als *h* gesprochen, oft aber auch als *a*-Anlaut oder entfallend

h- (^he/ha) der/die/das (Präfix-Artikel, auch relativ) (ph p np) (T K)

h- (^he/ha) dieser/diese/dieses (hervorh. Präfix) (ph p np) (T K)

ha (^he/ha) er/sie/es (ph p np) (Part.) (T K)

ha (^hi) sie (Pron.), der/die/das (Vorgenannte) (ph p np) (T K)

ha (^hu) er (Pron.), der/die/das (Vorgenannte) (ph p np) (T K)

ha (^ha) schau! (Zwischenruf) (ph) (T)

hamlan(?) Bote (S)

hat (*hut) er (hist. Pron.) (ph) (T K)

hb Streitwagen-Teil (BU 713)

hb Stein (FE)

hbr (hubur) Handelsbeziehung[75]

hbrk (^abrek) Verwalter (ph) (T)

hbš Lampe (BU 717)

hbšj Körperteil (BU 718)

hga(?) sein (L)

hdn (^adon) Herr (L K)

hŧbh/ŧbh (^tabbah) Metzger, Fleischer (F K)

hwn (^hon) Reichtum (ph) (T)

hjz das (Artikel) (FE)

hlb (=chlb) Milch, Fett (ph) (S)

hlk bringen; geh!, geh weg!, gehen, reisen; marschieren, vorrücken (milit.) (Qal) (ph p np) (T K)

hlk loslassen, verlassen (Qal) (ph p np) (FE)

hlk anbieten (Jifil) (ph p np) (FE)

hlk entsenden, mit Grund weggehen (Jifil) (ph) (K)

hlk herumlaufen, sich verhalten, sich benehmen (Jitpael) (ph) (K)

hlk (^holek) Gast(freund), Reisender, Passant (p) (K)

hlk (ulek) Sänger, Gastfreund (p) (S)

hlkt (^halika) Gastfreundschaft (p) (K)

hlqt (helicot) Gastfreundschaft (F)

hlm (^halam) schlagen, Münzen schlagen/prägen (Qal) (ph) (T K)

hlm Präsentativ einer Deklamation (ph) (K)

hmt vielleicht (ph) (L)

hmt (^hemma) sie, jene, ihnen (allg. Gendernomen mit var. Einatz) (ph p) (FE T K)

hmŧwa (hamatua) Spinnerei, Zwirnerei (ph) (F)

hn (^henna) hierher (Adv.) (np) (K)

hn (^hinne) hier (Adv.) (ph) (K)

hn (^hinne, hen) hier ist (deikt. Artikel) (ph np) (T K)

75 Vgl. dazu ausführlich Katzenstein 1983.

hn (^hinne, hen) Präsentativ einer Deklaration (np) (K)

hnd Indien (BU 657)

hnk (*hunnaka) hier (DemonstratPart) (np) (T)

hnkt(?) hier (Adv.) (np) (K)

hnr weglaufen (BU 726)

hnr Zahn (BU 728)

hnr Zaumzeug (BU 727)

hspr (=spr) (^soper) Schreiber (ph) (S K)

hsrm (^esrim) zwanzig (np) (F K)

håkn Priester (FE)

hpk umkippen, kentern (Qal) (ph) (T K)

hr (^har) Berg, Gebirge, Bergland (ph p) (F FE T K)

hralm (har alonim) Berg der Götter, Tempelberg (p) (K)

hrb Schwert (BU 686)

hrd Burg (BU 730. II 71)

hrkt glatter Boden (BU 743)

hrts mtm (^metom) pures Gold (ph) (T)

hrp Schwert (BU II 72)

hrš (=chrš) (^heres) Handwerkskunst (ph) (F K)

hrs (=chrš) (^heres) Tonscherbe (ph) (F K)

hšdrpn Satrap (BU 750)

htmj Kommandeur(?)(ph) (K)

Y (wau). Gesprochen als ein in ***u*** übergehendes ***w*** (wie ‚window‘). Am Wortende auch **u**, **un**, **on** oder **an.**

w- (^u) und, ja, oder, aber (als Präfix, etwa bei Aufzählungen) (ph p np) (F K)

wj sägen (BU 319)

wjat (uiat) Wohnung, Aufenthalt (ph) (L)

wrjs (=chrš) (uris, ^hores) Handwerker (ph) (F K)

I (zai). Gesprochen als stimmhaftes **s** (wie „**S**üden“)

z- (^zu, ze) der, die, das (Präfix) (RelPron) (ph) (T K)

z/az♂, z/az♀ (^ze, zo) das hier (Pron.); dies (Pron., Subst., Adj.) (ph np) (T K)

za (=zn) (za) dies (♂Pron.) (ph) (K)

zab Opfer (p) (FE)

zbg opfern (Qal) (p) (FE)

zbh (^zebah) Opfer, opfern (ph) (L)

zbh (^zebah) Opferer (ph p np) (FE)

zbh (^zebah) Angebot, Opfer, Opfergabe (ph p np) (T FE)

zbch (^zebach) schlachten, opfern, Opferpriester, Fell (ph p np) (S F T K)

zbch (^zebach) ein Tier opfern (Qal) (ph) (K)

zbch jmm (^zebach hajjamin) periodisches Opfer (K)

zbch šmš Zebach Semes (Monatsname) (ph) (T K)

zbch ššm Zebach Sussim (gr. Monat Hekatombion) (ph) (H T K)

zbr (*zbura) fremd (F)

zbr Glas (FE)

zbr (^ziburrit) Krug (np) (T)

zhr(?) Glanz (F)

zjb (^ziw) Monat ‚Zib' (Monat der leuchtenden Blumen) (np) (T K)

zjt (=zt)

zka (^zak) rein (ph p np) (T FE)

zkr (=skr) sich erinnern, merken, behalten (Qal) (ph) (FE K)

zkr (^zeker) Gedächtnis (ph p np) (T FE)

zkrn (^zikkaron) Gedenkangebot (ph) (T)

zn♂, za♀ das dort, das drüben, dieser, diese (ph) (T K)

zn Parfum (p) (FE)

zqn (^zakan) Bart (ph) (H FE T K)

zr (zar) Münze, Münzwert, kleine Münze (p) (FE T K)

zr (^zar) andere, ein anderer, anders (ph) (FE K)

zr (^zar) Feind (ph) (T)

zrch Versammlung, Familienclan (H)

zrå (^zera) Same, Nachkomme, Abstammung, Königsspross (ph) (H F FE T K)

zrå (zar) Scherbe, Tonscherbe (F)

zt (=zjt) (^zajit) Olive, Oliven, Ölbaum (ph) (F FE T K)

𐤇 (hēt). Gesprochen als Gaumen-ch (wie „wa**ch**")

ch (^ach) (=ach, achj) Freund (L)

chbb lieben, Liebe (Jifil) (np) (FE K)

chbkm sabkm Bauer der Steine, Maurer (Pl.) (S)

chbl (^hobel) Seemann, Matrose (p) (H FE T K)

chbårt Gruppe (np) (FE)

chbr (^haber, heber) Kollege, Mitarbeiter (in einem Büro) (p np); Partner, ausländischer Partner, Gastfreund (np); Mitglied (in einer Organisation) (np) (FE T K)

chbr (^hober) Zauberer, Magier (p) (T)

chga(?) leben (L)

chgj (chaggaj) festlich (ph) (FE)

chgj, mchgt Lager, Camp (H)

chgr (^hagira) Mauer (H T)

chgr mit einer Mauer umgrenzen (Qal) (p) (K)

chgr Anlage (p) (FE)

chd(?) Pfeil (ph) (F)

chdn (=adn) (^adon) Herr (F)

chdr (^heder) Zimmer, Kammer, Gemach, Grabkammer, Grab (ph p np) (L FE T K)

chdr bt olm (^heder bajit alonim) Grabkammer (ph p np) (FE K)

chdrt (*hadra) Hautschwellung (p) (K)

chdrt (^hadre) Unterwelt („die Kammern") (p) (T K)

chdrt Innenraum eines Tempels, Aufenthalt (p) (FE)

chdrt tklt Vorratskammer (np) (K)

chdš (^hadas) neu (p) (Adj.); neugeboren (np) (L FE F T K)

chdš (^hides) erneuern, restaurieren, renovieren (Piel) (p np) (FE K)

chdš (^hodes) Neumond (ph p) (FE T K)

chwa leben (Qual) (ph, p, np) (FE)

chwh Dorf, Ortschaft (np) FE)

chwj am Leben bleiben, erhalten; jd. lange leben lassen; lang leben (Qal); wiederherstellen (Piel); überholen (ph np) (Jifil) (T K)

chwj Restaurierung (FE)

chwm umsonst, gratis (F)

chwt (^hawwa) Zeltstadt, Zeltdorf (ph) (K)

chz (^hoze) Seher, Visionär, Prophet (ph) (K)

chzj (^haza) sehen (Qal) (ph p) (T K)

chjt das Leben (np) (T)

chzn (*hazianu) Kontrolleur (ph) (T)

chzr (gr. asup) Gefäß: Tasse (ph) (K)

chzt Vogelart (ph) (K)

chchršm šjr Behauer des Holzes, Zimmermann (ph) (S)

chtr (^hoter) Stange, Stab, Zepter (ph) (H T)

chj Kanal, Graben (BU 711)

chj, chjm lebendig, das Leben, Lebende, in meinem Leben (ph) (L T F)

chj, chjm Leben (ph p np) (T FE)

chjj leben, am Leben sein (np) (Qal); am Leben bleiben (np) (Jifil) (K)

chjl Kraft, Stärke (L)

chjm unbek. familiäre Beziehung (np) (K)

chjm (^hajjim) Leben; Lebende; langes Leben, Lebenszeit (ph) (F K)

chjr Hijjar (Monatsname) (ph np) (T K)

chjt Tier, (Wild)Tiere (ph) (H F T FE)

chjt (^hajja) Tempel (ph) (K)

chkmt (^hokma) Weisheit, Intelligenz (ph) (FE T K)

chl (^hajil) Vermögen, Reichtum (p) (K)

chlb (^halab) Milch, Fett (p) (L FE T K)

chlb (^heleb) Milch (p) (T)

chld (choled) Wiesel (p) (FE)

chll durchstechen, durchbohren (H)

chll (^halal) Flöte spielen, Pfeife blasen (Piel) (ph) (T K)

chlm träumen (ph) (T)

chlpt (^helep, halipa) Tauschgeschäft, genaue Vergütung (ph) (T K)

chlpt richtig, korrekt, einverstanden (ph) (FE)

chlq (^helek) Schicksal, Los (ph) (K)

chlt (*hilla, hallatu) Sarg, Sarkophag (ph) (H L T K)

chlt (^halla) Brotlaib (zum Opfern) (ph) (T K)

chlts (^hilles) loslassen, befreien (Piel) (p) (T FE)

chlts (halus) einen Soldaten ausrüsten, retten, ausliefern (Qal) (ph) (K)

chlts (^halus) ausgerüsteter (gegürteter) Soldat, Streiter, Krieger (p) (L FE T K)

chltsbol (*halusbaal) Streiter Baals (ph) (S)

chlts rb (halus rab) milit. Rang (Altsoldat, Reservist) (p) (K)

chmaa, chmch(?) Sonne (L)

chmd (^hamud) gut, angenehm, wünschenswert (Adj.) (ph) (K)

chmd (^hamad) wünschen (ph) (T)

chmd Essig (BU 679. II 71)

chmd lieben (Qal) (K)

chmdt gute Absichten (ph) (T)

chmdt (^hemda) Liebe (ph) (K)

chmr, hmr jn (^hemer) (Rot)wein (ph) (T K)

chmš♂, chmšt♂ (^hames, hamissa) fünf (p) (L F T K)

chmšj♂, chmšt♀ (^hamisi, hamisit) der/die/das Fünfte, Fünfter (p) (F T K)

chmšm (^hamissim) fünfzig (p np) (F T K)

chmt, chmjt (Pl.) (^homa) schützende Festung, Mauern (ph) (FE T K)

chn Fels, Gedenkstein (L)

chn (^hen) göttliche Gnade, Gunst, Großzügigkeit, Begünstigung (ph) (L T K)

chn (chan) nachsichtig (ph) (FE)

chsp (^hasap) entfernen (ph) (T)

chnwts Statute, verblassendes Bild (ph p) (FE T)

chnj lagern, ein Lager aufschlagen (Qal) (ph) (K)

chnj meine Gunst (FE)

chnl ein Beklagenswerter(?) (L)

chnm (^hinnam) aus freiem Willen (ohne Bezahlung); gratis, kostenlos, ohne an Rückzahlung zu denken (p) (FE T K)

chnn gnädig sein, begünstigen verschonen, begnadigen (Qal) (ph p np) (Qal) (T K)

chnq (^hanaq) erwürgen (ph) (T)

chnt, chnjt (Pl.) (^hanut) Zelt, Zelte (np) (T K)

chnwt unbek. Kultgegenstand (K)

chnwt Statue (ph p) (T)

chs Rücksicht nehmen, rücksichtsvoll sein, Mitgefühl zeigen (Qal) (np) (K)

chsa heilig (L)

chsd mangelhaft sein (L)

chsd (^hasid) frommer Mensch (ph) (K)

chsjd fromm (np) (FE)

chsgm Körperschaft, Gesellschaft (soz.) (p) (K)

chsm ersticken, jd. mundtot machen (ph) (K)

chsp brechen, splittern (bei Holz) (Qal) (ph) (K)

chsr fehlen (Qal) (ph) (K)

chåra Dorfschaft (L)

chpjt Befestigungsmauer (F)

chpts (^hepes) Freude, Vergnügen (ph) (K)

chts (^hes) Pfeil, Pfeilspitze (ph) (T K)

chts Bogenschütze (ph) (FE)

chts (^hajjis) (Tempel)Mauer (p) (T)

chts (^hus) Straße (p) (T K)

chtsb (^hasab) Bruchstein brechen, Steinblöcke behauen (ph p) (Qal) (T K)

chtsb (^hasab) Urne (ph) (T)

chtsj (^hasij) die Hälfte, ein Halbes (ph p) (T K)

chtsj (*huzwa) Glück (ph) (K)

chtsm (^hittim) Weizen (ph) (K)

chtså Speerspitze (H)

chtsr (^haser) beschützen, umschließen, dicht herum, Land besiedeln, dauerhafte Besiedlung (Piel) (ph np) (T K)

chtsr (^hoter) Zepter (FE K)

chtsr Gras, Pflanze, Kraut (H F)

chtsr, chtsrt (Pl.) (^haser) Hoftempel, Hof eines Tempels, Innenhof, Hof, Gerichtshof (ph np) (FE T K)

chqq (=mchq) Bildhauer, Graveur, Steinmetz (Jifil) (ph p) (FE K)

chrb (^hareb) austrocknen, Wüste (np) (BU 736 T)

chrb (^hareb) Trockenschuppen (np) (T)

chrdt (^harada) fürchten, zittern (np) (T K)

chrdt (^harada) Terror (np) (FE T)

chrg Gold (H)

chrm (^harram) (Netz)Fischer, sinken, herabsinken (ph p) (T K)

chrå Gravur, Schnitzerei (H)

chrr Blüte (BU 691)

chrš (^haris) pflügen (ph) (K)

chrš (^heres) Arbeiter (Stein, Metall, Holz) (L)

chrš (^hores) Handwerker, Künstler (H K)

chrš (^heres) irdene Töpferware, Tonscherbe, Scherbe (p) (K)

chrš (^heres) Handwerk, Handwerkskunst (p) (K)

chrš arnt Sarkophag (H)

chrš åglt Wagenbauer (p) (K)

chrš šjr Holzschneider, Zimmermann (F)

chrt verbrannte Überreste, Asche (p) (K)

chrts (*hurd) Potasche (ph) (K)[76]

chrts (^harus) Gold (ph p np) (F FE T K)

chrṯ, chrṯjt (^heret) Skulptur, Plastik (p) (T K)

chrṯmn Lektor-Priester, Magier (ph) (K)

chrz (*hirz) Schutz, Gewahrsam (p) (K)

chrz Schnur, Kette, Reihe (H)

chrz (^haruz) Zaun, Gatter (p) (T)

chrš, chršm (^haraš) Handwerker, Hersteller, Arbeiter (ph p) (FE T)

chrš (^harisch) Bodenbearbeitung, pflügen (ph) (FE T)

chrt (^harat) Graveur (p) (T)

chšb (^hoseb) Weber, Buntwirker (ph) (L K)

chšb Geld zählen (Piel); jemandem etwas unterstellen (np) (Qal) (K)

chšb Berechner, Buchführer (H)

chšb (^hischeb) erwägen, planen (Qal) (ph p np) (FE T)

chšb Qästor (ph) (FE)

chšk (^hošek) Dunkelheit (ph) (FE T)

chšq (^hesek) Freude, Vergnügen (ph) (K)

chšq (chešeq) wünschen (FE)

chšt (=nchšt) Bronze (S)

cht (=aht) (achot) Freundin (ph) (L)

chtb aushauen, Steinhauer (ph) (L)

chtm Siegelhalter (ph) (H K)

chtm (^hotam) Siegelring, Siegel, Stempel (ph) (FE T K)

chtm (^hatam) ein Dokument besiegeln (Qal) (ph p np) (T K)

chtm beenden (Qal) (np) (FE)

chtt auf Ton schreiben (Qal) (ph) (K)

---

76 (Kaliumkarbonat zum Abdecken von Knochen und zur Herstellung des Färbersuds

⊗ (tēt, hier als ŧ), Gesprochen als *t* mit abgedämmtem *e* (wie „Tin**te**")

ŧar, ŧhr rein (FE)

ŧbch schlachten (Qal) (ph) (K)

ŧbh, ŧbch Opferer (p) (FE)

ŧbch (^tabbah) Schlachter, Metzger (p) (T K)

ŧbå (^taba) Fischer (ph p) (K)

ŧbå Stempel (Münze/Siegel) (K)

ŧbå (^taba) Währung (einer Stadt, eines Landes) (ph) (T)

ŧbå Gewichtseinheit (ph) (K)

ŧbåt (^tabbaat) (Stempel auf einem) Siegelring (ph) (T K)

ŧgp Kaserne (BU 1175b)

ŧhr (^tahor) rein (Adj.) (ph) (K)

ŧch (=mŧch) (^tih) verputzen (p) (T K)

ŧchb Stall (BU 1174)

ŧjšm (=tšom) (^tisim) neunzig (np) (L F K)

ŧma Abschnitt, Sektion (np) (T)

ŧna zur Verfügung stellen, schenken; ein Monument errichten (p) (Qal); zuständige Stelle (p) (Qal); ein Monument errichten (np) (Piel/Jifil) (FE K)

ŧna (^tenea) aufrecht, festsetzen (Qal) (ph p np) (FE)

ŧna (^tenea) (Frucht)Korb (ph p np) (T)

ŧnn bestimmt sein für jdn. (F)

ŧnnt Wall (BU II 74)

ŧnt die gesetzte [z.B.: Frist] (F)

ŧpg Kaserne (BU 1149)

ŧpr Schreiber (BU 1147. II 75)

ŧprt hethit. Streitwagen (BU 1148)

ŧrjw Brustpanzer (BU II 75)

ŧrjn Brustpanzer (BU 1162)

ŧrt Barke (BU 171)

ŧrt Feinmehl (BU 1172. II 75)

ŧrtt Wall (BU 1166)

(yōd). Gesprochen als *i*, in Endungen wie *j* oder ein weiches ***dsch*** (wie „Jim")

ja (^ja'a) nett, gut (p) (FE T)

jaj passend, Beschlag (H)

jba kommen (FE)

jbl rammen, stoßen (H)

jbl (^jobel) Widder, Bock (p) (L FE T K)

jbqš schauen (FE)

jbr Hengst (BU II 65)

jbr Strom (BU 213. II 72)

jbrk Segen (FE)

jbš wohnen (L)

jgn Gabe, Abgabe (ph) (K)

jd (^jad) Hand, Arm, Stärke, Kraft (ph p) (F FE T K)

jd Seite, Flanke (eines Opfertiers) (np) (T)

jdch Unterbrecher (FE)

jdå (^jado) wissen, verstehen (ph) (Qal) (FE T K)

jhr Jahr (L)

jjr Hirsch, Bock (BU II 65)

jchš zueignen (L)

jchs Genossenschaft (L)

jkbd Respekt (FE)

jkn (jakun) sein, haben (p) (FE)

jld einen Sohn zeugen (Qal) (ph) (K)

jld Kinder gebären (Qal) (ph) (T K)

jld (^jeled, jalid, jillod) junger Sohn, Kind, Nachkommen, Jugend(?) (np) (FE T K)

jll (^halal) erhöht werden (np) (T)

jll beweinen, beklagen (Jifil, Pual) (np) (FE K)

jlq (jelek) Heuschreckenart (L)

jm♂, jmt♀, jmm (Pl.) Tag, Lebenszeit, Legislaturperiode (ph p np) (F FE T K)

jm (^jam) Meer, die See, Seegebiet (ph) (L F FE T BU 216. II 72)

jmch löschen (FE)

jmkr Verbund (FE)

jms, js Meer (H)

jmnj (immannai) Meister (F)

jm nom wbrk der gute und glückliche Tag (Opfertag anläßlich einer Kindsgeburt) (ph) (K)

jmå hören (FE)

jn (^jajin) Wein (ph) (FE K)

jnn Eiche (BU II 66)

jsbr Peitsche (BU II 67)

jsd arm (H)

jsd (^jesod) Säulenbasis (ph) (K)

jsp (^jasap) annektieren, hinzufügen (Qal); etwas weitermachen (Jifil) (ph) (T K)

jåzr (jasor) Freude (L)

jåzr (jazor) Hilfe (p) (FE)

jåts (^ja'as) Berater/-in (p) (T)

jår (^ja'ar) Dickicht, Holz, Wald (ph p) (H F FE T K)

jår, jårm (Pl.) (*jar, jarim) Baum, Bäume (ph) (K)

jp (^jape) gut, angenehm, passend, richtig (Adv.) (np) (K)

jpa (^japa) geeignet, tauglich (np) (T)

jpt Brot (BU 39. II 66)

jptch offen (FE)

jtsa (^jasa) hinausgehen, verlassen (Qal) (ph p) (T K); Aufgang (der Sonne), Osten, Geld ausgeben, in die Schlacht gehen (Qal) (p) (K)

jtsb aufstellen, errichten (Jifil) (np) (K)

jtslt (^assil) Fleischstück, Teile vom Opfertier, Oberschenkel (p) (FE T K)

jtsq einen Metallgegenstand werfen (Qal) (K)

jtsq (^jasaq) Statue (ph) (T)

jtsr (^joser) Töpfer, etwas aus Ton formen, Herstellung (p) (L T K)

jtstatan (*jiztatan) dasselbe (L)

jqts wecken (Qal) (K)

jqdš weihen (FE)

jr (^jar) Holz (L FE)

jr Löwe (BU II 66)

jrd deportieren, ein Volk umsiedeln (np) (Qal); herunterkommen, absteigen (np) (Qal) (K)

jrd (^jarad) untergehen, herunterkommen, herunterbringen (Qal) (ph p np) (FE T)

jrd abladen (ph p) (Jifil) (FE)

jrch (^jareach) Mond, Vollmond (ph p) (FE T K)

jrch (^jerah) Monat (ph p) (L F FE T K)

jrch Wohlstand (p) (FE)

jrjr Heer, Streiter (BU 92)

jša Angebot (FE)

jšb (^jašab) sitzen, auf dem Thron sitzen, den Thron innehaben, bleiben, verweilen, einen Gott an einem Ort einführen, Menschen an-/umsiedeln (Qal) (ph) (T K)

jšb zum Leben erwecken (Jifil) ph p

jšb sitzen, wohnen (ph) (Qal) (F FE)

jšb (^joseb) Bewohner, Einwohner (K)

jšb, jšbm (Pl.) (^jissup) Sitz, Platz, Bank, Sessel (np) (F K)

jšb (^sebet) Thron, Sitz (p np) (FE T)

jšcht zerstören (FE)

jšw ein Schlafender (im Grab) (L)

jšmå hören (FE)

jšå (^hosi'a) Erhaltung, Bewahrung (ph) (T)

jšr (^jašar) gut, gerecht, richtig (ph np) (FE T K)

jšr (^jašar) gerecht führen (ph np) (Piel) (T K)

jšr vorteilhaft (np) (Jifil) (FE)

jšr gründen, aufstellen (L)

jtm (^jatom) Waise, verwaist (ph) (FE T K)

jtmj Peitschenstiel (BU 191)

jtn (^natan) etwas abgeben, geben, zeigen, jdn. empfehlen, jdn. für etwas empfehlen, Land abgeben, Tauschhandel, zahlen (Qal) (ph p np) (FE T K)

jtr (^notar) übrig, restlich (Adv.) (np) (T)

jtr Gefangener (BU 193)

𐤊 (kaf). Gesprochen als hartes *k* (wie „Fle**ck**“)

k- (^ki) „dass“, weil (Präfix Konj.) (ph p np) (FE T K)

k (^k) hier (loc. Adv.), ähnlich, wie, so wie, gleichwie (ph p np) (S FE T K)

ka (^ko) fürwahr, hier (np) (L F T)

kaspt Versammlung (F)

kbd (^kibbed) ehren, respektieren (ph p) (Piel) (FE T K)

kbd, kbdt (^kabod) Ehre, Respekt, Pracht (p np) (H FE T K)

kbl anbieten (FE)

kbn (keban) Byblos (BU 970)

kbnt Byblos-Schiff

kbs (^kobes) Wäscher, Walker (p) (S F FE K)

kbs (^kabas) plündern, Plünderer (p) (T)

kbs Fußschemel (BU 973. II 73)

kbr Richtung (H)

kbr (^kabbir) groß, großartig (Adj.) (ph) (K)

kbrt Seite, Schenkel (ph) (FE)

kbrt (^kebara) Ausrichtung (architekt.) (ph) (T)

kbš Lamm (ph) (FE)

kd (^kad) Wasserfass (ph) (K)

kd Dorngestrüpp (BU 955. II 78)

kd, kdn Wagenlenker (BU 1039. 1048)

kdd (gr. kados) Gefäß (H)

kdmr Kleidungsstück (BU 958)

kdš (=qdš) Heiligtum (ph) (F T)

kh weil (FE)

khn♂, khnt♀ khnjm (^kohen, kohenet) Priester(in), Tochter des Priesters (ph p np) (F FE T K)

khn Dunkelheit (BU 1026)

kwlb (^kelub) Korb (np) (T)

kwn sein, existieren, haben, gehören, besitzen (Qal) (ph p np) (FE T)

kch Fessel, Knebel (BU 937)

kjw(?) sein, befestigen (L)

kjšr (kišar) Elefant (p) (FE)

kkb (^kokab) Stern (ph p) (FE T)

kkbm al(?) Sterne (F)[77]

kkr mächtig (L)

kkr♂, kkrt♂, kkrm (Pl.) (^kikkar) Talent (Gewichtseinheit) (p np) (T K)

kkw bestimmen (L)

kl (^kol) alle, jeder (Pron.); alles (Adj.); alles, irgendein, jeder, jedes, Gesamtheit, ganz (ph p) (S F T K)

kl adm (^kol adam) alle, jeder (p) (K)

kl hot (^kol ha'et) immer (ph) (K)

kl mnm(?) alles (Pron.) (p) (K)

kl speichern, lagern (Nahrung) (Jifil) (K)

klb (*kalabu) Spitzhackenträger (ph) (K)

klb (^keleb, kalbu) Hund, Jagdhund (ph) (H F T K)

klb (^keleb) Hund Gottes (gehorsamer Anbeter) (K)

klb (^kelub) Käfig, Gefängnis (ph) (K)

klb (=kwlb) Korb (gr. kloubos) (H)

klj Geld ausgeben, zerstören, vernichten (Jifil); fertigstellen, beenden (p) (Piel) (FE T K)

kll (^kalil) Ganzopfer, Brandopfer (p) (L T)

kll (^kalil) völlig, vollständig; gesamt, ganz (Adj.) (p) (K)

klmnm irgendetwas (ph) (K)

klt Grabgewölbe (L)

klt Ausgabe (p) (FE)

km (^kemo) so zu, auch (Adv.); wie (Präp.); ebenso, wie, genauso wie (Konj.) (ph p) (K)

km aš (^ka'aser) genauso wie, wann, wann immer (Konj.) (ph) (K)

kmch Brot (BU 984. II 78)

km š, km aš (^ka'aser) wenn (Konj.) (K)

kmå wie, wann (Präp.) (ph p np) (FE)

kmn (^kammon, kumin) Kreuzkümmel (ph) (T K)

kmr (^komer) Komer-Priester (ph np) (T K)

kmr Spezialopfer (ph np) (FE)

kmrj Kutter (p) (FE)

kmst (*kemas) Obstlager, Obstvorrat (K)

kmt deshalb, aus diesem Grund, folglich (ph) (K)

kn (^ken) ehrlich, wahrhaftig (ph) (K)

kn (^ken) also, daher (Adv.) (ph) (T K)

kn bestehen, dauern (Qal); etabliert werden, feststehen (Nifal); gehören, haben, besitzen (Qal); hierher (Adv. loc.); leben, residieren (Qal); sein, existieren (Qal); verpflichtet sein, etwas zu tun (Qal); amtieren (Qal) (p) (K)

kn Ära, Zeitalter(?) (FE)

kn (^ken) Basis, Sockel (arch.) (np) (T)

kndr, kndrs (lat. quadrans) Münzeinheit (np) (F FE T)

knj (^kinna) benennen, ernennen (Piel) (ph) (T K)

knk aus, bestehend aus, gemacht aus (ph) (S)

77 Zur Überlieferung vgl. Pfiffig 1969.

kntswlåt (lat. consulatus) Konsulat (np) (T)

knprs (gr. kanephoros) Korbträger (ph) (F)

knr (gr. kinuras) Leier (ph) (H)

knr Harfe (BU 990. II 73)

knr Straße (BU 909)

knrj Riegel (BU 908)

knš aufheben, zusammenfassen (Qal) (np) (FE)

knš (koneš) Sammler (p) (FE)

knš/knša/knšj (kinnus, kinnasa) Zusammenrufer (ph) (K)

knšm♂, knšj♀ (kinnas) Kinnas/ Kinnasim. Titel für den/die Vorsitzenden einer organisierten Gemeinschaft (ph) (K)

ksa, ksam (Pl.) (^kese) Vollmond (ph) (FE T K)

ksa, ksat (Pl.) (^kisse) Thron (ph p np) (F FE T K)

ksj abdecken, schützen, verbergen, verschweigen (Qal) (ph p) (T K)

ksn Gießer (S)

ksp (^kesep) Silber, Silbergeld, Geld (ph p np) (L S F FE T K)

ksra Dorf, Flecken (L)

kst (^kesut) Bekleidung (p) (T)

kå weil (FE)

kån (^ke'an) jetzt (Adv.) (ph) (K)

kån Opfer (FE)

kås eine Arbeit übernehmen und betreuen (np) (T K)

kås (^ko'es) Unternehmer, Betreuer einer Arbeit (K)

kp(?) Handfläche (F)

kp Hand (BU 974. II 73)

kpn (kepan) Byblos (BU 975)

kpp etwas umkippen, umwerfen (Qal) (ph) (K)

kpr (^kofer, kefar) Stadt, Ortschaft (K)

kpr (kefir) Löwenjunges (ph) (FE)

kpr wegwischen, reinigen (Qal) (p); vergeben, verzeihen (Qal) (np) (K)

kps, kbs Zimmermann (ph) (FE K)

kpt binden (Qal) (p) (K)

kpt (*kupputu) einschränken (p) (T)

kpt Kreta (BU 977)

kr (Abk.) Name eines kleinen Gewichts (ph) (H T)

kr Bergmann (BU 912)

kr Schiff, Gerät (BU 997. 998. II 73)

kr Schiffstyp (BU 912)

kr Straße (BU 910)

kr Weideplatz (BU 1001. II 73)

kr (^kar) Weide, Weideland (ph) (T)

kra (^kara) graben (np) (T)

krb (^kerub) Cherub, Engel (ph) (K)

krch Grabbeigabe (p) (K)

krch Macht, Kraft (H)

krj graben, Land kaufen (Qal) (np) (K)

krj (^kara) kaufen, erwerben (np) (T)

krj Kerker (BU II 73)

krjw Verleumdung (L)

krkr Steinhaufen, Geröll (BU 1020)

krkrh (*kirkarah) Fünfzigruderer (Momoreme)

krm (^kerem) Weinberg (ph) (K)

krm ein zerstörtes Gebäude restaurieren (Jifil) (np) (K)

krm (^karam) widmen, zuwenden (np) (T)

krn ehren (Piel, Jifil) (np) (K)

krn Kerker (BU 1000)

krsj Kanu (FE)

krr Kirur (Monatsname) (ph) (K)

krr Talent (Geldgewicht) (H)

krr Frosch (BU 923)

krr Schiffstyp (BU 921)

krš (^kares) Figur, Gestalt, Körper (ph) (K)

krš Sack (BU 1014)

krt (^karat) Holzfäller (ph) (T)

krt arrangieren (Qal) (ph) (FE)

krt abtrennen, töten, exekutieren (Jifil) (np) (K)

krt (*cirta) Steinmetz (p) (FE K)

krt Peitschenschnur (BU 1025)

kša tragen (F)

kšr sich jdm. weihen (L)

kt (*kittu) Ehrlichkeit, Wahrhaftigkeit (ph) (K)

kt (*kot) hier (Adv.) (np) (K)

kt Streitwagen-Teil (BU 945)

kt, ktn Wagenlenker (BU 1039. 1044)

ktb schreiben, einmeißeln, aufzeichnen (Qal); beschriften (Piel) (ph p np) (FE T)

ktbt (^ketobet, ketibea) Buchstabe; Buch, Dokument (p); Text, das Schreiben (p np) (FE T K)

ktbt dbr hbt Familienchronik (np) (K)

ktw(?) Priester (L)

ktm Gold (BU 1036. II 73)

ktn (^kuttonet, ketonet) Leinen, Chiton, Tunika, Kleid (ph np) (H FE T K)

ktn* (kothon) Rundhafen (p) (Hurst 1979)

ktårt Säulenkapitell (FE)

ktr(?) krönen (L)

ktrt (^koteret) Hauptstadt, Metropole (np) (T)

ktrt (^keter) hoher Turban (np) (K)

ktt Decke (BU 1046. II 73)

𐤋 (lamd). Gesprochen als *l* (wie „Löwe“)

l- (Präfix) aus, von (örtlich); für (Präp.); im Namen von, (prokl. Partizip); von (Ersatzgenitiv); zu (nicht örtlich) (ph np) (T K)

l (^lu, lewaj) „oh, das…!“ (Konj.) (p) (T)

l (^le) Wunschpartikel (ph) (T)

l für, seit, an, von, wie (Präp.) (ph p np) (FE)

la (la) nicht (L)

laj weich, schwach werden (Qal) (p) (K)

lam (^leom) Bevölkerung, Nation (p) (K)

lamr (^lemor) „dass“ (Einführungswort für direkte Rede) (Qal) (ph) (K)

lat (lat) Können, Vermögen (F)

lb (^leb) Geist, Intelligenz, Seele (ph) (K)

lb Herz (ph p np) (FE T)

lb- (Präfix) für, zu, nach (Präp.) (K)

lba♂, lbat♀ (^labi, lebbija, libat) Löwe, Löwin (K); Puma (p) (FE)

lbn♂, lbt♀ (^laban) Weiß (ph) (F FE T K)

lbnt (^lebona) Räucheraltar (p); Weihrauch (ph p) (F FE T K)

lgm (*lignu) unbek. Tongefäß (ph) (K)

ld empfangen (FE)

ldp Salben mischen (Qal) (p) (K)

ldr wählen (FE)

lhbt (^lehaba) Flamme, Feuer (K)

lhbåt (^lehaba) Flamme (np) (FE T)

lch (^luah) Steintafel mit Inschrift (np) (T K)

lchd (*lehod) allein (Adv.) (ph) (T K)

lchm nähen (p) (K)

lchm kämpfen; Bretter zusammenfügen (Qal) (K)

lchm essen, fressen (Qual) (ph) (FE)

lchm (^leham) Brot (p) (H FE T)

lchšt (^lahaš) Zauber, Verzauberung, Beschwörung, flüstern, Charme (ph) (FE T)

lŧr, lŧrm (Pl.) (gr. litra) Pfund (Gewichtsmaß) (p) (L F FE T K)

ljn (*malon) Gastwirt (p) (T K)

ljt Verbund (np) (FE)

lkd nehmen, ergreifen (Qal) (ph) (L T K)

lkd Fang, Eroberung (H)

lkn (*likaj) damit (ph) (K)

ll Hunger, Mangel (ph) (K)

ll (^lajil) Nacht (ph) (F FE T K)

ll- (Präfix) für (Präp.) (np) (K)

lljt (^lilit) Dämon der Nacht (ph) (T)

lm (^lamma) damit nicht (Konj.) (ph) (T K)

lmb- (Präfix) in (Präp.); in, während, von, von … bis (ph) (K)

lmdt laut (FE)

lmmol mŧ (^mimma'al matta) von oben nach unten (ph) (K)

lmmola (^lema'la) von oben (F)

lmn (^min) von, aus (Präp.) (ph) (K)

lmn … wod (^min … we'ad) von…bis, sowohl…als auch, und…und (ph) (K)

lmol (^lema'la) oben, darüber (ph) (K)

lms frisch sein (L)

lmŧ (^lematta) unter, unterhalb (ph) (K)

ln (^helin) knurren (ph) (T)

lsn (^lason) Zunge (ph) (F K)

lsr Weg, Pfad (FE)

lålm (^leolam) für immer, ständig, ewig, in Ewigkeit (Adv.) (ph p) (F FE K)

lån (^be'ene) in den Augen von, seitens (ph) (K)

loštrt Weinberg (F)

lp(?) unbek. Tongefäß (ph) (K)

lphj (lapaniju) vorn befindlich (F)

lpj (^lepi) (=pj) gemäß, durch, wegen (p np) (T K)

lpn (^lipne, lapane, lipnej) in Anwesenheit von, vor jdm. (Präp.); vor, vorher (zeitlich) (ph p np) (F FE T K)

lpnj (^lepani) Vorgänger; vorgängig, ehemalig, zuerst, vorher, eher (Adj.) (ph) (K)

lpnm, lpnjm (^lepanim) vorhin, vor, früher, ehemals (ph) (FE K)

lpnz (^lipne mizze) vorher, früher, in der Vergangenheit (Adv.) (ph) (K)

lpp zerreißen, ausreißen (Qal) (ph) (K)

lqh, lqch (^laqach) loskaufen, auslösen, (an)nehmen, erhalten, bringen, kaufen (Qal) (ph p np) (T K)

lqch fangen, nehmen (Qal); angehoben werden (Nifal) (ph p np) (FE) lškt (^lischka) Zimmer (im Tempelbereich) (np) (T)

𐤌 (mēm). Gesprochen als *m* (wie „**M**utter")

m (^ma) die, das (GenRelPron); irgendein (Adj.); was (InterrPron) (p); was, das dem (RelatPron) (np) (T K)

man (*man) Gefäß (Großer Behälter, Container) (ph) (K)

march (*me'erreh) jd., der Gäste frdl. aufnimmt" (L); Besitzer eines Krankenhauses (ph) (K)

march Anleitung (FE)

masa (^maa'se) Werk, Tat, Arbeit, persönliches Verdienst, Tatsache, Handlung (np) (FE F T K)

masp (=asp) Sammlung, Versammlung, Gastgeber für Reisende (np) (T K)

maspt (=asp) Sammelplatz, Sammelort (p) (F T K)

masp Knochenbehälter, Textbehälter (ph) (FE)

maš (^ma'aser) was, welche (RelPron); die, das (GenRelPron) (np) (K)

maš Statue, Statue von (FE)

mat (^me'a) einhundert (p np) (L F T K)

matm (^ma'taijim) zweihundert (p np) (F FE T K)

mazn (^mazna) Lagerraum, Schatzkammer eines Tempels (p) (T K)

mba (^ma'rab) Untergang (S K); Westen, Sonnenuntergang (ph p) (FE)

mba (^mabo) Westen, Eingang/Einfahrt im Osten nach Westen gerichtet, Ankunft (ph p np) (FE F T K)

mba šms (^ma'rab semes) Westen (Untergang der Sonne) (ph) (K)

mbnt bauen (ph) (K)

mbnt (^mibneh) Anlagen, Gebäude (ph p) (FE T)

mbr Verkäufer (np) (F)

mbts finanzieller Beitrag (K)

mg Truppengattung (BU 531)

mgd Fluss (H)

mgd Landhaus, Bauernhof (H)

mgdl (^migdal, migdol) turmartiges Gebäude, Turm (np) (K)

mgdl oqš großer Lügner, Meister der Verdrehung (ph) (K)

mglb Rasiermesser (p) (K)

mglt (^megilla) rollen, blättern (ph) (T)

mgn (^magen) Schild, Schutz, Panzerung (ph) (L FE T K)

mgn (magon) Besitz, Gabe (np) (FE)

mgn (^miggen) geben, übergeben, schenken (ph) (K); Angebot (ph) (Piel) (FE T K)

mgrd (^magreda) Kratzer, Schaber, Striegel (p) (FE T K)

mgrt Höhle (BU 535)

mgš Armband (BU 536)

mgšt (^higisch) Orakel, der Seher (ph) (T)

mgšt(?) Anteil (an einer Erbschaft) (ph) (K)

md (^midde) durch (Präp.) (p) (K)

md (^mad) Priestergewand (np) (T)

mdd (^madad) messen (Qal) (FE), Vermesser (p) (F FE K)

mdt (^midda) Messung, Vermessung (ph p) (FE T)

mdt (^midda) Betrag (p); Rang, Stellung (np) (K)

mhls, mhlm (Pl.) Münzprägestätte, Münzen prägen (L K)

mhåm Annehmlichkeit (F)

mhr (^mahir) tüchtig, schnell, klug (np) (K)

mhr sich beeilen (Qal, Piel) (ph) (K)

mhr Hast, hasten (H)

mhr Kaufpreis, Tauschgeld (BU 493)

mhrbål Baalskrieger (p) (FE)

mhšns „von den Buntwirkern" (L)

mhšort (mušart) recht geleitet (F); vorteilhaft (FE)

mht Metallbeschlag (BU 495)

mw von (ph) (L)

mwbt Altar(ph) (L)

mwh spinnen (L)

mwrt Insasse (ph) (L)

mwt sterben (L)

mzbch (^mizbeach) Altar, Opferaltar (ph p np) (F FE T K)

mzh (^maze) saugender Dämon (ph) (T)

mzzt (^mezuza) Türpfosten (ph) (T)

mzl (^mazzal) Glück (T K); Vermögen (ph) (FE)

mzrch (mizreh) Männerbund ‚Mizreb'(ph) (K)

mzrch Versammlung, Bürger, Bürgerrat (p np) (FE T)

mzrå (^mizra) gesätes Land, kultivierter Boden (ph) (K)

mch (^meach) fettig (p) (FE T)

mchb (^habab) lieben (np) (T)

mchbt Geliebte (np) (F)

mchz Bürgermeister, Ädil (np) (FE)

mchz (^machoz) Hafen, Bucht, Markt (np) (T)

mchz, mchzt (^machoz) Forum (np) (FE T)

mchzt (^mehaza) Licht, Fenster (np) (T)

mchj (^mije) das Leben (np) (K)

mchj (^macha) schlagen, auslöschen, ausrotten (Qal) (ph) (FE T K); wegwischen (p) (K)

mchj bezahlen (ph np) (FE T)

mchlpt Kultgegenstand (K)

mchll Flötist (ph) (FE)

mchnt (^machane) Armee, Heer, Feldlager (F T K); Lager (Piel) (ph p np) (FE T)

mchnt bšd Feldarmee, Heer (p) (K)

mchq (^mehoqeq) Bildhauer (F K)

mchšb, mchšbm (^chischeb, mehasseb) Schatzmeister, Kassenwart, staatlicher Buchhalter, Rechnungsführer, Kassierer, Buchhalter (p np) (T K)

mchs, mchsm (^mahsom) Mundschutz, Schnauze, Maulkorb (ph) (H FE T K)

mchsp (*hasap) Tongefäß (Topf, Urne) (ph) (K)

mchsp (^chaspa) Tonscherbe, Töpferladen (p) (H T)

mchsr (^mahsor) Abwesenheit, Mangel (ph) (K)

mchsr (^machsor) benötigen, fehlen (p) (FE T)

mchts♂, mchtst♀ (^mechsa, machsit) die Hälfte, ein Halbes (ph) (L K)

mchtsb (^chasab, machseb) Steinbruch (p) (FE T K)

mchtsrt (^chasir) Kräuter (np) (T)

mchq (^machaq) Steinmetz, Graveur (ph) (FE T)

mchtt (^machta) Kohlewanne, Kohletopf (p) (T)

mŧ (^mata) nach unten (ph np) (T)

mŧbch (^matbeach, mitbach) Schlachttisch, Schlachtplatz (p) (T K)

mŧbm(?) Genehmigung, Billigung (np) (K)

mŧch (^methia) Verputzer, verputzen (np) (K)

mŧch (^tuach) Pflasterer, pflastern (p np) (T)

mŧna(?) aufgestellte Stele (ph) (K)

mŧna (^tenea) Darbringung, Weihgabe, Angebot, Opfer (ph) (F T)

mŧå (^matta) Pflanze, Pflanzung (ph) (K)

mj (^mi) er, der (RelPron); wer auch immer, jeder, wer? (InterrPron) (ph p) (T K)

mjgjn* (miggin) Miggin (Jahresname) (ph) (K)

mjnb Genehmigung (F)

mjpcht unbek. Tongefäß (ph) (K)

mjqdš (mikdosch) Heiligtum (F)

mjrp* (mirpa) Monat ‚Mirpa' (S)

mjŧb Meinung (H)

mjŧb (^meteb) am besten (Adj.) (np) (T)

mjŧm (mythem) Verstorbene (F)

mjw Wasser (L)

mjŧsb Genehmigung (np) (FE)

mjll klagen (FE)

mjnkd Kaiser, Imperator (np) (FE T)

mjåms Befehl, Kommando (p) (T)

mjpål (^mipal) beschäftigen (p) (T)

mjqdš Heiligtum (FE)

mjštsr Verwaltungsbeamter (FE)

mkbrt (^mikbar) Kultsieb (np) (T)

mkcht Gabe, Opfergabe, Ruhe, Standort (L)

mks (^mekes) Zollbeamter (ph) (K)

mks/mksa♂, mkst♀ (^mikse, mikset) Abdeckung, Verband; Decke, Dach, Deckel (p) (F FE T K)

mksa Stuhlmacher (p) (T)

mkst (^mekes) Steuer (ph) (T)

mktsbt Stele (p) (F)

mkn (^makon) Säulenbasis, Sockel einer Statue, Sockel (ph np) (FE T K)

mkår Feuerung, Feuerstelle (BU 517. II 78)

mkr (^makar) verkaufen, zum Verkauf anbieten (Qal) (ph p np) (FE T K)

mkr, mkrå (^moker, makker) Kaufmann, Geschäftsmann, Händler, Verkäufer (ph p np) (BU 525. II 73 H FE K)

mkr Stab (BU 518)

mktb(?) Schreiben, Schriftstück (p) (K)

mktr Turm (BU 528)

ml (^milla) Wort, Gelübde (np) (L T)

mla füllen, auffüllen (ph p) (Piel) (FE T K)

mlak (^mal'ak) Bote, Kurier (ph) (T K)

mlakt qdšt heilige Tempel-Liturgie (ph) (K)

mlakt, mlkt (^melaka) Werk, Arbeit; arbeiten (F FE T K); Aufgabe, Amt (np); religiöse Liturgie (ph p np) (K)

mlch (^mallach) Seemann, Seefahrer, Matrose (ph) (H T)

mlch (^malach) Salzarbeiter (p) (T)

mlchm Zusammenfüger von Brettern, Tischler, Schreiner, schließen (eine Wunde) (ph) (K) mlchmt (^milhama) Krieg, Schlacht, Kampf (F K)

mlcht Fluss (H)

mlg pflücken, ernten (Qal) (ph) (K)

mlk besitzen, haben (Qal); regieren (ph p np) (Qal) (ph) (K)

mlk (^molk) Königtum, Königswürde, Regierung (ph) (T K)

mlk♂, mlkt/mlkjt♀ (^melek, malka) König, Königin (ph np) (L F T K)

mlk adm Molk-Opfer für eine Person (ph) (K)[78]

mlk amr (^molch omor) Lammopfer für ein Kind (ph) (F K)

mlk bol (molk baal) Molk-Opfer für Baal-Hammon (ph) (K)

mlk, mlkt (^molek) Darbringung, Opfer, Opfer für ein Kind (ph p np) (F T K)

mlkjt (molkit) weibl. Angehörige des Königshauses (ph) (F)

mlkjt (^malkut) Königtum (ph) (T)

mlkt (melkat) Herrschaft, Obrigkeit (L); Eigentum, Vermögen (np) (K)

mlkt bol (molkt baal) Molkot-Opfer für Baal (K)

mlqch Falle, Fangnetz (Fische/Vögel) (p) (H K)

mlqch, mlqchm (^melqahaj) Zange (p) (FE T)

mlr König, regieren (ph) (L)

mlts, mltsm (Pl.) (^melis) Berater, Unterhändler, Dolmetscher, Aufsässiger, Verächter, Zerstörer (persönlicher oder politischer Feind) (ph p) (F FE T K)

mm hinab, nach unten (L)

mm (^majim) Wasser (ph) (K)

mmla unbek. Gefäß aus Ton (ph) (K)

mmlh Saline, Salzlösung (p) (FE)

mmlch Salzarbeiter (H); Salzsieder (p) (FE)

mmlcht nach Salz graben (H)

mmlcht Salzwerke, Salinen (np) (F)

mmlk, mmlkt (^mamlaka) König, Königtum, Herrschaft, Obrigkeit, Person kgl. Herkunft, Königreich (ph p np) (L F FE T K)

mmn (^mamon) Vermögen, Reichtum (ph) (K)

mmqm Heiligtum (FE)

mn (^min) von, aus (Präp.) (ph p np) (T K)

mn Mine (BU 452. II 74)

mnbch Schlachtstätte (p.) (F)

mndt Ausrüstung (BU 461)

mnh Gewichtseinheit ‚Mine' (L)

mnht Königsgabe, Geschenk (BU 455. II 74)

mnchm (^menehem) Tröster(ph) (K)

mnt Lastkarren-Teil (BU 458)

mnj (^mana) Geld opfern, auszählen (ph) (T K)

mncht (^menuha) Beigaben, Niedergelegtes (Jifil); Frieden (p) (T K)

mncht (^minha) Gabe, Nahrungsopfer für einen Gott (ph np) (T K)

mnm (^me'uma) etwas, irgendetwas (Pron.) (ph p) (T K)

mnål (^manul) Bolzen, Riegel, Türschloss (ph) (T FE)

mnåm (^mana'am) Vergnügen (ph) (FE T)

78 Eissfeldt 1935.

mntsbt (=mtsb[t]) (massab) Garnison, Vorposten, Kolonie; Steinsäule, Stele (F K)

mnt (*minutu) buchstabieren, Zauberspruch (ph)

ms Wasser (ph) (L)

msb[b] (^mesab) Liege; Lagerstätte, Ruhestätte (ph) (L K)

msd unbek. Mischgefäß (H)

mswt, mswjat (=mswjt) (^maswe) Bekleidung, Kleidungsstücke, Abdekkung, Leinenbespannung (ph np) (FE F T K)

msjwt (=mswt)

msk (^miske) Tote, die Toten (K)

msk (^sak) eine kleine Zahl, wenige (ph) (T K)

msk (^masek) Kupferschmied (p) (T)

msk, mskt (^nesek, maseka) geschmolzenes Bild (ph) (K)

mskn♂, mskt♀ (misken, misket) ärmliche, unbedeutende Person (ph) (K)

mskt (=nskt) (^nasek, nasik) Metall (ph) (K)

msktz Flussland (S)

mslch vergeben, verzeihen (p) (K)

mslh Fahrbahn, Straße (H)

mslt Pfad, Gang, Schiff (ph) (H)

mspn♂, mspnt♀ (^sippun) Decke (eines Raums), Täfelung (ph p np) (F FE T K)

mspr (^mispar) Nummer, Zahl, Ziffer (ph np) (FE T K)

msrwå (^saru'a) sehr lang (p) (T)

mst (^missat) Menge, Quantität (np) (T)

mstr, mstrm (^mistarim) Versteck, Schlupfwinkel, Zwischenspeicher (ph) (FE K)

må Brot (BU 448)

måa Ausgang (F)

måbr (^ma'abar) Bergpass, Gang, Durchfahrt (np) (FE K)

måbt Denkstein, Denksäule (L)

mågl Umrundung, kreisförmige Konstruktion (ph) (H)

måzrt (^ezra) Hilfe (np) (FE T)

måwn (^ma'on) Tempel (np) (T)

måtsrt (^asar) ummauerte(s) Gehege, Anlage (np) (T)

mål (^male) Top, Platz oben (K)

mål (^ma'la) nach oben (ph np) (T)

mål[a] (^mala) hoch, oben, über (FE T)

målk Altar (L)

måls „ist vielleicht“ (L)

måq (^maqe) Einfassung, Geländer, Reling (ph) (K)

måqam (makom) Ort, Heiligtum, Altarraum (F FE)

mårb Obhut, Pflege (np) (K)

måšn (^asan) Begräbnisurne (ph p) (F FE T K)

måšrt vorteilhaft, ehrenhaft, ehrlich, rechtschafen (np) (FE T)

mpchrt Versammlung, Gesamtheit (ph) (FE T)

mplt (^mapelet, mappala) Trümmer, Ruinen (ph) (FE T K)

mpå Monatsname'Mufa‘ (ph) (T K)

mpå lbnj erster Mufa (p) (K)

mpål (^mipal) Dienst; Beschäftigung (als Sklave) (ph) (K)

mpåm prägen, Münzprägestätte (p) (K)

mpqd (^mepaqed, pequdda) Verwaltung, Regierung (np) (T K)

mpqd Verwaltungsbeamter, Aufseher (p np) (FE K)

mpqd (^mipqad) Säulenhalle, Turm (ph) (FE T)

mpt Kleidungsstück (H)

mpt (^mopet) Würdenträger (ph) (T)

mtsa (^mosa) Aufgang, Ausgang, Ausfahrt, nach unten, Osten (ph p) (S F FE T)

mtsa erwerben (Qal); kommen, ankommen (Piel) (ph) (K)

mtsb♂, mtsbt♀(^massab, masseba) Garnison, Vorposten, Kolonie, Steinsäule, Stele (ph p np) (F T K)

mtsbt skr (^massebet zeker) Stele, Gedenkstein, Gedenksäule, Grenzstein (ph p np) (FE K)

mtsqas Ort (np) (F)

mtsr (^masor) befestigter Bau (np) (T)

mtsrm (^mesarim) persönliche Not, Kummer, Unglück (ph) (K)

mtsrå (^mesurra) Aussätzige, Kranke (ph) (K)

mtsrp (^mesarep) Eisenerzschmelze, Rennofen (p) (K)

mtsrt (*massartu) Schutz, Sicherung (K)

mts-šmš (^mizrah, has-semes) Osten, Sonnenaufgang (ph) (K)

mtswt (^miswa) Anordnung (eines Gottes), religiöse Handlung, verdienstvolle Tat (p) (K)

mqdch Lichtanzünder, Feuermacher (p) (K)

mqdš (^miqdas) Heiligtum, Innenraum eines Tempels, Altarraum, Cella (ph p np) (FE T K)

mqm, mqmm (Pl.) (^maqom) Bereich, Gebiet, Gegend, Gebäude, Bebauung; Ort, Örtlichkeit, Stelle, Grab, Stätte, Stadt (ph p np) (FE T K); Bezirk einer Stadt (p); Tempel (np) (K)

mqm (^meqim) Kultfunktionär (ph p np) (T)

mqn[a], mqnt (^miqne) Herde (L FE), Erwecker, Eigentum, Besitz, Viehbestand (p), Vieh (np) (F FE T K)

mqwa Erwerb, Besitz, Vieh (F)

mqr Herr (L)

mqr (^maqor) Wasserquelle (p) (T K)

mqr (^meqera) unbek. Gebäudeart (K)

mqrš Heiligtum (L)

mqs Ort (F)

mr (^mor) Myrrhe (p) (T K)

mr Holzart (BU 462)

mraš (^meraschot) Kopfbedeckung (ph) (H T)

mrb (marob) Westen (F)

mrba (marbo) Monat ‚Marbo' (L)

mrgl (^miraggel) Kundschafter, Lakai (ph) (T K)

mrgl Fußsoldat, Infanterist (p) (T)

mrh spinnen (ph) (L)

mrch Lanze (BU 477. II 74)

mrwt Opfermahl (L)

mrzch (marzeh) Monat ‚Marzeh'(ph) (K)

mrzch religiöses Fest (ph p np) (FE)

mrzch (^marzeach) Fest der Priester oder einer Gilde (ph p) (T)

mrzch alm (^marzeah) religiöser Männerbund (ph) (K)

mrkbt (^merkaba) (babyl. narkabtu) Streitwagen, Karren (ph) (FE T BU II 79)

mrkcht Beute (BU 480. II 73)

mrm (^marom) hoher Platz (np) (T K)

mrts (^meros, merusa) Lauf, Stadion (Längenmaß) (ph) (F K)

mrpa, mrpam (marpe, marpeim) Monat ‚Marpe' bzw ‚Mirpa' (ph p) (L FE T K)

mrpa (=rpa) Arzt (ph) (FE)

mrqa Mischkrug (Krater) (FE)

mrqch (^raqqah) Salbenmischer (ph) (K)

mrqd (^marqod) tanzen, springen (ph) (K)

mrqå (^raqia) gehämmerte Metallplatte, Barren (ph) (T K)

mrr segnen (Qal) (K)

mrt(?) Herrschaft (L)

mrt(?) „bestimmter Teil" (Maßeinheit) (L)

mš Statue (ph p np) (FE T K)

mšab Tränkrinne, Schöpfrinne (BU 506. II 80)

mša♂, mšat♀ (^massa) Gelübde, finanzieller Beitrag, Geschenk, Opfergabe (L K); Abgabe (p) (F)

mšat, mšatt (Pl.) (^masett) (=mswt) Tribut, (fällige) Zahlung, Preis (p) (FE T K)

mšb (^moschab) Wohnort (np) (T)

mšd ein Tischlerprodukt (BU 516)

mšch Menge, Summe (ph) (K)

mswt (=mšat)

mšj Streitwagen-Teil (BU 491)

mštsr, mštsrt (Pl.) (^mistar) Milizionär, Miliz, Offizier (p) (T K)

mštr (^mischtar) Offizier, Beamter (p) (T)

mšk Bronzebearbeitung (BU 501)

mška der Andere, der Zweite (L)

mškb (^miskab) Ruhestätte, Grab (ph) (F FE T K); Zugehörigkeit zu einer Sozialschicht oder Berufsgruppe (ph) (K)

mškb Bauer (FE)

mškb Aufseher (BU 513. II 80)

mškl Anbieter (FE)

mšl (*mithal) Ähnlichkeit (ph) (K)

mšl (^maschal) befehlen, beherrschen, regieren (Qal) (ph p) (FE T K)

mšl (^mosel) Herrscher, Tribun (ph) (K); herrschen (L)

mšl (^mosel) Mosel (offizieller Amtstitel für „Herrscher" in Kition/Zypern) (ph) (K)

mšlm Herrschende (FE)

mšlt (^maschal) Regierungsbehörde, Macht (T K)

mšlt (^maschal) Verwaltung, Mandat (np) (FE)

mšmr (^misimur) Schutzwehr, befestigter Palast (ph) (F K)

mšmr Wachsamkeit (ph) (FE)

mšårt (^scho'eret) Torwächter (np) (FE T)

mšpts (^mispat) königliche Autorität; Machtbereich, Imperium (ph) (T K)

mš pnm, mšpn Portraitbüste (ph) (T K)

mšpt Gouverneur, Autorität (FE)

mšqal, mšql (^misqal) Gewichtseinheit ‚Miskal' (ph p) (L F FE T K)

mšrt (^scharet) Gemeinschaftsdienst, Dienst-leistung, Liturgie (ph) (F K)

mt gemeines Volk (L)

mt (^met) Untergang, Tod (L F); tot, gestorben (F); Verstorbener, Toter (p np) (K)

mt (mat) Magd (L)

mt sterben, tot sein (Qal) (np) (T K)

mta Vorgänger (L)

mta unter (FE)

mtch (=mtch) Stuckateur, Gipser (np) (T)

mtkt (^tok) Mitte, die Hälfte (ph) (F FE T K)

mtm (^matema, matima) je, jemals (Adv.) (ph) (T K)

mtm (^metom) rein, pur (ph) (T)

mtn, mtnt (^mattan, matana) Geschenk, Gabe (ph p) (L T K)

mtn Monat ‚Mattan' (ph) (T K)

mtpp Schellen- oder Trommelschläger (ph) (H F FE)

mttss Pflanzungen (F)

mtr, mtrm Buchungen, Kaufleute (p np) (FE T)

mtrm Seiler (p) (FE)

mtt, mtnt (^matat) Gabe, Begabung, Talent, Stiftung (ph p); privat gestiftete Stele (p) (F FE T K)

ן (nūn). Gesprochen als *n* (wie „**N**orm")

n, nb Sohn des (FE)

na Bittpartikel (np) (T)

naa (na'a) lieblich, angenehm (L)

naspt (=asp) (^asap) Versammlung (ph) (F FE T K)

nalk (^nahalak) Weg, Pfad (ph) (FE T)

napš (naps) Grabmal (F)

napš Person, Diener (FE)

naqjdš heilig (np) (T)

naša Gelöbnis, [Opfer]gabe (L)

nb Tragstange (BU 564)

nbl (^nabal) Narr, Dummkopf (ph) (K)

nbl (^nebel) (Metall)gefäß, Tasse, großes Glas, Krug, Amphore (np) (H T FE K)

nbl (gr. nablas) Harfe (H)

nbl töricht (p) (FE)

nbš soz. Stellung, Haltung (FE)

ngb Südpalästina (BU 593)

ngd (^nagid) Anführer, Kommandeur (ph) (K)

ngd (^neged) gegenüber (ph) (K)

ngr (^naggar) Zimmermann, Tischler, Schreiner (p np) (H FE T K)

ngš Steuern eintreiben (ph) (K)

ngš (^noges) Steuereintreiber (ph) (K)

ndb (^nadab) edel, großzügig sein (Qal) (p) (T K)

ndr predigen (Qal) (np) (K)

ndr (^neder) Schwur, Gelübde; geloben, weihen; Predigt (np) (L H F K)

ndr (^nadar) anbieten, wählen (Qal) (ph p np) (FE T)

ndar, ndår, ndr (^nadar) Abstimmung (ph p np) (FE)

nhch Ruhe, Ruhestätte (ph) (L)

nhjm (najim) die Lebenden (F)

nhr Wadi, Bach (BU 580. II 74)

nhš Kupfer (ph) (L)

nwch ruhen (L)

nzb Säule, Gedenkstein (ph) (L)

nzjb dasselbe (L)

nzq (^nazaq) beschädigen (Qal, Jifil) (ph) (FE T K)

nch (^nach) ausruhen, friedlich sein (Qal); genaue Informationen niederlegen (Qal); gründen, errichten (Jifil) (ph) (T K) nchl (^nahal) erben, Besitz ergreifen, erhalten, viel kosten (Qal) (ph) (FE K)

nchl (^nachal) das Los werfen (ph) (T)

nchm komfortabel, luxuriös (Qal, Piel) (ph) (K)

nchr (*nahari) Schnauber, Pruster (Seeungeheuer) (H)

nchr (^na'ar) Jugend (np) (T)

nchš Kupfer, Bronze (ph p np) (H)

nchšt (^nehoset) Bronze (ph p np) (FE T K)

ncht (^nahat) Frieden, Ruhe (ph p) (FE T K)

ncht lb (^nahat leb) Seelenfrieden (ph) (K)

nkat (^neke'ot) Traganth-Gummi (np) (T)[79]

nkdd schlafen (BU 589)

nkr wissen, verstehen (Qal) (ph) (K)

nks (^nakas) abschneiden, töten, verderben, ruinieren (Qal) (p) (FE T K)

nktbt vorschreiben, bestimmen (FE)

nml (namel) Ameise(p) (FE)

nmr (namer) Leopard, Panther (p) (FE K)

nn Gesicht (FE)

nnå berühren, sich treffen (L)

ns fliehen (Qal) (K)

nsa (=nša) (^nasi) Clanchef, lautstarker Stammesvertreter (p) (T)

nsk Metall gießen, opfern (ph) (K)

nsk gießen, schmelzen (ph p np) (Qal) (L FE T)

nsk, nskm (Pl.) (^nosek) Metallgießer (p) (H F K)

nskt (^nesek, nasik, maseka) Gegossenes aus Metall, Gussmetall, Statue (F FE); Metallguss; Statue aus Gussmetall (p np) (T K)

nskt (=mskt) Metall (ph) (K)

nså ausreißen, abreißen, herausziehen (Qal) (ph) (FE T K)

nål (^na'al) schließen, verschließen (ph) (T)

nåm (^naim) gut sein, gefällig sein (Qal) (np) (T K)

nåm, nåmt (^naim) gut, hervorragend, angenehm, günstig (ph p np) (FE T K)

nåm (^noam) Anmut, Glück (L); das Gute/Hervorragende, gute Taten, Wohlstand, Reichtum, Genuss, Geschmack (ph p np) (FE T K)

nåmt (^no'am) Genugtuung, Befriedigung (K)

når (^na'ar) junger Tempeldiener, Ministrant, Sohn (np) (T K); Bursche, Diener (ph) (T FE)

når schützen, behüten (H)

nårm (^ne'urim) Jugend (ph) (K)

nås lieblich, gut (L)

npj Fahne (H)

npl (^napal) liegen, erschöpft sein (Qal); fallen, in Trümmern liegen (Qal) (np) (T K)

npl Herbst (H)

npq (^puq) entfernen, erhalten (Nifal) (ph)

---

79 Auch Tragakanth-Gummi. Pflanzensaft von Schmetterlingsblütlern (Faboideae, etwa Hülsenfrüchte und Ginster), eingesetzt als Stabilisator von Flüssigkeiten und Farben, als Dickungs- und Füllmittel sowie als entzündungshemmendes Heilmittel.

npš (^nepes) Gefühle, Seele, Grabmonument, Grabstein, persönlich, Person (ph np) (H T K)

npt (^nopet) Honig (p) (H FE TK)

nptchn (nyptan) der Name (F)

nts (^nes) Falke (p) (T)

ntsb (^nesib) Vertreter, Abgeordneter (p) (T)

ntsb (^nesib) Opfertisch, Angebotstisch, Stele (ph p np) (FE T K)

ntsb (^nisab) aufrichten (Jifil); Menschen stationieren (ph np) (T K)

ntsb (^nesib) ägypt. Beamter (p) (FE T)

ntsch (^nesach) gewinnen (Qal) (ph) (FE T)

ntsch (^nesach) besiegen, bezwingen (Piel) (ph) (T K)

ntså pflanzen (Qal) (ph) (K)

ntsp Schekel (Gewichtseinheit) (ph) (K)

ntsr schützen, beschützen, behüten (Qal) (ph p) (F FE T K)

ntst (^nissa) Blume, Blüte (ph) (K)

nq Hohlraum, Grotte, Höhle (p) (FE)

nqb ritzen, gravieren (in Fels) (Qal) (ph) (K)

nqj (^naqi) sauber (p) (T)

nqšm Teil, Portion (np) (T)

nqt (^naqi) Schuldenerlass (p) (K)

nr (^ner) Licht, Lampe, Kerzenleuchter (ph) (H K)

nrb (neribu) Bergpass (BU 573)

nš Postament (BU 582)

nš Präfekt (FE)

nša heben, erheben, hochheben, tragen, wegtragen, fangen, nehmen, anbieten Darbringung, Opfer (ph p np) (L F FE T)

nša (^nasi) Chef, Offizier, Prinz (ph) (T)

nša Geld abheben, wählen, auswählen, wegtragen, rauben; sich mit jdn. etwas teilen, transportieren, bringen (p); jdn. zur Frau nehmen, heiraten (Piel) (p) (K); preisen, rühmen, vergeben, begnadigen (Qal) (np) (K

nša Angebot (p np) (FE T)

nšalm (nasi lilim) jd., der zu Gott gebracht wurde (ph) (K)

nšat, nšatt (Pl.) Abgabe, Abgaben (F)

nšb rezitieren (Qal) (ph) (FE)

nšj vergessen (H)

nšr (^massor) sägen, Baumfäller (p) (T)

nšto (^nora) gefährlich, furchteinflößend (Adj.) (Nifal) (ph) (K)

nth Musikinstrument (BU 602)

ntk (*tekak) mit Magie/Zauber binden (p) (T)

ntn geben (ph) (T)

ǂ (semk). Stimmhaftes ***s*** (wie in ‚**S**u**s**anne‘)

s (^ze, zo) dies, dieser, diese (np) (K)

sar Schnee (BU II 80)

sbb wenden, zurückkehren (Jifil); einkreisen (milit.) (np) (Qal) (K)

sg (^sug) bewegen, wegbewegen (Jifil) (ph) (T K)

sgn (^segan) Tempelfunktionär (np) (T)

sgr Erinnerung; preisgeben, überliefern (L)

sgr (^sagar) einsperren, inhaftieren (Jifil) (ph) (T K)

sdl (^sandal) Sandale (p) (T)

shb, schb Kaufmann (FE)

swb Festland (np) (K)

swb Firmament (FE)

swt, swj, swjt (Pl.) (^sut) Kleidungsstück, Kleid, Gewand, Vorhang, Stoffverband, Begräbniskleidung (ph p) (H F FE T K)

schb (^socheb) Wagenlenker, Fuhrmann (ph) (K)

schb (^sachab) ziehen, schleppen, Schlepper (p) (T)

schb (^sachab) Straßenkehrer (p) (T)

schl jdn. verletzen (Qal) (p) (K)

schr♂, schrt♀ (^soher, sahar, sehora) Kaufmann, Kauffrau, Kaufmannschaft, Händler, Händlerin (p np) (H F T K)

sjg Gehege (FE)

sjwåt Grabmonument (np) (FE T)

sjnŧr (lat. senator) Senator (p) (F T)

skj sterben (Qal) (np) (T K)

skn (^soken) Statthalter, Gouverneur (ph) (FE T K)

skr (^sakar) sich erinnern, sich merken (Qal) (ph) (T K)

skr (^zeker) Denkmal, Andenken, Erinnerung, Gedächtnis (ph p np) (L F T K)

skrn (^zikkaron) Denkmal, Gedenkstätte (ph) (T K)

skw oben (L)

sll Pfad, Gang, Schiff (H)

slm (^sullam) Leiter, Treppe (ph) (T)

slmt Depotraum, Lagerraum (ph) (K)

sls Treppe (H)

slt (^sallat) Getreidemüller (ph) (K)

smk unterstützen (ph) (K)

sml♂, smlt♀ (^semel) Bildnis, Bild, Abbild (von Personen) Statue (ph p np) (L T K)

smr nageln (Piel) (K)

smr (^masmer) Nagel (ph) (T K)

smw bestimmen (L)

snb (sanab)(?) Gewichtseinheit ‚Sanab‘(ph) (L)

ss(?) Silber (L)

ss, ssm (Pl.) (^sus, sussim) Pferd, Pferde („Sonnenrosse“) (ph) (L T K)

sånwt (sanut) Jahre (F)

sp, spm (Pl.) (^sap, sippim) Teich (ph p) (FE); Becken, Hafenbecken, Zisterne, Gefäß, Schüssel, Schale (ph np) (T K)

spr (^seper) Inschrift, Brief, Dokument (ph) (FE T K)

spr (^soper) schreiben, Schreiber (ph p np) (L FE T K)

spr nqt(?) Kündigungsschreiben (p) (K)

sprm (^sippur) Erzählung, Geschichte (ph) (K)

spw bergen, schützen (L)

sr entfernen, wegschaffen (Jifil) (ph) (K)

sr (^sur) sich abwenden (ph p) (H T)

srch beleidigen, schlecht machen (Piel) (ph) (K)

srs Hofbedienter; Verschnittener (L)

srsr (^sirsur, sarsur) Vermittler, Mittelsmann (ph) (T K)

srsr Wettläufer, Rennfahrer (ph) (FE)

st♂♀ dieser, diese, dieses (DemPron) (np) (K); das (FE)

stjl aš šdh Habichtskraut (S)

strja Gewichtseinheit ‚Stater' (gr.) (L)

strt Säulenhalle, Kolonnade (BU II 80)

O (ain ʕ, hier **å**). Wohl ein Laut zwischen **a** und **o,** wie der Anfangsbuchstabe im Namen **Å**ngstrøm.

åb (ab, aba) auf, gegen, Diener, Vater (np) (F L)

åbd (^ebed) Bediensteter eines Königs, Diener, Sklave, Vasall, Diener/Anbeter eines Gottes (ph p) (L F FE T K)

åbd (^obed) Gefolgsmann, Arbeitskraft (p) (K)

åbd als Sklave einem Herrn dienen (Qal); das Verlangte tun; Vasall sein; einem Gott dienen (p) (Qal) (K)

åbd tun, tragen, bedienen (Qal) (ph np) (FE T)

åbn (abn) Stein (L F)

åbn bestatten, zur Ruhe legen (Qal) (np) (T K)

åbr (^eber) Gebiet jenseits des Flusses (ph) (K)

åbr (^abar) passieren, vorbeigehen (ph np) (T)

åbr (^abur) durch die Gnade von (ph) (T)

åbr (^abur) Feldfrüchte, Feldprodukte (np) (T)

åg noch (L)

ågh erhören (L)

ågl (^egel) Kalb (p) (S FE TK)

ågl, åglt (^agala) Streitwagen, Wagen, Karren (ph p) (H FE T K)

ågnt Lastkarren (BU 295. II 75)

ågnn unbek. Vogelart (ph) (K)

ågå (^uga) (Brot-)Kuchen (np) (FE T)

ågš strafen (L)

ågš (^iqqešut) Lüge, Unwahrheit (ph) (K)

åd (^ad) zudem, weiterhin, außerdem; bis, bis zum (Konj.); so weit, bis zu (Präp.); noch einmal (ph p np) (T K)

åd aufhelfen, aufrichten (Piel) (ph) (K)

åd, ådt (Pl.) Haut (L)

åd alm kqdm (^ad olam keqedem) seit … ununterbrochen (Adv.) (ph) (K)

ådan Herr (FE)

åd aš (^ad aser) wenn (Konj.) (ph) (K)

åd at so weit, bis zu (Präp.) (np) (K)

ådw (adon) Herr (ph) (F)

ådw Vorstoß, Vorauszahlung (H)

ådl (^addala) rechtfertigen, begründen (p) (T)

åd ålm (^ad olam) immer, ständig (Adv.) (ph) (K)

åd påmt brbm (^ad me'od) jederzeit, oft (ph) (K)

ådq Gerechtigkeit (F)

ådr Streitwagen-Teil (BU 302)

ådr (^eder) Schafsherde, Herde (ph) (H FE T K)

ådr tklt(?) Vorratskammer (F)

åh (= ah/ach) (^ach) Freund (ph) (L K)

åw Volk (L); Auge, Stärke (F)

åw Wasserquelle (H F)

åwr blind, der Blinde (p) (FE T)

åwrt die Helfende, Hebamme (F)

åz (^ez) Ziege, Geiß (p) (S F K)

åz (^oz) Stärke, Macht, Festung, Wall (ph) (K)

åz (^oz) Gewalt, Kraft (ph) (FE T)

åz, åzm, åzz (^az, azaz) stark, mächtig (ph p) (L FE T K)

åzb arrangieren, ordnen (ph) (K)

åzr (^ezer, azar) helfen, unterstützen (ph np) (Qal) (T K)

åzr (^ozer) Hilfe; Helfer; militärischer Alliierter (ph) (L K)

åṭpt (^ma'atapa) Abdeckung, Bettdecke (p) (FE T)

åṭr (^atar) krönen, kränzen (Piel) (ph) (FE T); einwickeln, verpacken, verschweigen (Qal) (p) (L K)

åṭrt (^atara) Krone, Giebelaufsatz (ph p np) (FE T)

åjdls (lat. Aedilis) Aedil (F)

åjm Leben (L FE F)

åjn Kalkstein (BU 248)

åkbr (^akbar, akbor) Maus (ph) (L FE K)

åkr (^akar) etwas stören, unterbrechen, zerstören (Qal) (p) (FE T K)

åksdrå, åksndrå (=aksdra) (lat. excedra) Wohnzimmer, Freizeitraum (np) (F T K)

ål (^al) auf (Präp.); bei, entlang, darüber hinaus, zusätzlich, gegen, größer als, in Vertretung für, obliegend, um, um … Willen (ph p np); verantwortlich für, von, zu, bis, in Zahlung für (p); zusammen mit, in Anerkennung (np) (FE T K)

ål (^ola) Sprossenleiter, Aufgang, Treppe (p) (T FE)

ål (^ole) Aufsteller (von Säulen etc.) (ph) (K)

ål (^ul) Säugling, Kleinkind (ph) (K)

ål kn (^al ken) deshalb, aus diesem Grund (ph) (K)

ål pn (^al pene) gegenüber, vor, zu (lok.) (ph) (K)

ål[h] (ala) die Höhe, oben, überschreiten (L)

ålj segeln, auftauchen, eindringen (milit.); ein Brandopfer darbringen (Jifil), aufsteigen (ph np) (T K); in ein Buch eingetragen werden, aufsteigen (Rauch) (p); ein Gebäude errichten (np) (K)

ålj zulegen, anbieten (Qal) (ph p np) (FE)

ålm (^olam) Ewigkeit, ewig, alt, altertümlich (ph p np) (L F T K)

ålm (^elem) Jugend (p) (T)

ålmt (^alma) junge Frau, Jungfrau (ph) (T K)

åln, ålnm (Pl.) (alon, alonim) Gott, Götter (F)

åls Treppe, Aufgang (H)

ålṡ (^alas) erhöhen, verherrlichen (p) (T)

ålṡ beschuldigen, tadeln (Qal) (p) (K)

ålṡ (^alas) jubeln, triumphieren (Qal) (p) (H T K)

ålš (*ghalas) Dämmerung (ph) (K)

ålš sanft(?) (p) (T)

ålt (^alija) Zimmer, Kammer, Grabkammer (ph) (K)

ålt (^alt) auf, darauf (loc.) (Präp); aus, hinzu, obliegend, über, verantwortlich für, zu, zugunsten von, hinein (p) (K)

ålt (^elat) auf, über, hinein, neben (Präp.) (ph p np) (T)

ålt (^ola) ganzes Brandopfer, Ganzopfer (p np) (FE T K)

ålt (^alia) Deckel (eines Sarkophags) (ph) (T)

ålt pn (^al pene) zusätzlich zu (Präp.) (K)

åm♂, åmt♀ (^am, amt) Bevölkerung, Gemeinwesen, Volk, Nation (ph p np) (L F T K)

åm Ortschaft (ph p np) (FE)

åm♂, åmt♀ (^am, amt) göttlicher Verwandter (K); Onkel (L F FE); Leute, Personen (K); Diener (L); Personal (p); weibliches Personal (p) (K)

åmq (^emeq) Tal, Ebene (ph np) (T)

åm mchnt (^am mahane) Heer, Männer in Waffen, Krieger (p) (K)

åmd (^amud) Säule (ph p np) (FE T K)

åmmqm (ammaqom) Ort, Ortschaft (F)

åms belästigen, sündigen (L)

åms (^amas) aufheben, wegschaffen, laden, transportieren (Qal) (ph p np) (FE T); davontragen, entfernen, weitermachen, ausüben, einem Gott vertrauen, ein Opfer bringen, loyal sein (p) (K)

åmq(?) Gewichtseinheit ‚Talent' (S)

åmq♂, åmqt♀ (^emeq) Tal, Flusstal, Schlucht, Ebene (ph np) (FE T K)

åmrt Kranz (p) (F)

åmš fünf (p) (L F)

åm šrt (^am šaret) Dienstpersonal (np) (K)

åmt (^uma) neben (Präp.) (np) (T)

åmt (^amit) verbinden, verknüpfen (p) (T)

åmt (^amit) Diener, Knecht (p) (T)

ån (^ajin) Frühling, Frühjahr (ph) (T K)

ån (^ojen) die bösen Augen werfen: flüchtiger Blick (ph) (T)

ån Sicht, Anblick (ph) (T)

ån jetzt (Adv.) (p) (T)

ån aš (^ene iš) in der Öffentlichkeit, öffentlich (ph) (K)

ånb Weintraube (BU 267. II 76)

ånzr Wildschwein (FE)

ånj (^inna) erobern, besiegen (Piel) (ph) (T K)

ånm (^enajim) Augen (Dual); in der Öffentlichkeit, öffentlich (K)

ånš (^onesch) Geldstrafe, Einnahmen aus Geldstrafen, Abgaben, Taxe, Tribut, Steuern, Steuereinnahmen (np) (FE T K)

ånš fein, gut, edel (Qal) (ph) (K)

ånš (^anasch) klären, erklären (p) (T)

åpj umhüllen, einwickeln (Jifil) (K)

åpnj (saponi) nördlich (F)

åpr (^apar) Schmutz, Dreck (K)

åprt Blei (F)

åprt Bleigewicht (p) (FE)

åprt (^apar) Grab; Staub; Unterwelt (K)

åpt (^op) Vogelart (auf Säule) (ph) (T K)

åpts ein Gelübde erfüllen (p) (Qal) (K)

åts (^es) Holz, Wald, Wein (p) (FE T K)

åts holzig (p) (FE)

åtsm, åtsmm (Pl.) (^esem) Knochen, Skelett, Gebeine (ph p np) (H FE T K)

åtsmt (^asuma) bedeutende Tat, Großtat (ph) (K)

åtsmt (^osma) mächtig (ph) (T)

åtsmt Kunststück (ph) (FE)

åtsr zurückhalten, verbergen (Qal) (ph) (K)

åqb (^eqeb) Fortsetzung (ph) (T)

åqr, åqrt (Pl.)(*okr) Reservoir, Speicher (ph) (T K)

år (^ir) Stadt (ph) (FE T K)

år erwachen, aufwachen (Qal) (ph) (K)

år (^or) Fell, Haut (p) (T)

årb (^erabon) Austausch, Bürgschaft (np) (T)

årb besorgt sein (Qal); ein Geschenk präsentieren (Qal) (K)

årb Verwalter, Aufseher (K)

årb ändern (Qal) (np) (FE)

årb Garantie (ph) (FE)

årba vier, der Vierte (p) (FE)

årbs vierzig (p) (L F)

ård anordnen (L)

årj ausleeren, auskippen (Piel) (ph) (K)

årj (^era) bloßlegen, freilegen (Piel) (ph) (FE T)

årk (^erek) Schätzung, Bewertung (p np) (T K)

årkm Gesundheit (FE)

årkt Steuer, Tempelsteuer (L); Büro für öffentliche Arbeiten (K)

årkt Schätzung, Bewertung (p np) (FE)

årpt, årpat Portico (Säulen-Vorhalle eines Tempels) (ph p np) (FE T K)

årš (=chrš) Scherbe (F)

årt (^or) Fell, Haut (p) (FE K)

åšd ein Reicher (L)

åšj machen, tun (Qal) (p) (K)

åšr♂, åšrt♀ (=åsr) (^eser, asur, asara) zehn (p np) (L F T K)

åšrm (=åsrm) (^esrim) zwanzig (np) (F T K)

åšw verbrennen (F)

åt Ziege, Geiß (p) (T)

åt (^et) Zeit, Jahreszeit, Lebenszeit (ph p np) (L FE T K)

åtlbt Fledermaus (S)

åtrt, åtra (^atara) Krone, Kranz (ph) (L K)

𐤐 (pē). Gesprochen als *p*, teilweise auch als *ph* (*f*) (wie „**Ph**oto“)

p (Abk.) Gewicht (H)

p also, und (Konj.) (p np) (T)

p, pj (^pe, pi) Erlaubnis, Genehmigung, Mund, Wort (ph p np) (F T K)

pa (^pim) unbek. Geldstück (ph) (FE)

padj, pdj (lat. podium) Bühne, hoher Platz (np) (F FE T K)

paloth Monat ‚Paloth‘(ph) (K)

part Tiaraträger (ph) (FE)

pgå opfern, darbieten (ph np) (FE)[80]

pgå (^paga) flehen (ph np) (T)

pgå (^paga) ein Gelübde erfüllen (Piel) (ph np) (T K)

pgs Gesicht, Angesicht (L)

pgt vor (L)

pdj (^pada) retten, erlösen (Qal) (ph) (K)

pdr Fett, Öl (BU 434. 442. II 77)

ph Mund, Befehl (L)

phrt Teich (BU 420. II 77)

pwq finden, erreichen, erlangen (Jifil) (ph) (FE)

pj Mund, Maul (ph p np) (FE)

80 Vgl. dazu Garbini 1979.

pchm (^pecham) Kohlesteine (Braunkohle, Steinkohle) (p) (H T)

pchnt vor, in Gegenwart von (FE)

pŧrt (^niptar) Zurückweisung, Entlassung (ph) (T)

pŧrt Einladung (ph) (K)

pŧs Hammer (H)

pjtrå (^patar) Dolmetscher, (Text)Ausleger (np) (T)

pkš, pkšt (Pl.) (gr. pyxis) Büchse, keines Deckelgefäß (ph) (K)

pkt gegen, entgegen (S); vor (F)

pl Gesicht (FE)

pl Arbeit von (FE)

pl Elfenbein (p) (FE)

pl (^pol) Bohnen (ph p) (T)

pla Wunder (S)

plg (^peleg) Gebiet, Bezirk, Distrikt, Regierungsbezirk (ph) (L FE T K)

plk (^pelek) Spindel (ph) (T F)

pls (^palas) Techniker, Nivellierer (ph p np) (H F FE), Straßeningenieur (ph) (K), Architekt (ph p) (FE T)

pls retten, erlösen (Piel) (ph) (K)

plŧ retten, erlösen (Qal) (ph) (K)

plt (^pillet) opfern (L)

pn, pnm (Pl.) (^pan, panim) Front, Vorderseite, Gesicht, Miene (ph p np) (F FE T K)

pnm früher, eher (FE)

png teilen, spalten (BU 406. II 77)

pnt (^penot) vor, bis zu (Präp) (p) (T K)

ps (^pas) Inschrift, Gravur (ph) (K); Fläche, Platte, Steinplatte; Stele (L), Liste (FE), Streifen, Band (p np) (T)

psl[t] (^pesel) bildhauen, formen (Qal) (ph p) (T K)

psl[t] (^pesel) hauen, einschlagen (in Stein, Holz etc.) (H T)

pslt (^pasil) behauene(r) (Stein)säule, Steinblock (p) (FE T K)

pss Gedenktafel (H)

pål (^pa'al) tun machen, herstellen, bearbeiten, bauen, beschäftigen, einsetzen, bewirken, erreichen, erwerben, erarbeiten, öffentlichen Dienst leisten, Städte gründen, verfertigen, ein Alter erreichen (Qal) (ph p np) (L F FE T K)

pål (^po'el) Macher, Kaufmann (S); Arbeiter (FE K)

pålt (^pe'ulla) Ausübung, Durchführung, Handlung, Taten, Werke, Leistungen (ph np) (T K)

pålt, påljt (folit) Werk, Werkstück, Produkt (p np) (F FE T)

pålt (paloth) Monatsname ‚Paloth' (ph p) (T K)

pålt jdm Manufaktur, Handarbeit (np) (K)

påm, påmm (^pa'am) Fuß/Füße (Dual); Klopfen (ph p) (FE T) Schritt, Schritte, das Schreiten (p); Plattform, Plateau (p); Tempo, Länge, Zeit (ph p np) (T K)

påm, påms (Pl.) Fuß/Füße (von Opfertieren) (L)

påm (^pa'am) Zeitpunkt, Vorfall, Ereignis (ph p np) (T)

påmat Mal, Moment (FE)

pås Liste (FE)

pår (*bahar) Töpferwaren (np) (T)

pʦa (^pasa) anbieten (np) (T)

pr[d]krml Bezirksvorsteher (Titel oder Funktion) (ph) (T)

pq etwas erwerben (Qal); etwas erhalten, bekommen (p) (Qal); etwas in Besitz nehmen (np) (Qal); auf etwas stoßen, finden (Jifil) (np) (K)

pqd (^paqad) verwalten, beaufsichtigen (Jifil) (L T K); bewachen (Qal) (FE)

pqd Listenmanager (Jofal) (ph) (FE)

pqdjt Aufseher, Aufsicht (np) (L)

pqt Anschaffungen, Vermögen (ph) (K)

pqt Gewinn, Nutzen (ph) (H T)

pr, prt (Pl.) (^peri, perot) Obst, Früchte, Früchte der Arbeit, Vermögen (ph) (K)

pr (^peri) Leibesfrucht, Nachkommen (ph p np) (FE T)

pr Bohne (BU 407. II 77)

prch Blüte (BU 410. II 77)

prt (^parat) Anbieter, Lieferant (np) (FE T)

prk (^perek) Fachvorgesetzter (ph) (K)

prk Pförtner (FE)

pråš (^paros) Floh (ph) (FE K)

prts Geld- oder Gewichtseinheit (np) (T K)

prr Gardinenschutz (H)

prš (paras) Reiter (L)

prš erklären, übersetzen (ph) (K)

prš aufreißen, verwunden (BU 413. II 77)

pršt Philister (BU 412. II 77)

prt sich verpflichten, etwas zu tun (np) (K)

pšt (^peschet) Flachs, Leinen (p) (FE T K)

pta (^peti) einfältig (p) (T K)

ptch (^pittuach) Inschrift, Gravur (ph) (T K)

ptch landwirtschaftliche Produkte verkaufen (Qal) (np) (K)

ptch öffnen (Qal) (ph p np) (L FE T K)

pth, ptch (^petah) öffnen, Öffnung, Türöffnung (ph np) (L FE K)

ptr Dolmetscher(?) (FE)

ptr Schnur (BU 430. II 77)

𐤑 (ṣādē, hier **ts**), Gesprochen als ***ts***, ***tz, z***, ***ss*** oder ***sz*** (wie in „**Z**ebra“, „Se**ss**el“ oder „Fe**tz**en“)

tsan (^zon) Schaf (ph) (T K)

tsan Kleinvieh (ph) (FE)

tsba (^zaba) Armee, Miliz (ph) (T K)

tsba Arbeiter(?) (p) (FE)

tsbw (zebu) Wille (L)

tsbt (^sabat) halten (np) (T)

tsg Flügel (S)

tsd Jägerei, Jagd, Wildtiere (p) (H FE)

tsd (^zajid) Speise (L), Rücken, Heck, Wildpret (ph) (K)

tsd (^zad) Schenkel (p np) (FE T)

tsd (^sud) Wildopfer (p) (T)

tsd Zahlung, Bezahlung (p) (T)

tsdq (^sadiq) fromm (np) (T)

tsdn♂, tsdn♀ (ziddin, ziddit) Sklave, befreiter Sklave (ph) (K)

tsdnj (zidonij) ein Sidonier (ph) (L K)

tsdq (^zedaq) gut/gerecht/ fromm sein (ph np) (Jifil) (T K)

tsdq (^zaddiq) gerecht (F FE); gut, rechtschaffen (ph) (K); legitim, legal, rechtmäßig (ph p) (FE K)

tsdq (^zedeq) Gerechtigkeit, Rechtschaffenheit (ph) (FE T K)

tsdq Justiz, Gerichtswesen (ph) (FE)

tshr (*zahr) Rückseite, Heck (ph) (K)

tswj ordnen (Piel); anordnen, befehlen (Piel); begraben sein (Qal) (np) (K)

tswåt zerlegtes Opfertier, Votivopfer (p) (FE T K)

tswt (zut) Aufträge, Anweisungen (np) (K)

tsjdn freigelassen, Freigelassener (np) (F)

tsjwån Grabmonument (FE)

tsjpr, tsjprm (zippar, zipparim) Vogel, Vögel (F)

tslb (^salab) hängen (p) (T)

tslk aufspießen, pfählen (H)

tsll (^naschal) reinigen, aufräumen (Jofal) (np) (FE T)

tslm (^zelem) Statue, Standbild (K)

tslmt Mädchen (F)

tsls Ewigkeit (F)

tsmch Gärtner, Pflanze, Garten (H)

tsmch (^zemach) Schössling (ph p np) (FE T)

tsmch (^zemach) Spross, Ableger, Nachkomme, Sohn (H K)

tsmch tsdq (^zemah zaddiq) rechtmäßiger Sohn, Thronfolger (K)

tsmd unbek. Vogelart (L)

tsmd (^samid) Keule, Knüppel (ph) (K)

tsmd abdecken, überdachen (Qal) (ph) (K)

tsmd binden, verbinden (H)

tsmq (^zimmuq) getrocknete Datteln; Rosinen (np) (T K)

tså Federvieh (L), Flügel (H)

tsår (^za'ir) klein, wenig (Adj); gering, unerheblich (Adj) (p) (FE T K)

tsp (^zope) Wachtpriester (ph) (K)

tspa (^zapa) Seher (np) (FE T)

tspat (^zipui) breiter Purpurstreifen des Senators, Senatoren-Tunika (np) (FE T K)

tspj behüten, beschützen (Qal) (p) (K)

tsp! Säule, Pfeiler (ph) (K)

tspl (^sappon) Norden (ph) (T)

tsplj vermutlich (FE)

tspr (^zippor) Vogel, Geflügel (ph p np) (FE T K)

tspr agnn (^zippor agnn) Geflügelart ‚Agnn'(ph) (K)

tspr arr (^zippor Arr) Geflügelart ‚Arr'(ph) (K)

tsprm (ziporim) (Beiname Resefs: „Resef der Vögel") (ph) (FE)

tspn [tspl] (^zafon) Norden, setzen, Untergang (ph) (H FE T)

tspn (zafon) „der Nördliche" (Beiname Baals: Zafonbaal) (ph) (FE)

tsts (*ziza) Wildvogel (Falke, Habicht) (p) (FE K T)

tsr (^zur) Stein, Fels, Felsen (p) (FE K)

tsrb (zirab) Kalb (L), Schafbock(?) (ph) (FE)

tsrbj, tsrbm (Pl.) (^zirbai, zerbim) junge/r Widder (ph) (K)

tsrb ajl (^zirab ajil) junger Hirsch, Hirschkalb (K)

tsrp kultivieren, anbauen, veredeln (ph) (K)

tsrt (^zara) Nebenfrau, Konkubine, Mätresse (ph) (F FE T)

tstt Stele (np) (FE)

Φ (qōf). Gesprochen als *q* bzw. weiches *k* (wie „**Q**uark“)

q (Abk.) Gewichtseinheit (H)

qbb (^qabab) fluchen, verwünschen, lästern (Qal) (p) (FE T K)

qbl Vorderseite (L)

qbå (^quba'at) Goblet (Kelch, Stielbecher) (ph) (S T K)

qbr begraben, beerdigen bestatten, beisetzen (Qal) (ph p np) (L FE T K)

qbr (^qeber) Beerdigung (ph) (K)

qbr Grab, Grabstätte (ph p np) (L F FE T K)

qbt Fluch, Verwünschung (ph) (K)

qdb darbringen; opfern (L)

qdh eine Lampe anzünden (Piel) (ph) (K)

qdch (^qadach) entzünden, anzünden, brennen (Piel) (p) (H FE T)

qdm (^qedem) alte Praxis, Tradition (ph) (T K)

qdmt (*qiddum) früher Morgen (p) (K)

qdmt erste Früchte (p) (FE T)

qdmt Erstlinge (L); unbek. Opfertier (p) (K)

qdš widmen, weihen (Jifil); sich weihen (Jitpael) (ph) (FE T); sich hingeben (Jitpael) (np) (FE T K)

qdš[t] (^qadosch) heilig, religiös, fromm, gottgefällig (ph p np) (L FE T K); Heilige, Göttin (K); heiliger Ort, Tempel, Heiligtum, Weihestätte (ph p np) (F FE T K)

qw (=qn) Schöpfer (F)

qwarg(?) Schöpfer des Landes (F)

qwl (=ql) Stimme (ph) (L K)

qworŧh (lat. quart) vierter Teil (p) (F)

qwåŧrbr (lat. Quattorvir) Viermänner-Gremium (p) (F)

qŧn (^qaton, qatan) dünn, klein (Adj.) (np) (T K)

qŧna (qatona) schlank, mager (ph) (K)

qŧr (^qitter) opfern, ein Opfer Rauch werden lassen (Piel) (np) (K)

qŧrt (^qetoret) Weihrauch (p np) (T K)

qjbr Grab (L); begraben (np) (F)

qjdš heilig (np) (F)

qjl Stimme (np) (F)

qkm Person, man selbst (L)

qkmj wer auch immer (F)

ql, qlå (^qalla) Schleuderer, Schleudermacher (ph p) (H T K)

ql (^qol) Stimme, (Bitt-)Gebet, Klang, Schall, Ton (ph p np) (L T K)

qll (^qalal) großes Gefäß (Krug, Behälter) (ph) (T K)

qm auf etwas zu tun bestehen, sich an eine Vereinbarung halten (Qal) (K)

qmt (^qoma) Ansehen, Wertschätzung (ph) (K)

qn (^qone) Vater, Eltern (Pl.) (ph) (K)

qn[a] (^qane) Schilf, Schilfrohr, Schilfrohrpfeife, -stift (p) (T K)

qna (^qane) Schilf, Stengel, Stiel, Halm, Stock (p np) (H FE)

qna (^qanna) eifrig, dienstbeflissen (Qal, Piel) (p) (FE K)

qna (^qanno) fromm, andächtig (K)

qn, qna, qnj (^qana) Schöpfer, erschaffen (ph np) (FE T)

qnj (^qana) erfinden, erschaffen, ankaufen, verkaufen, besitzen (Qal) (ph p np) (FE T)

qnj (^qana) erwerben, erlangen, besitzen (Qal) (ph p) (FE T); machen, erschaffen, Kinder gebären (Qal) (np) (K)

qnjr flehen (L)

qnr räuchern (Opfer) (L)

qnz, qnza, qnzm (^qennaz) gemeinsam (ph) (K)

qnm (*qenom) werimmer, woimmer etc. (var. ReflexPron) (ph p) (T)

qådrjgå (lat. quadriga) Vierspänner (F)

qåt Ende (F)

qpa Münzwert oder Gewichtseinheit (ph) (T K)

qts (^qajis) Sommer (ph) (K)

qtsb Stein-Statue (FE)

qtsj (^qaschasch) abschneiden, abschlagen, töten unterdrücken (Qal, Piel) (ph p) (FE T K)

qtsp verärgert sein (Nifal) (ph) (K)

qtsr Münzwert oder Gewichtseinheit (ph) (K)

qtsr (^qasir) abschneiden, ausrotten (L); abschneiden (vom Opfertier) (L); Ernte (ph) (FE K)

qtsrt (^qizra) Eingeweide, Rippen (p) (FE T)

qtsr (^qasir) Herbst (ph) (T)

qtst, qtsj, qtsjt (Pl.) (^qaze) abgelegene Region, entferntes Gebiet (K), Rand, Grenze (ph np) (FE T)

qq (^qaq) Rebhuhn (ph) (K)

qr unbek. kleine Münze (ph) (FE T K)

qr (^qir) Mauer, Wand, Einfassung (ph) (FE T K)

qr rufen, anrufen (Qal) (ph p np) (FE)

qra Gott anrufen, beten, Ruf, Aufruf, Rechnung, lesen, verstehen (Qal) (ph p np) (T K)

qra Ausrufer (L K); Lektor, Lektor-Priester (p) (K)

qrb als Opfer darbringen (ph) (T)

qrjn, qrjnt (*qarjana) Korrektor/-in (p) (T)

qrn (^qeren) Horn (von Tieren), Geweih (p) (H L FE T K)

qrnta (qerenta) Horn (Instrument), Macht (L)

qrr (*krur, jakrur) Frosch; Kröte (ph) (K)

qrš (^qarasch) erstarren, einfrieren (ph) (T)

qrt, qrht (Pl.) (^qeret, qirja) Stadt (ph p) (F FE T K)

qš, qšm (Pl.) Schale, Tasse, Kelch (Trinkgefäß) (ph) (S FE)

qša (^qiššu) Gurke (p) (K)

qšn Leichentuch (ph) (K)

qšt (^qeschet) Bogen (p) (S FE T K)

qtam (qetam) Nordafrikanische Ethnie ‚Ketam‘ (L)

qtw (=qŧn) klein (F)

𐤓 (rōš). Gesprochen als ***r*** (wie „**R**ose“)

r Herren (FE)

raj (^ra’a) Sehvermögen (ph) (T)

raš, rašm (Pl.) (^rasch, raschim) Kopf, Schädel, Landzunge, Kap, Kuppe, Vorgebirge, Leiter einer (Berufs-)

Gruppe, Säulenkapitell, Senator (ph p np) (FE T K)

rašm (^raschim) Senat. Leitung des Landes (ph) (K)

rašt, ršt (^reschit) Auserlesenheit (F); beste Qualität (K); Erstgeborener (ph p np) (T K)

rb (^rab) Oberpriester, Oberster, Vornehmster, Lehrer, Meister; Anführer, General, Heerführer, Senior, Dienstältester; viel, viele, die Vielen (p ph np) (L F T K)

rb (^rab) Herr, Herrin (Anrede) (ph p np) (FE)

rb (^ribbo) zehntausend (p) (K)

rb (^rob) große Anzahl, viele (ph p) (F T K)

rb♂♀, rbt (Pl.) (^rab) Oberste Stadtgottheit, Gouverneur, Statthalter einer Region, Oberhaupt, Leiter einer (Berufs-)Gruppe, Leiter einer Hundertschaft (milit.) (ph np) (T K)

rb an hlk qr Kapitän der Flotte (p) (T)

rb arts(?) Regionalgouverneur (ph) (K)

rbd (^rabad) pflastern, fliesen (np) (T)

rb mchnt (?) Heerführer, General (auch für ‚Konsul') (ph) (K)

rbš, rbšj Decke (BU 614. BU II 73)

rb šlš, rbå šlšj (^rab selosi) General-Koadjutant (ph) (K)

rb šnj, rb šn (^rab seni) General-Adjutant, 2. General (Abk.: šn) (ph) (K)

rbt (*rabitu) „Dame" (als relig. Titel) (ph p np) (T)

rb tcht rb mchnt(?) Armeeführer (auch für ‚Prokonsul') (ph) (K)

rba (=rpa) Arzt (np) (L)

rbd (^robed, rabad) pflastern, fliesen (np) (Qal) (FE T)

rbn (raban) „unser Herr" (Anrede für Gott) (L)

rbå (^reba) ein Viertel (Gewicht) (p) (H L T K)

rbå Münzstück („Viertel") (FE)

rbå šlšt (^reba seleset) drei Viertel (ph) (K)

rbt phönixfarben, Purpur (ph) (H)

rhb Flamme (BU 26)

rwh Abend (BU 625)

rch für Ruhe und Sicherheit sorgen (Qal) (ph) (K)

rch verloren gehen (Qal); willkommen heißen (Jifil) (ph) (K)

rch Wind, Hauch, Lebensatem (p) (H F T)

rch (^re'ach) Duft, Geruch (ph) (K)

rch, rcht (Pl.) (^ru'ach) Geist, Sinn, Gesinnung, Absicht (p) (H FE K)

rchb (^rachab) Territorium vergrößern (Jifil) (ph) (T K)

rchm♂, rchmt♀ (^racham, rachamtajm) handgem. Gegenstand (ph) (K)

rchm Brust (ph) (FE)

rchmt (*ruchamun) Marmor (p) (T)

rchq (^rahoq) weit, entfernt (ph) (K)

rcht (*raha) Verlust (von Geld) (ph) (K)

rgl bewegen, fahren (Piel) (ph) (K)

rgå (rego) Furcht (L)

rgz (^ragaz) stören, beeinträchtigen, beunruhigen (Qal, Piel) (ph p) (FE T K)

rwch (^rewach) Wohlstand, Reichtum (p) (T)

rzn (^rozen) hoher Beamter (ph np) (T)

rjål (rijal) Löwe, Stärke (L)

rkb (babyl. narkabtu) Streitwagen (BU 482)

rm (^ram, rum) mächtig, hoch, erhaben (ph) (L F FE T K)

rmas Schatten, Abgeschiedene (L)

rå (^raa) böse, schlecht, boshaft, das Böse, Verbrechen (ph) (FE T K)

rå (^roa) Bosheit, Böswilligkeit (ph) (K)

rå Kamerad, Weggefährte (H)

råj (^ro'e, ra'a) Schafhirt, Schäfer (ph) (H T K)

råj grasen, weiden (H)

rål Beben auslösen, erschüttern (Jifil) (ph) (K)

råts herrschen (L)

råš (^ra'asch) Erdbeben, Beben auslösen, erschüttern (p) (Jifil) (T K)

råt (^re'ut) Beschluss (F); Lösung, Entschluss (ph) (K); Absicht (p) (T)

rpa (^rippe) heilen (Qal) (ph p np) (FE T K)

rpa (^rope) (=rba) Arzt, Ärztin (ph p np) (F FE T K)

rpam, rpj (^repaim) Schatten; Geister, Totengeister, die vergötterten Toten (ph p np) (H F T K)

rq leer, wertlos sein (Qal) (K)

rq (^req) Kriminelle(r), wertlose Person (ph) (K)

rqa (^raqia) Fundament, Gründung (architekt.) (np) (T)

rqa, rqh Parfumeur (ph p) (FE)

rqch Salben/Gewürze mischen (Qal) (ph) (K)

rqch (^raqqach, roqeach) Salben- bzw. Gewürzmischer (ph p np) (F T K)

rqch (^roqah, reqah) Salbe, Gewürz (ph) (K)

rqm (^roqem, raqam) Sticker, Weber, Wirker (p) (FE T K)

rqå Abdruck, Stempel (H)

rqr Tanz, Sprung (H)

rš (=raš) Kopf, Haupt, Prinzipal, politischer Kopf; Fels-, Bergkopf; Vorgebirge, Kap (L FE F)

rša Chef von (FE)

rš, ršj Gipfel, Spitze, Anfang (BU II 79. BU 636)

ršat (*reschat) hohes Alter (ph) (K)[81]

ršat (^rischjon) Regel, Herrschaft (ph) (T)

ršm einritzen, eingravieren (Piel); sich einschreiben, registrieren, melden (Jitpael) (p) (K)

ršp Schatten, Flamme (H)

rzch unbek. Kultfest (H)

rzn (^rosen) Herrscher, Machthaber (ph) (K)

rzn regieren (Qal) (ph) (K)

ש (šin, hier **š**). Gesprochen als ***sch*** (wie „**<u>Sch</u>**oner")

š Mann (F)

š, ša (^sche) Schaf (ph) (L FE T); Lamm, Zicklein (ph) (K)

š- (^sche) (Präfix) von (Determ-Pron) (p); auch „die Sonne von" (ph p np) (T K)

ša See (die See) (L)

81 Vgl. dazu Bron 1975.

šab Tränkrinne, Schöpfrinne (BU 506. II 80)

šak Graben, Loch (np) (T)

šal fragen, bitten (Qal) (ph) (K)

šamd Schreiber, Beamter (L)

šaq Sack (F)

šar, ša (^schear, sche‘er) Fleisch, Leib, man selbst (p) (L T K)

šar (^sche’er) Verwandter (p) (T)

šaš (=šš) sechs (p) (F)

šat Angebot, Opfer(?) (p) (T)

šb (^schebi) Gefangener (np) (K)

šbd Stock (BU 842. II 80)

šbå, šbåt (^schaba) Fülle, Überfluss (ph p) (FE)

šbå♀, šbåt♀(^scheba, schiba) sieben (ph p np) (L F T K)

šbå (^schob’a) Getreide (ph) (T)

šbåm (^schibim) siebzig (np) (L F T K)

šbåt (*schebatha) Ruhm, Lob (np) (K)

šbåt (^schebu’a) Eid (np) (T)

šbr einen Feind vernichten; zerbrechen, zerschlagen (Qal) (np) (K)

šbrt (^scheber) Bericht, Meldung (ph) (T)

šbw bleiben, verweilen (H)

šbw Vermittler (H)

šbt wohnen, Wohnung, Wohnort (S F)

šbt (^schebet) Situation, Lage (ph) (T)

šbt Ruhe, Bedacht (ph) (FE)

šbt teilen (Geld); entfernen, vernichten (p) (Qal); untergehen (np) (Qal) (ph) (K)

šbt (^schabat) beenden (ph p) (T)

šga (=šgj[t]) (^schaggi) viel, viele (ph) (FE T K)

šgs zwei (L F)

šgr Graben (BU 889)

šgr verschließbarer Kasten (BU 890. II 80)

šgt Jahr, Lebensjahr (L)

šd, šdjt (Pl.) (^schade) Ebene, geebnete Region, Feld, Ackerland, Flur, Feld, Gefilde, Inland (im Gegensatz zum Seegebiet = jm), Land, ethnische Region, Staatsgebiet, Territorium, Schlachtfeld (mil.) (ph p np) (L F FE T K)

šdh (=šd) Feld (S)

šhro töten (BU 808)

šw Schlaf (L)

šwbb kehrt machen (BU 768)

šwpṫ Richter (FE)

šwkr Kasten (BU 883)

šwr kleines Tischlerprodukt, Kästchen (BU 837)

šwr Weberprodukt, Tuch (BU 769)

šch (^schiach) Pflanze (p np) (T)

šchṫ (^schahat) Messer, Keil (np) (FE)

šchm handgefertigter Gegenstand (ph) (K)

šchm Kräuter (FE)

šchr Morgendämmerung, Tagesanbruch (H)

šcht (^schichet) schlagen, zerschlagen, zerstören, vernichten (Piel, Jifil) (ph) (FE T K)

šj (^schaj) Geschenk (ph) (T)

šjm setzen, legen (L)

šjr Holz (p) (FE)

šk Köcher (BU 881)

škb (^schakab) liegen, rasten, ausruhen (Qal), sterben (Nifal) (ph np) (FE T K)

škm (^scheken) Grat (eines Berges oder Hügels) (K)

škn anstellen, beschäftigen, platzieren, stellen (Qal) (K)

škn sich niederlassen (ph) (BU 885 T)

škr (^schakar) Söldner gewinnen, jdn. bezahlen/belohnen (np); jdn. einstellen (Qal) (ph np) (FE T K)

šl- (Präfix) (^schelle, schel) von (indirekter Genitiv, PossPron als Pron.) (ph) (K)

šlb, šlbs (=ašlb) Teil/Teile (ph) (K); Lende/Lenden (ph) (L K) Schenkel/Keule eines Opfertiers (p) (FE)

šlch (^schalah) beauftragen; (aus)senden, sich ausdehnen, strecken (Qal) (ph) (T K)

šlk retten, befreien (Piel) (ph) (K)

šlk Anbieter, Lieferant (p), anbieten, abgeben (Qal) (np) (FE)

šllch Wasserleitung (S)

šlm unbek. Gemüseart (ph) (K)

šlm (^schalem) ganz, komplett, intakt (ph) (K)

šlm (^schalom, schillem) friedliche Beziehungen, freiwilliges Opfer, Friede!, Frieden, Unterwerfung, Kapitulation, Aufgabe, gedeihen, florieren, Gnade, Erbarmen, Wohlstand, Wohlbefinden, Gesundheit (ph np) (L FE T K)

šlm abgleichen, belohnen, vergelten (Piel) (ph p np) (FE)

šlm (^schelamim) Friedensopfer (ph p np) (FE T)

šlm chlpt ausgleichen, entschädigen; aushändigen, liefern (K); jd. sicher bewahren, vollständig zurückzahlen (p) (K)

šlm hrašt Übergabe des Erstgeborenen (ph) (K)

šlm ein Gelübde erfüllen, jdn. grüßen (Piel) (p) (T K)

šlš♂, šlšt♀ (^schalosch, scheloscha) drei (L F K)

šlb (^schelabim) Verbindungsstück, Gelenk (p np) (T)

šlk liefern, bezahlen (p np) (T)

šlš (^schalisch) Offizier, Schildträger (p) (T)

šlšj♂, šlšt♀ (^schelischi, schelischit) drei, der/die/das Dritte (ph p np) (T K)

šlšm (^scheloschim) Dreißig (ph np) (F T K)

šlšn (^schillaschon) ein Dreißigstel (K)

šlšt (^schelischit) ein Drittel, dritter Teil (p) (K)

šm (^scham) daselbst, dort, da drüben (Adv.) (ph np) (L FE T K)

šm setzen, legen, plazieren, hinstellen, errichten, aufrichten, eine Stele errichten, schaffen, kreieren (Qal) (ph p np) (F FE T K)

šm, šmt (Pl.) (^schem, schemot) Name, guter Name, Ruf, Ansehen, Leumund, Denkmal für einen guten Namen (ph p np) (L FE T K)

šmd hüten, beaufsichtigen (L)

smdt Ochsengespann (H)

šmm (^schammajim) Himmel, Himmelsgewölbe, Firmament (ph) (FE T K)

šmm (schamin) „vom Himmel" (Beiname Baals = Baal Samin/„Baal vom Himmel") (ph p) (FE)

šmn (^schemen) Öl (p np) (FE T K)

šm nás ein guter Ruf (L)

šmn[h]♀, šmnt♂ (^schemone, schemona) acht (ph p np) (F T K)

šmnm (^schemonim) achtzig (np) (F T K)

šmå hören, zuhören, gehorchen (Qal) (ph p np) (L F FE T K)

šmr (^schamar) bewachen, behalten, bewahren, beschützen (Qal) (ph p np) (FE K)

šmr (^schomer) Wächter, Wachtposten (p) (K)

šmrt Wachsamkeit (p) (FE)

šmrt (^schomera) geschützter Bereich im Tempelbezirk, Wall (p) (T K)

šmš dienen, zur Hand gehen (p) (Qal) (K)

šmš (schamasch, ^schemesch) Himmel (L); Sonne (ph p) (L F FE T K)

šn (^sen) Elfenbein (ph) (K)

šn (=rb šnj) General Adjutant (p) (K)

šn Netz (BU 857)

šna, šnat (^schana) Lehrer/-in (p) (T)

šnat (^schina) Hass (ph) (FE T K)

šnwt, šnm, šnt Jahre, Alter (FE)

šnj♂, šnt♀ (^scheni) Zweite(r) in berufl. und milit. Funktionen, Andere(r) (ph p) (Adj.) (L T K)

šnjt eingeäscherte Reste, Asche (ph) (K)

šnm♂, štm♀ (^schnajim, schtajim) zwei (ph p) (F T K)

šnt (^schani) Sani. rotes Gewand der Astarte-Statuen (p) (K)

šsp Vogelart ‚Ssp' (p) (K)

šåj (^scha'a) suchen (ph) (T)

šånat, šånt, šånwt Jahre, Alter (F FE)

šår (^scha'ar) Tor, Stadttor, Tempeltor (p) (H K)

šår (^scha'er) Torwächter, Pförtner (FE K)

šår (^scha'ar) Tor, Gefängnis (ph p) (BU 831. II 80. 81 T)

šår Kopfhaar (ph) (FE)

šårt Haar (BU 767. II 80)

šåt (*sche'u) Gemeinschaft, Bruderschaft, Zunft (np) (K)

šåt Parfum (np) (FE)

šåŧr Schreiber (np) (S)

šp (^schup) quetschen, prellen, fangen, Falle (ph) (T)

šph Sklave (L)

špch (^mischpaha) Familie, Clan (p np) (FE T K)

špåt (^sipa) Fülle, Reichtum (ph) (K)

špr (*schappir) schön (ph) (K)

špŧ (^schapat) beurteilen, verurteilen, richten, bestrafen (ph p) (Qal) (FE T K)

špŧ (^schopet) Suffet (Titel des höchsten karthagischen Exekutivbeamten (F)

špŧ, špt (^schopet) Suffet, Suffeten (Richter, Zivilrichter) (L F K); Magistrat (FE) Büro des/der Suffeten (K); Suffetenschaft (ph p np) (FE K)

šŧsp[a] Sühneopfer (p) (FE T)

šqd (^schaqed) Mandel, Mandelbaum (ph) (FE T K)

šql (*scheqal) anführen, leiten (np) (T)

šql (^schaqal) abwiegen (Qal); schmücken, verschönern (p np) (Jifil) (T K)

šql (^scheqel) Schekel. Gewicht im Opferwesen (L); festgel. Gewicht (p) (T K)

šr (^schar) Fürst, Prinzeps, Prinz (ph) (FE T)

šr Verwandtschaft (p) (T)

šr (^schir) singen (ph np) (T)

šrdt Säulenhalle, Kolonnade (BU 827)

šrh wohnen (L)

šrj verweilen lassen (Piel); wohnen (Qal) (ph) (K)

šrk Schnee (BU 801)

šrm Sänger (F)

šrm Frieden (BU 866. II 80)

šrm Waffenruhe, um Frieden bitten (BU 868)

šrmt Tribut (BU 871. II 80)

šrpt Wedel (BU 791. II 80)

šrš (^schoresch) Wurzel, Stamm, Stock (L H F FE T K); Nachkommen, Stamm, Familie (ph) (FE K)

šrt (^scharat) dienen (der Gemeinschaft) (Piel) (p np); dienen (einem Gott) (Piel) (p) (FE K)

šrt (^scharet) Dienstleistung (np) (K)

šrtj Ähren lesen (BU 805)

šš♀, ššt♂ (^schesch, schischa) sechs (p np) (L F T K)

ššm, šjšm (^schischim) sechzig (np) (L F T K)

ššmn Sesam (ph) (K)

ššt Sechsergruppe (ph) (K)

št (^schit) setzen, fortsetzen, machen, platzieren, setzen, eine Stele aufstellen, festlegen, niederschreiben (Qal), zum Platzieren veranlassen (Jifil) (ph p) (L T K)

št, šnt (Pl.) (^schana) Jahr (ph p np) (F FE K)

štj trinken (K)

štl (^schatil) einen Baum fällen, Baumrutsche(?) (ph) (K)

štå (^schata) fürchten, befürchten (ph) (T K)

+ (tau). Gesprochen als hartes ***t*** (wie „Tonne“)

t- Akkusativpartikel (p np) (K)

tad (tad) Gestalt, Ansehen (L)

tam (tom) Zwilling (ph) (L FE K)

tar Eigentum, Vermögen, Geld (K)

tar Ort, Stätte, Stelle (ph) (FE)

tar Verwandtschaft, Familie (np) (FE T)

tar (^ta'ar) berühmt sein (p) (T)

tar (^to'ar) Ruhm, Schrift, Berühmtheit (ph) (T)

tark verlängern (FE)

tban eintreten (FE)

tbch Koch (F)

tbl Welt (H)

tbnt Bildnis, Abbildung (ph) (FE)

tbrch fliehen, flüchten (FE)

tbrk segnen (FE)

tbrt Opferstücke (L); Teile eines Opfertiers (p) (K)

tbrt (^bari) fettig (p) (T)

tgl entdecken, aufdecken (E)

td mitten, inmitten (L)

tdrkn gehen (FE)

thbšt Sack (BU 1126)

tw (^ta, taw) Innenraum (Cella) eines Tempels (ph) (K)

tch unter, darunter (FE)

tchkt Gunst, favorisieren (p) (FE)

tchnt (^tehinna) ernsthafte Bitte, Bittgebet (ph) (K)

tchr Streitwagen-Teil (evtl. Boden, Fußplatte) (BU 1127)

tcht, tacht (^tahat) an seinem Platz; auf dem Boden (Adv.); niedrig, unter, hinunter (Präp.) (ph p np) (F FE T K); unterhalb, südlich (geogr.); zu Füßen von, treu, Autorität ausüben (np) (K)

tjl (^tel) Ruine (np) (T)

tjn, tjw (^te'ena) Feige (p) (H FE T)

tkd entscheiden (Jifil) (np) (FE T)

tkl (*takalu) unterstützen (np) (K)

tklt (*taklit) Aufbewahrung von Lebensmitteln, Kosten, Ausgaben (K), Geldausgabe (ph p np) (FE)

tklt, tklat, tqlht (taklet, taklat) Vervollständigung (ph np) (F T)

tkt unbek. Sakralgegenstand (ph) (K)

tkt (=mtkt) die Hälfte, Mitte (ph) (FE T)

tl (^tel) Locke (p) (T)

tld begreifen, verstehen (FE)

tlj hängen, aufhängen (np) (Piel) (K)

tm (^tom) redlich, aufrichtig (L); Summe, Gesamtbetrag (ph p np) (T K)

tm, tma (=tmm) Gesamtheit (np) (FE T)

tm, tmt vollkommen insgesamt (p np) (FE T)

tm, tma Militärkommandeur, milit. Anführer (ph np) (FE T K)

tma mchnt Kommandant der Armee (auch: des Heeres) (ph) (K)

tma an Kommandant der Flotte bzw. Marine (ph) (K)

tmgha Priester (L)

tmk nehmen, ergreifen, halten (Qal) (ph p) (FE K)

tmk (^tamak) unterstützen (ph p) (T)

tmk (^mok) sanft(?) (p) (T)

tmm (^tamam) entscheiden, zum Aufhören veranlassen (ph) (T)

tmm gut erscheinen, sich angemessen verhalten (Qal); gut sein, gerecht leben (Qal) (np); vollkommen, perfekt (Jifil) (np) (K)

tmn, tmm Kosten, Preis (ph) (K)

tms aufhören (L)

tmr (^tamar) Dattelpalme; Dattelzüchter (ph p) (FE T K)

tmrdr Myrrhe (np) (FE)

tmt (^tom) Harmonie (np) (T)

tn (^tan) Schakal (p) (T)

tnjw (thinian) Schlange (L)

tnr (^tannur) Schmelzofen (ph) (K)

tntw geben (FE)

tåat Ausgaben (F)

tåbt (^to'eba) Gräuel, Abscheulichkeit, Verabscheuung (ph p) (FE T K)

tålbt Gestell eines Hauses, Rohbau (p) (T)

tålt, tåljt (^te'ala) Graben, Kanal, Wasserlauf, Flussbett, Abflussrohr, Röhre (p) (T K)

tåmar (=tmr) Palme (F)

tåsmt (^ta'asuma) mächtig (np) (T)

tåtsmt (^ta'sumot) Kraftfülle, Machttat, Macht (F); Großtat, Heldentat (ph) (K)

tåtsmt dürfen (np) (FE)

tåt niedrig (FE)

tpch Apfel (BU 1086. II 81)

tplt (^tepilla) Gebet, Bittgebet (np) (K)

tpp (^tapap) die Schelle oder Trommel schlagen (ph) (H T)

ttsat (^taza'a) Kosten, Ausgaben (np) (T K)

tr anfragen, sich erkundigen (Qal, Jifil) (p np) (K)

tr Streitwagen-Teil (BU 1098)

tr Schaft, Stange, Deichselstange (np) (FE)

tra Tür (BU 1101)

trbt šqlt (^tarbit ?) Verzinsung (K)

trgzn stören (FE)

trp Gans (BU 1107)

trpj (gr. tropaion) Trophäe, Siegeszeichen (ph) (F K)

trq ausrotten, beseitigen (Qal) (ph) (FE T K)

trr Ofen (BU 1109)

trrt Wall (BU II 75)

trn (^toren) Mastbaum, Mast, Schaft (np) (T)

trš (^tiros) tyrischer Wein (ph p) (T K)

trš Most, Saft, Weinmost (ph) (FE)

tš(å)♀, tšot♂ (^tesa, tisa) neun (p) (F T K)

tšma hören (FE)

tšåm (^tisim) neunzig (np) (F T K)

Teil 2

Deutsch-Phönizisch

(thematisch und alphabetisch geordnet)

Anders als in üblichen Vokabularien erschien es sinnvoll, das Deutsch-Phönizische Glossar zunächst in Themengebiete zu gliedern, um sachlich Zusammenghöriges entsprechend zu kennzeichnen. Zudem bleibt eine rein alphabetische Auflistung der Wörter inhaltlich farblos und verhindert so eine schnelle Erfassung der sprachlichen Einsatzmöglichkeiten. Schwerer jedoch wiegt hier das soziolinguistische Argument, das Vokabular einer Sprache sei immer Ausdruck einer spezifisch ethnischen Realität, die deswegen umgekehrt über den Wortschatz erfassbar sei. Dies ist in den 1970er Jahren u.a. von Benjamin L. Whorf und Margret Mead gezeigt worden. Entsprechend soll die folgende Umstrukturierung des vorn gebotenen Hauptverzeichnisses eine Ergänzung zum bisherigen Verständnis der phönizischen Gesellschaft und Kultur leisten. Die Einfassung der Themengebiete selbst ergibt sich dabei aus den Kenntnissen, die man derzeit über die phönizische Gesellschaft und Kultur gewinnen kann. Dass eine solche Strukturierung ebenso unvollständig wie inhaltlich variabel bleibt, wird dabei in Kauf genommen.

1. Der Mensch: Körper, Eigenschaften, Familie und Wohnbau

1.1 Der Mensch in allgemeiner Begrifflichkeit

Jedermann, Mann	ads	Leib, man selbst	šar
Jemand, Mann, man	ajš	Körperteil	hbšj
Mensch	ads	Person, man selbst	qkm
Mensch, Leute, Personen	adm, admm	Person, persönlich	npš
Mensch, Mann	gbr	junger kräftiger Mann	gbr
Menschen, Personen, Leute	bnadm		

1.2 Körper und Körperteile

Figur, Gestalt, Körper	krš	Mund	p, pj
Ansehen, Gestalt	tad	Zahn	hnr
Kopf, Haupt	rš, raš	Hauch, Lebensatem	rch
Kopfhaar	šår, šårt	Stimme	ql, qwl
Locke	tl	Zunge	lsn, lšw
Gesicht, Angesicht	pl, pgs, nn	Bart	zqn
Gesicht, Miene	pn, pnm	Brust	arz, rchm
Augen	ånm (Dual)	Herz	lb
Sehvermögen	raj	Bauch	btn

Rücken	ʦhr, ʦd
Rippe	ašlb, qʦrt
Hand, Arm	jd
Hand	kp
Handfläche	kp
Oberschenkel	jʦlt
Füße, Schritt	påm, påmm
Haut	årt
Knochen, Skelett, Gebeine	åʦm, åʦmm
Schädel	raš
Blut	dm, edåm

1.3 Leben und Geschlechtlichkeit

Mann	as, aš, gbd, mtw
Frau	adt, ašt
Samen	zrå
ein Kind zeugen	jld
Kinder gebären	qnj
zu Neumond geboren	bnchdš
Nachwuchs	zrå
Spross, Ableger	ʦmch
Säugling, Kleinkind	ål
Name (Eigenname)	nptchn
Kind	gd, gdj
Zwilling	tam
junger Sohn/männl.Säugling	jld
Mädchen	ʦlmt
junge Frau, Jungfrau	ålmt
Jugend	nårm
leben, weiterleben	chjj, chwj
leben	kn, chga
lebendig	chj
Leben (das)	chj, chjt, mchj
Leben, Lebende	chjm, nchjm
Leben(de), in meinem Leben	chj
Lebenszeit	jm♂, jmt♀, åjå
ein Alter erreichen	pål
lang leben	chjj, chwj
langes Leben	åjm
hohes Alter	šat
sterben	mt, skj
Lebensende	mt

1.4 Existentielle Eigenschaften und Bedürfnisse

sein	hga
sein, existieren	kn, kwn
Gesundheit	bra, brba, brjk, årkm, šlm
schlafen	nkdd
träumen	chlm
trinken	štj
essen	lchm, akl
dünn, klein	qŧn
schlank, mager	qŧna
korpulent, gesund	brå/bråj
Gabe, Begabung, Talent	mtt
sehen	chzj
blind, der Blinde	åwr
hören	jmå, jšmå, tšma, šmå
Erinnerung, Gedächtnis	skrw, skr, zkr
erinnern, behalten, merken	zkr, skr

vergessen	nšj	sagen, sprechen	amr, amd, dbr
denken, nachdenken	amr	Wort, Sprache	db, dbr
Geist, Intelligenz, Seele	lb	Sinn	rch
Geist	rch	Wort, Botschaft, Information	amr
Seele	npš	verstummen	djs
einfältig	pta	stumm, still, sprachlos	alm
wissen, verstehen	jdå, nkr, dåt	ruhen	nwch
begreifen, verstehen	tld	Schlaf	šw
Weisheit, Intelligenz	chkmt		

1.5 Basale Aktivitäten, Fähigkeiten und Fertigkeiten

Intelligenz	bnt	Geduld	ark rch
Können, Vermögen	lat	planen	chšb
Meinung	mjŧb	halten	ʦbt
Wille	ʦbw	suchen	šåj
Gesinnung, Absicht	rch, råt	schwach/weich werden	aml, laj
Tat	masa	Hilfe, Unterstützung	åzr
Kraft, Stärke	chjl, åw, rjål, jd	gehen	tdrkn
stark	azz, gšr	passieren, vorbeigehen	åbr
Kraftfülle, Macht	tåʦmt	kommen	jba, ata
Anmut	nåm		
Schicksal, Los	chlq		

1.6 Gefühle

Gefühle	npš	Ehre	kbd
Freude, Vergnügen	chpʦ, chšq, jåzr	Liebe, lieben	chmd, chmdt, chbb
Glück	ašrb, chʦj, mzl, nåm, gd	lieben	adb, mchb
glücklich	brk, gådj	Charme	lchšt
sei glücklich! glücklich sein	gdd	Seelenfrieden	ncht lb
jdn. beglücken	gdd	Not, Kummer, Unglück	mʦrm
geneigt sein	dll	niedergedrückt, depressiv	dkj
sanft(?)	ålš, tmk	weinen	bkj
Dank an, jdm. danken	båbr	fürchten, befürchten	štå

fürchten (etwas)	adr
Furcht	rgå
vor Angst erstarren, einfrieren	qrš
verärgert sein, sich ärgern	qtsp, adr
böse, schlecht, boshaft	rå
Bosheit	an
Hass	šnat

1.7 Familiengründung

jdn. zur Frau nehmen, heiraten	nša
eine Familie gründen	bnj
Familie	azrt, ahl, špch, bt, tar, dr
Eltern	qnm
Ehefrau, Gattin	ašt
Ehemann, Gatte	aš
Gatte	bål
Nebenfrau	tsrt
Witwe	almt
Mutter	am
Vater	dn, åb, ab, abj
Vaterschaft	abt
neugeboren	chdš
Kind	gda
Sprössling, Nachkomme	tsmch
Leibesfrucht (Nachkomme)	pr
Nachkomme(n)	zrå, jld, bšar/bšr, dr, zdå
Sohn	b, bn, br, når
Sohn des	bm, n, nb
Tochter	bt, båt
erstgeb. Sohn	bkr, bn bkr, rašt/ršt
einziger Sohn	bnjchd
rechtmäßiger Sohn	tsmch tsdq
lautstarker Stammesvertreter	nsa
Sohnschaft	bnm
Bruder	cht, ach, at
Schwester	acht
Zwilling	tam
Waise, verwaist	jtm
Jugend	ålm, nchr, jld(?)
Onkel	åm
Großvater	abadr
Enkelin (Tochter der Tochter)	bt bt
Enkel (Sohn des Sohnes)	bn bn
Vorfahre, Vorfahren	ab, abt
Ähnlichkeit	mšl
Familienstamm	šrš
guten Stammes, guter Herkunft	jpmtst
Familienchronik	ktbt dbr hbt
Name, guter Name	šm
Verwandter	šar
Verwandtschaft	šr, tar
verwandtschaftliche Beziehung	bål
Familienclan	dr, zrch, špch
unbek. familiäre Beziehung	chjm

Dass gut situierte Phönizier viel Wert auf die innerfamiliäre Herkunft der Familienmitglieder legten, zeigt die punische Inschrift, ein gewisser Hannobal habe ein „Buch über die Angelegenheiten des Hauses“, also eine Art Familienchronik geführt[82]. Der Opfertag anlässlich einer Kindsgeburt galt als „der gute und glückliche Tag“ (**jm nåm wbrk**). Überliefert ist auch der Genitiv „meines Vaters“ (**abj**; **abija**).

Abb. 7: Vornehmes Wohnhaus oder Palast mit Treppenaufgängen, Eingangs-Vorbau, seitwärtigen Säulen-Ständerwerk und großem Schrägdach, auf dem eine Art Schmucksäule bzw. Schornstein sowie ein Langschiff mit Rudern als Schmuckbeiwerk zu sehen ist. Griechiche Aufschrift unten v.l.n.r. *Byblou*. (Münze aus Byblos, 217/218 n. Chr., Regierung des Macrin. Lipinski 1981 Fig. 250.13).

1.8 Wohnbau

Plattform, Plateau	påm
auf dem Boden	tcht
platzieren, setzen	št
Haus, Heim	bt
an seinem Platz	tcht
Anlagen, Gebäude	mbnt
Gebäude, Bebauung	mqm, mqmm
Haus, Gebäude	bt
Gebäude aus behauenem Stein	gzt
Mauer aus behauenen Steinen	gzt
Mauer, Ummauerung	gdr
Mauer, Einfassung, Wand	qr
Türöffnung, Öffnung	ptch
Tür	tra, dl
Tür, Torflügel	dlt, dlht
Türschloss	mnål
Türpfosten	mzzt
Aufgang, Treppe	ål
Eingang, Einfahrt	mba
Gang, Durchgang	måbr
Licht, Fenster	mchzt
Ausgang	måa/mtsa
abdecken, überdachen, zudecken, bedecken (Dach)	tsmd, gnn
Bekleidung, Abdeckung	mswjat

82 KAI 124, 3/4. Krahmalkov 200, 149.

Abdeckung, Dach	gnn, åŧpt
Dach	mks, gg
restaurieren, renovieren	chdš
Abflussrohr, Röhre	tålt, tåljt
pflastern, fliesen	rbd
Brettchen, Täfelchen	båt
Decke (Innenraum)	mspn, mks, mksa
Front, Vorderseite	pnm
Rückseite	ʦd, ʦhr
Wohnung, Wohnort	wjat, šbt, mšb
Steinzaun mit Tor	gpp
wohnen	jšb, šrh, šbt
Zimmer, Kammer	ålt
Wohnzimmer	åkskdrå, aksndra
Lager, Lagerraum	b, mazn
Vorratskammer	ådr, chdrt tklt
Zwischenablage	båt
Gemach	chdk
Garten	gw, gn
Gärtner, Pflanze, Garten	ʦmch
Stangen	šr
Stange, Stab	chŧr
unbek. Gebäudeart	mqr
Dorf, Dorfschaft, Flecken	ksra, chåra
Ort, Stelle, Stätte	mqm/moqam, mʦqas
Bewohner, Einwohner	jšb
Gemeinschaft	gw

2. Staatslenkung und Verwaltung

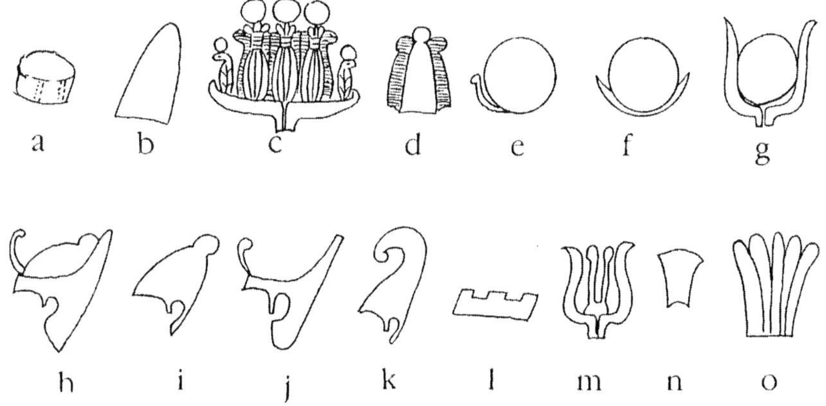

Abb. 8: Phönizische Königskronen (Lipinski 1981 Fig. 100).

2.1 Monarchie

göttlicher Herr, König, Souverän	bål
„Herr“ (Anrede)	bål
„Herrin“ (Anrede)	bålt
Kaiser, Imperator	mjnkd
Fürst, Prinzeps	šr
König, Königswürde, Regierung	mlk

Königin, Königswürde, Königreich, Königtum, Regierung, Herschaft	mlk[j]t
Herrschaft (auch: Regel)	ršat
König	adn
König („mächtiger Mann")	aš adr
Majestät, kgl. Hoheit	gm
Schöpfer	qw
Schöpfer des Landes	qwarg
Krönen, kränzen	åtr; åŧr, ktr
Krone, Kranz	åmrt, åtra, trt, åŧrt
Thron, Sitz	ksa, ksa az, jšb
den Thron innehaben	jšb
Zepter	chtsr, chŧr
Wedel	šrpt
erhaben (sein)	rm
erhöhen, verherrlichen	ålts
erhöht werden	jll
glorifizieren	dl
Vorhergehender, Vorgänger	mta, lpnj
Königshaus, Dynastie	btab, btadn
Herrschaft	mrt
Herrschende	mšlm
herrschen, befehlen	mšl, råts, jmlk
mächtig, herrlich	adr
Macht, Kraft	gbrt, krch

Machttat	tåtsmt
mächtig	amd, kkr, åzm, rm, åtsmt, tåsmt
regieren	mšl, jmlk, mlr
Vertrag	brt
königliche Autorität	mšpts
Machtbereich, Imperium	mšpts
Machtbereich, Domäne	gbrt
Staatsgebiet, Territorium	šd
Grenzen, Rand	qtsjt, qtst
Palastgast	grhkl
Ehre, Respekt	kbd
Königsgabe, Geschenk	mnht
Abgabe, Geschenk, Tribut	mšat
Tribut	šrmt
Schatz	bwk
gerecht führen (einen Staat)	jšr
Frieden, friedliche Beziehungen	šlm
Königsspross	zdå
legaler Thronfolger	tsmch tsdq
legitimer Thronanwärter	bn sdq
Person kgl. Herkunft	mmlkt
kgl. Bediensteter, Vasall	åbd
Angehörige d. Königshauses♀	mlkjt
Verschnittener, Hofbedienter	srs

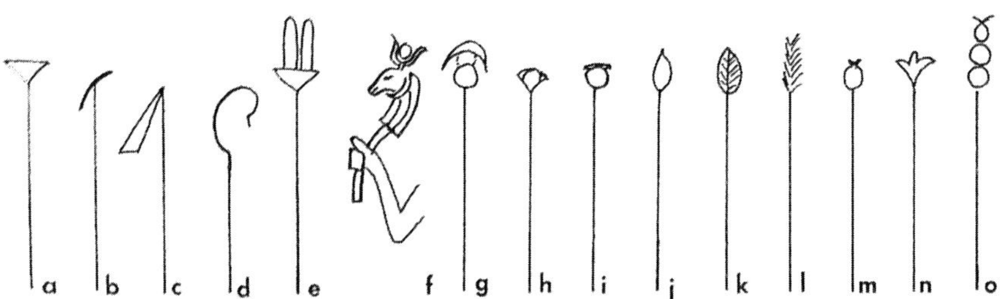

Abb. 9: Phönizische und punische Zepterformen (Lipinski 1981 Fig. 291).

2.2 Burg- bzw. Palastbau

Höhe	ål
hoch	rm
oben	skw
Basis, Sockel (architekt.)	kn
Säule, Pfeiler	ašt
schützende Festung	chmt
Befestigungsmauer	chpjt
befestigter Palast	mšmr
Hof(-anlage)	chtsr
Burg, ummauertes Terrain	gdr
ummauerte Anlage	måtsrt
turmartiges Gebäude	mgdl
Turm	mpqd

2.3 Kolonialverwaltung

Regierungsbezirk	plg
Lokalgouverneur, Anführer	rb, rb arts
Oberster, Vornehmster	rb
Statthalter, Gouverneur	skn
Herrscher, Machthaber	rzn
Präfekt, Chef	nš
Quästor	chšb
Oberstes Leitungsgremium	adrm, rašm
Herrschaft der Vier (quattorvir)	qwåŧrbr
Herrschaft der Zehn	åsr hmšlm
Herrschaft der Fünfzig	haš chmšm
Mosel (= Tribun, Amtstitel in Kition)	mšl
„Herr“, Adliger	ådn, ådnj, hdw, chdn, ådw
senatorischer Purpurstreifen, Senatorentunika	tspat
hoher Turban, aufrechte Tiara	ktrt
Tiaraträger	part
Stärke, Macht, stark, mächtig	åz
Befehl, Mund	ph
Konsulat	kntswlåt
Regierungsperiode	jm
regieren	rzn, mlk
amtieren, residieren	kn
anordnen	ård
mächtig/groß sein/werden	adr
bestehen, andauern	k-n
verleihen	jtw
bronzene Gedenktafel	dlt
Inschrift	spr

2.4 Suffetenschaft und Rechtswesen

Justiz, Gerichtswesen	tsdq
Hof (Gericht)	chtsr
Suffet, Suffeten(schaft), Richter, Magistrat, Büro des/der Suffeten	špt, šwpŧ
vor, in Gegenwart von	pchnt
eintreten	tban
empfangen	ld
Kriminelle(r), wertlose Person	rq
Vorfall, Ereignis	påm
Bosheit, Böswilligkeit	ro
das Böse, Verbrechen	ro

stehlen, rauben gzl, gnb
jdm. etwas unterstellen chšb
töricht nbl
beleidigen, schlecht machen srch
Lüge, Unwahrheit ågš
Verleumdung krjw
ersticken, jd. mundtot machen chsm
Tatsache masa
klagen, beklagen jll, mjll
aufdecken, offenbaren gly
rufen, aufrufen qra
geloben ndr
Gelöbnis dbr, naša
Eid alt, šbåt
gut, gerecht, rechtschaffen ʦdq
Gerechtigkeit, Rechtschaffenheit ʦdq
erwägen chšb
legitim, legal, rechtmäßig ʦdq
Wort, Gelübde ml
Wort, Aussage dbr
rechtfertigen, begründen ådl
klären, erklären ånš
Erklärung, Versprechen dbr
gute Absichten chmdt
Beschluss, Lösung, Entschluss råt
beurteilen, verurteilen špŧ
im Namen von bd
flehen pgå

gnädig sein, verschonen chnn
Austausch, Bürgschaft årb
begünstigen chnn
gnädig sein, schonen gmr
begnadigen gmr
vergeben, begnadigen nša
durch die Gnade von åbr
vergeben, verzeihen mslch
zum Aufhören veranlassen tmm
freigeben glj
beschuldigen, tadeln ålʦ
vergelten šlm
eine Strafe auferlegen bså
bestrafen ågš
richten, bestrafen špŧ
vorschreiben, bestimmen nktbt
zu etwas verpflichtet sein kn
Geldstrafe ånš
Fortsetzung åqb
aus Geldstrafen einnehmen åpj
Einnahmen aus Geldstrafen nš
Verabscheuung tåbt
jd. sicher bewahren šlm chlpt
einsperren, inhaftieren sgr
Kerker krj, krn
hängen, aufhängen tlj, ʦlb

Der Statthalter einer Kolonie hieß etwa „*Der Gouverneur* [rab] *von Trans-Lspt*“ (**rb åbr lspt**)[83]. Dagegen war der Suffet (**špŧ**; ^sopet) der höchste Zivilrichter und damit der oberste Exekutivbeamte in westphönizischen Republiken, insbesondere in Karthago.

83 Krahmalkov 2000, 439. Die Kolonie LSPT ist bisher unbekannt.

Es gab aber bereits zwischen 780 und 500 v. Chr. eine Suffetenherrschaft (**špŧ špŧm**; ^sefot has sofetim) im zypriotischen Carthage[84]. Eine Kolonie hieß beipielsweise „*Kolonie von Adnim*“[85].

Eher undeutlich bleibt, ob die in punischen Inschriften mehrfach erwähnte Gremienherrschaft ein Teil der monarchistischen Kolonialverwaltung - also eine Art autonom agierende Oligarchie - war oder aber ein politisch abhängiges Suffeten-Gremium darstellte. Es findet sich zum einen die Gruppe von „fünfzig Männern“ (**haš chmšm**), denen ein „Präfekt der 50 Männer“ (**ad[r] hmšm haš**) vorstand[86]. Zum anderen werden mehrfach „die zehn Herrschenden“ (**åsr hmšlm**), „die Herrschaft der zehn Herrschenden“ (**mšlt åsr hmšlm**) bzw. „die zehn Männer, die den Heiligtümern vorstehen“ (**åšrt hašm aš ål hmqdšm**) erwähnt[87].

2.5 Regional- und Kommunalverwaltung

Verwaltung, Mandat	mšlt
Bezirksvorsteher (Titel oder Funktion)	pr[d]krml
Ortsvorsteher (Bomelek)	bmlk
Bürgermeister, Ädil	mchz
Würdenträger	mpt
Prinzipal, polit. Kopf	rš
Chef von	rša
zu Füßen von, treu ergeben	tcht
unterstützen, loyal sein	åms
Regierungsbehörde, Macht	mšlt
Büro für öffentliche Arbeiten	årkt
Kinnas. Titel von Bürovorstehern	knšm

Rang, Stellung	mdt
anführen, leiten	šql
Anrede „Herr“	mqr, ogw
der Gemeinschaft dienen	šrt
bestimmen	kkw, smw
für Ruhe und Sicherheit sorgen	rch
versammeln, sammeln	asp
benennen, ernennen	knj
behalten, bewahren, beschützen	šmr
behüten, beschützen	ʦpj
Podium	padj
(Ver)sammlung	naspt, masp, zrch
i.d. Öffentlichkeit, öffentlich	ån aš, ånm

84 Krahmalkov 2000, 477. 475. Die phönizische Siedlung *Carthage* auf Zypern wurde früher gegründet als die nordafrikanische und viel berühmtere Stadt Karthago (814 v. Chr.).

85 Krahmalkov 2000, 77. Die Kolonie ADNIM ist bisher unbekannt.

86 KAI 121, 1/2. 126, 2. Krahmalkov 2000.

87 Friedrich/Röllig 1999, 219. 226. KAI 120.I: Friedrich/Röllig 1999, 149. KAI 80.I: Friedrich/Röllig 1999, 205. Möglicherweise sind hier die römischen Volkstribunen gemeint, die ab 457 v. Chr. als Zehnmänner-Gremium auftraten. Dies allerdings ausschließlich in gesetzgeberischer Funktion, nicht als Vorsteher zehn unterschiedlicher Heiligtümer.

2.6 Verwaltungsberufe

hoher Beamter	rzn
Verwaltungsbeamter	mjšŧsr
Beamter	mšŧr
Suffet (oberster Beamter/Richter)	špt
Suffeten (Magistrat)	špŧ
Senator	raš, sjnŧr
Tribun	mšl
Quästor	chšb
Aedil	mchz, åjdls
Regionalgouverneur	rb arts
Ortsvorsteher	bmlk
Präfekt, Bürovorsteher, Chef	adr
Richter	špt
Verwalter, Aufseher	årb
Verwalter	hbrk
Zollbeamter	mks
Steuereintreiber	gš
Schatzwart, Buchhalter, Rechnungsführer	mchšb
Aufseher	mškb
Kontrolleur	chzn
Schreiber	spr, šåŧr
Schreiber, Beamter	šamd
Schreiber	ŧpr
Korrektor/-in	qrjn, qrjnt
Siegelhalter	chtm
Straßeningenieur	pls
Dolmetscher, Übersetzer	mls, mlts
Dolmetscher, (Text)Ausleger	pjtrå
Lektor	qra
Sprecher	dbrm
Berater/-in	jåts
Vermittler, Mittelsmann	srsr
Vertreter, Abgeordneter	ntsb
Bote	hamlan, dr
Bote, Kurier	mlak
Erwecker	mqn
Zusammenrufer	knš, knša, knšj
Ausrufer	qra
Listenmanager	pqd
Beamter (ägyptischer)	ntsb

2.7 Verwaltungsarbeit

Verwaltung, Regierung	mpqd
Verwaltungsbeamter, Aufseher	mpqd
verwalten, beaufsichtigen	pqd
anfragen	bqš
Angelegenheiten	dbr
Bitte	dbr
fragen, bitten	šal
Schätzung, Bewertung	årkt
Abgabe	nšat
Tribut, Zahlung	mšat
Beitrag, Abgabe	btså
Abgabe, Taxe, Tribut	ånš
Gabe, Abgabe	jgn
beitragen, abgeben	btså
Steuer	båt, mkst
Steuereinnahmen	ånš
konfiszieren	gzl
sich einschreiben	ršm

registrieren, melden	ršm
Liste	ps, pås
sich etwas zu tun verpflichten	prt
Kündigungsschreiben	spr nqt
Erlaubnis, Genehmigung	p, pj
Aufträge, Anweisungen	ʦwt
zuständige Stelle	ŧna
Kollege, Mitarbeiter im Büro	chbr
öffentlichen Dienst leisten	pål
Autorität ausüben	tcht
Sagen, jemanden anweisen	dbr
arrangieren, ordnen	åzb
Dokument, Brief	spr
Buch, Dokument	ktbt
Spalte in einem Schriftdokument	dlt
Buchstabe des Alphabets	ktbt
buchstabieren	mnt
erklären, übersetzen	prš
lesen, verstehen	qra
Aufsicht	pqrjt
beaufsichtigen	pqr
Schätzung, Bewertung	årk
Genehmigung	mjnb
Genehmigung, Billigung	mʦbm
Genehmigung	mjʦb

Schreiber	spr
Schreibtafel, Buch/Codex	dlt
Schilfrohrstift	qn
Schreiben, (Schrift)stück	mktb, ktbt
blättern	mglt
zusammenfassen	knš
festlegen, niederschreiben	št
in ein Buch eingetragen werden	ålj
schreiben, aufzeichnen, beschriften, einmeißeln	ktb
schreiben	spr
Schrift (die)	tar
Wort	p
staatlicher Buchhalter	mchšb
ein Dokument besiegeln	chtm
Siegelhalter	chtm
Siegelring, Siegel	chtm
Stempel auf einem Siegelring	ŧbot
stempeln (Münze/Siegel)	ŧbå
etabliert werden, feststehen	kn
Textbehälter	maspt
senden	šlch
eine Vereinbarung einhalten	qm
Steintafel mit Inschrift	lch

„Phylas der Schreiber“ wurde mit **phlaš hspr**, „Phylas der Bote“ mit **phlaš hamlan** notiert. Ein phönizisches Stempelsiegel siehe bei Quattrocini Pisano 1983, 471-474.

3. Ökonomisch-imperiale Expansion

3.1 Natürliche Ressourcen und Begleitprodukte

Wasser	ms, mm, mjw
Wasserquelle	gl

Stein (roh)	ʦr
Bausteine (behauen)	abn, abw; åbn, åbw; hb, hbn, hbw

Kalkstein	åjn	Gold	chrg, chrts, hrts, ktm
Marmor	rchmt	Gold, pures	hrts mtm
Wald, Holz	åts	Silber	ksch, ksp, ss
Holz, Baum	jor, jr	Eisen	bdwl, brzl
Stamm, Wurzel	šrš	Blei	åprt
Holzarten (versch.)	brj, šjr, mr	rein	ŧar, ŧhr, zka
Zeder, Zedernholz	w	rein, pur	mtm
Fichte, Fichten	bš, bšm	Salz	mlch
Eiche	anw, jnn	Salzwerke	mmlcht
Holzkohle	pchs	nach Salz graben	mmlht
Kohlesteine (Braun-/Steinkohle)	pchm	Smaragd	brqwj
Schilf, Reet	qna	Elfenbein	šn, pl
Schilfrohr	qn	Glas	zbr
Metall	nskt, mskt	Lapis-Lazuli	aqna
Kupfer	nhš, nchš	Traganth-Gummi	nkat
Glanz (Kupfererz, Zinn?)	zhr		
Bronze	nchšt, chšt		

Abb. 10: Phönizier beim Fällen von Zedern. Wegen des auffällig geraden Wuchses sind möglicherweise auch Fichten oder Tannen gemeint oder es handelt sich um eine stark abstrahierte Darstellung: Während der unten zuvor ringsum angehackte Stamm an seiner dünnsten Stelle durchgesägt wird (Mitte), sichern ihn zwei Helfer mit Seilen. Weitere Helfer lenken ihn per Hand vorsichtig in die richtige Richtung (rechts). Offenbar ging es darum, ein vorzeitiges Brechen bzw. Splittern des hochwertigen Holzes zu verhindern (Flachrelief des 13. Jhdts.v.Chr. aus Karnak/Ägypten. Lipinski 1981 Fig. 48. Zeichnung: SB)

Materialbezeichnungen wie „*aus Bronze*“ (**knkchšt**) oder „*silberne Becher*“ (**qbå ksp**) konnten zusätzlich durch Qualitätsadjektive wie etwa „*gemacht aus feinstem Kupfer*“ bzw. „*aus erstklassiger Bronze*“ (**brašt nchšt**) ergänzt werden[88].

3.2 Schiffe, Wagen und Zubehör

Da es in sehr vielen Inschriften um religiös motivierte Bitten, Danksagungen und Verwünschungen geht, treten Schiffe und Wagen nur in den eher seltenen Herrschaftsregesten auf oder sind in altkanaanäischen Fremdwörtern erhalten. Ein Teil der nun folgenden Termini stammt aus anderen Sprachen, ein anderer Teil bezieht sich nicht ausdrücklich auf Land- oder Seefahrzeuge; es soll nur gezeigt werden, dass die phönizische Sprache über die entsprechende Begrifflichkeit verfügte[89]. Zur phönizischen Schifffahrt vgl. deswegen die Einleitung.

Flotte, Schiffe	an	Seemann, Matrose	chbl
Barke	ŧrt	Seemann, Nautiker	mlch
Frachtschiff	br	Sitz, Platz, Bank	jšb
Handelsschiff	*gwl	Sprossenleiter	ål
Kutter	kmrj	Einfassung, Geländer, Reling	måq
Kanu	krsj	Beschlag, passend	jaj
Schiffstyp, Gerät	kr	Schnur, Kette	chrz
Schiffstyp	krr	Schnur	ptr
Schiffstyp	*sll	Band	ps
Schiffstyp	*mslt	Vorderseite (Bug)	qbl
Schiffstyp	*krkrh	Ramme	jbl
Schiffstyp	*kbnt	rammen, stoßen	ajl, jbl
Arche	arn	Rückseite (Heck)	ŧshr, ŧsd
Ausfahrt	mŧsa	Mastbaum, Mast, Schaft	trn
Reise, Seereise	drk	hoher Platz	mrm
reisen, segeln, entsenden	hlk	Top, Platz oben	mål
segeln	ålj	tanzen, springen	mrqd
Insasse	mwrt	Tanz, Sprung	rqr
Seefahrer, Kapitän	*all	Leinenbespannung	mswt

88 KAI 31,1 A. Krahmalkov 2000, 438.

89 Vielleicht ist mit der inschriftlichen Formulierung „*Hanno der all*“ „Hanno der Seefahrer/Kapitän“ gemeint. CISi 360, 2/4. Krahmalkov 2000, 52.

Webstück, Tuch	šwr
durchstechen, durchbohren	chll
zerreißen, ausreißen	lpp
Horn	qrn, q̣rw
Klang, Schall, Ton	ql
Trommler	mtpp
Baumrutsche	štl
Fangnetz (Fischerei)	mlqch
Netz	šn
umkippen, kentern	hpk
untergehen	jrd, šbt
Untergang	mt
sinken, herabsinken	chrm
Wagen, Karren	åglt
Karren	mrkbt
Ochsengespann	smdt
Streitwagen	mrkbt, rkb

Streitwagen (Zweispänner)	åglt
Quadriga (Vierspänner)	qådrjgå
Streitwagen, hethitischer	ŧprt
Pferd	ss
Zaumzeug	hnr
anspannen, anschirren	asr
Deichselstange, Stange, Schaft	tr
Verbindungsstück, Gelenk	šlb
Rad	glgl
Rand	qtst
Umrundung, kreisf. Konstruktion	mågl
Streitwagen-Teile (div. unbek.)	ådr, bt, mšj, hb, kt, tchr
Wagenlenker, Fuhrmann	schb
Wagenlenker	kt, ktn; kd, kdn
Wagenbauer	chrš åglt
ganz, komplett, intakt	šlm
Verschleiß	b
wiederherstellen, überholen	chwj

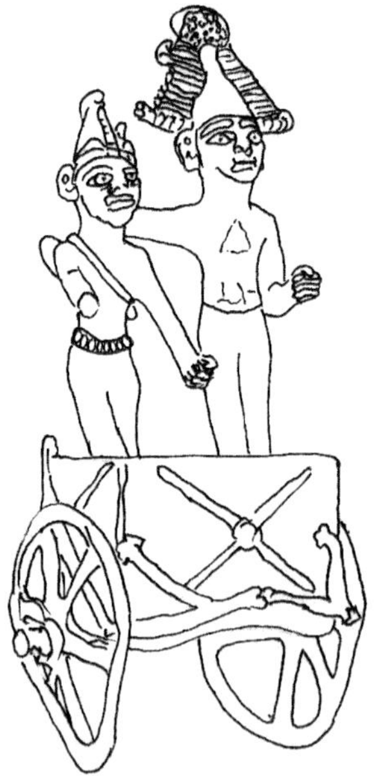

Abb. 11: Phönizischer Streitwagen aus Tartessos, Bronzestatuette, 6. Jhdt. v. Chr. Der Wagenlenker trägt Helm und Pfeilköcher und transportiert einen König oder eine Gottheit. Der Beifahrer greift mit dem rechten Arm zum Köcher des Wagenlenkers; in der linken Hand trug er wohl ehemals einen Bogen (Vatikanische Museen Rom, Villa Giulia. Lipinski 1981 Taf. 3. Zeichnung: SB).

3.3 Geographie, Geologie, Astronomie und Klima

Natur	ałwmłå
Erde, Land, Welt	ard, tbl
Sonne	šmš
die Sonne von	š-
Aufgang	mʦa
Osten, Sonnenaufgang	mʦ[a]-[h]šmš
Osten, Sonnenaufgang	jʦa
südlich, unterhalb (geogr.)	tcht
Untergang	mba
Westen, Sonnenuntergang	mba [h]šmš
Norden	ʦpw, ʦpn, ʦpl
nördlich	pnj
Mond	jrch
Vollmond	ksa
Neumond	chdš
Tag	jm
Morgendämmerung, Tagesbeginn	šchr
Osten	mʦa
Abenddämerung, Tagesende	ålʦ
Abend	rwh
Westen	mba
Dunkelheit	khn, chšk
Nacht	ll
Stern, Sterne	kkb, kkbm al
Himmel(sgewölbe), Firmament	šmm
Firmament	swb
Frühling, Frühjahr	ån
Sommer	qʦ
Herbst	npl
Wind	rch

Beben auslösen, erschüttern	rål, råš
Erdbeben	råš
Blitz	brq, brqn
Meer, die See	jm, jms, js
niedrig	tåt, tcht
Tor des Meeres, Meerenge	dl
Seegebiet	jm
Insel	aj
Land am Meer	aj
Landzunge, Kap, Vorgebirge	rš, raš, ršj
Felskopf, Kap	rš, raš, ršj
Bucht	mchz
Fels, Felsen	ʦr
Fels	chn
Ende	qåt
fernes Land	aj
Festland	swb
Inland (kein Seegebiet)	šd
Fläche	ps
Ebene	åmq
glatter Boden	hrkt
Steinhaufen, Geröll	krkr
Wüste	chrb
Wasserquelle	åw
Teich	phrt
Wadi, Bach	nhr
Flusstal, Tal	åmq
Wasserlauf, Flussbett	tålt
Fluss	mlcht; mgd
Strom	jbr

Gebiet jenseits des Flusses	åbr
Berge, Bergland, Gebirge	hr
Schlucht	åmq
unter, darunter	tch
Hohlraum, Grotte, Höhle	nq
Höhle	mgrt
Gipfel, Spitze	rš, raš, ršj
Bergkopf, Kuppe	rš, raš
Grat eines Hügels/Berges	škm
Pass	nrb
Passhöhe	måbr
Schnee	sar, šrk
hoch, erhaben (räuml.)	rm
hinunter	tcht
Tal	gh, gj, åmq
(Binnen-)See	ša

3.4 Landnahme und Eroberung

Erde, Welt	arts
Richtung	kbr
abgelegene Region	qtst, qtsjt
entferntes Gebiet	qtst, qtsjt
abfahren, abreisen	brch
Reise, Seereise	drk
entfernen	chsp, npq
„von Sonnenaufgang an“	l m mts šmš
Schnauber, Pruster (Ungeheuer)	nchr
weit, entfernt	rchq
suchen, Ausschau halten	bqš
Landzunge, Kap, Vorgebirge	raš
offene Augen, mit geöffneten Augen	glån
Sicht, Anblick	ån
auf etwas stoßen, finden	pq
finden	bqš, pwq
entdecken (finden)	glj
entdecken, aufdecken	tgl
Flussland	a, msktz
„dieses ganze Flussland“	kl hmsktz
Land	admt
„in den Ländern“, „im Lande“	barach
Festland	swb
Wasserquelle	mqr
Land, ethnisches Gebiet	šd
Bereich, Gebiet, Gegend	mqm
Gebiet jenseits des Flusses	åbr
Dickicht, Holz	jår
Weg, Pfad, Gang	lsr, drk, sll, mslt, nalk
Aufsässiger, Aufsässige	mlts, mltsm
Versteck, Schlupfwinkel	mstrm
Vermittler	šbw
in Fels ritzen, gravieren	nqb
vertreiben, verdrängen	grš
etwas in Besitz nehmen	pq
Siegeszeichen, Trophäe	trpj
Aufenthalt	wjat
bleiben, verweilen	jšb, bqj, šbw
Fichte, Fichten	bš, bšm
Zeder, Zedernholz	aw
einen Baum fällen	štl
sägen	grr

ausrotten qtsj
herausziehen, abreißen nso
abschneiden, abschlagen qtsj
ausreißen nså
bloßlegen, freilegen årj
herunterdrücken, brechen, etwas umkippen dchj, dchch
beseitigen trq
anzünden, abbrennen bår
anzünden qdch
löschen jmch
Licht ar
Sammelplatz maspt
Lagerstätte, Ruhestätte mškb, mšbb
ein Lager aufschlagen, lagern chnj
Lager, Camp chgj, mchgt, mchnt
Zelt chnt
Zeltstadt, Zeltdorf chwt
Feuerung, Feuerstelle mkår
Flamme rhb
Schatten, Flamme ršp
Schellen- oder Trommelschläger mtpp
Vermesser mdd

Messung, Vermessung mdt
Bodenbearbeitung chrš
annektieren, hinzufügen jsp
Gouverneur, Autorität mšpt
hoher Platz padj
Land, Gebiet adjw
Wachsamkeit šmrt, mšmr
beschützen chtsr
umschließen, dicht herum chtsr
Schutz, Sicherung mtsrt
graben k-r-j
Wall, Festung åz
überschreiten ålh
sich ausdehnen, strecken šlch
Land besiedeln chtsr
sich niederlassen škn
Ort, Stätte, Stelle tar, ašr
Land, Areal, Region, Gebiet arts
Gebiet, Bezirk plg
verlängern tark
Grenzstein, Meilenstein abn
verlassen hlk

Beim ‚Schnauber' oder ‚Pruster' handelt es sich um ein Seeungeheuer; der Name ***nchr*** ist wohl dem assyrischen Wort für ‚Seeungeheuer' (**na-hi-ra)** nachgebildet. Möglicherweise sind Flusspferd, Robbe, Seelöwe etc. gemeint.

3.5 Freilebende Tiere

Tier chjt
Wild tsd
Affe (Meerkatze) gf
Ameise nml

Biene dbr
Elefant kjšr
Falke bjk, hår, nts
Fisch br

Fledermaus	åtlbt
Floh	pråš
Frosch	krr
Habicht	tsts
Heuschrecke	jlq
Hirsch	ajl
Hirsch, Hirschbock	ajr, jjr
Hirschkalb	tsrb
Kröte	qrr
knurren	ln
Löwe	rjål, lba, ar, arw, jr
Löwenjunges, -welpe	gr, kpr
Maus	åhbr, åkbr
Panther, Leopard	nmr
Puma	lba
Rebhuhn	qq
Schakal	tn
Schlange	tnjw
Skorpion	nrj
Vogel	tspr
Vogel auf Säule (evtl. Adler)	åpt
Wiesel	chld
Wildschwein	ånzr
Wildvogel	tsts

Abb. 12: Abbildung eines Elefanten auf einer neupunischen Drachme Jubas I., 60-46 v. Chr., Aufschrift v.r.o.n.l.u.: **s jwb åj h mmlkt** = etwa: Leben und Herrschaft des Juba (Schröder 1983, 283 u. Taf. 18, Abb. 41).

3.6 Siedlungs- und Ortsgründung

ebene/geebnete Region	šd
Garnison	asr
Zuteilung von Land	grl
zueignen	jchš

Flurstück, Feld	šd
Anlage	chgr
Ausrichtung (architekt.)	kbrt
Wall	ŧnnt, trrt, trtt
Graben	šgr
Kanal, Graben	chj
Zaun	ggp
zum Platzieren veranlassen	št
Tränkrinne, Schöpfrinne	mšab, šab
Teich	sp
Fundament, Gründung	rqa
gründen, aufstellen	jšr
gründen, errichten	nch
Leiter, Treppe	slm
Sprossen einer Leiter	šlb
ein Gebäude aufrichten	ålj
bauen	bn, pål, mbnt
Gestell eines Hauses, Rohbau	tålbt
ein Gebäude vergrößern	dchj, dchch
fertigstellen	klj
schließen, verschließen	nål
Dorf, Ortschaft	chwh
Ortschaft	åm
Ort, Örtlichkeit	mqm

3.7 Stadt- und Koloniegründung

gründen (eine Stadt)	pål
eine Stadt/Kolonie gründen	bnj
eine Stadt/Kolonie ausstatten	bnj
Menschen an-/umsiedeln	jšb
Menschen ansiedeln	nʦb
deportieren, ein Volk umsiedeln	jrd
Mutterland	arʦ
Mutterstadt (einer Kolonie)	am
Mutterstadt (einer Person)	am
Brunnen	bar
Zisterne	sp, bʦar
Wasserleitung	šllch
Pflanzungen	mtʦs
Steinbruch	mchʦb
Steine brechen	chʦb
Steinblöcke behauen	chʦb
Spitzhackenträger	klb
behauener Steinblock	pslt
behauene Steinsäule	pslt
Erzschmelze, Rennofen	mʦrp
Becken, Hafenbecken	sp
Hafen (Bucht), Markt, Forum	chz, mchzt
Rundhafen/Kothon	ktn
befestigter Bau	mʦr
Lagerhaus, Depot	mpqd
Reservoir, Speicher	åqr
Treppe, Aufgang	sls, ols
Podium, Bühne	pdj
Käfig, Gefängnis	klb
Gefängnis	šår
Kerker	kri, krn
Fahrbahn, Straße	drk, chʦ, mslh
Straße	knr, kr

Oberste Stadtgottheit	rb	Territorium eines Stadtstaats	gblm
Münzen prägen	mpåm	Gebiet, Distrikt	plg
Münzprägestätte	mhlm	Garnison, Vorposten, Kolonie	mtsb
Grenze, Bezirk (einer Stadt)	gbl	Hauptstadt, Metropole	ktrt
Mauer	chgr	Territorium vergrößern	rchb
Mauer aus behauenen Steinen	gzt	Provinz eines Landes	artst
Stadttor, Tor	šår	Staat, Distrikt	arts
Turm	mktr	Vasall sein	åbd
Burg	hrd	Untergang	mt
Kaserne	tgp, tpg	Trümmer, Ruinen	mplt
Säulenhalle, Kolonnade	šrdt, strt	Ruine	tjl
Graben, Kanal	tålt	Ende	qåt
Ortschaft, Stadt	kpr	wiederherstellen	chwj
Bezirk einer Stadt	mqm, år, qart, qrt		

Zu den beiden letzten Themenbereichen fanden sich mehrere epigraphische Hinterlassenschaften, die unter dem Phönizierkönig Aztwadda (**aztwd/aztwdj**) gemeißelt wurden. Die Gebäudeinschriften enthalten eine Art Tatenbericht (res gestae, Regesten) des Königs aus der Mopsiden-Dynastie, die seit dem 8. Jhdt. v. Chr. den Staat Emeq (Omqadu, Karatepe, Adana) im Adana-Tal (**åmq adn)** regierte[90]. Als neue Hauptstadt gründete und befestigte er eine Siedlung seines Namens (**atswdj**, Aztwaddija) umgangsprachlich auch ‚Baal' genannt[91]: *„Ich baute diese Stadt als Schutzpalast für das Tal von Adana und das Haus des Mopsos*"[92]. Da die Stadt palastartig ausgerüstet war, umringten sie Mauern und Tore. Ein Teil der Bewohner bestand offenbar aus Kriegern mit der Aufgabe, das gesamte Tal zu beschützen. Über dem Stadttor machte Aztwadda dessen strategische Bedeutung inschriftlich unmißverständlich klar: „*Und* [falls] *er* [ein Feind] *dieses Tor aufreißt, das Aztwadda gemacht hat, werde ich für sie* [die Stadt] *ein anderes Tor machen und ihren eigenen Namen darauf setzen, ob er es aus Liebe, aus Hass oder Bosheit herausreißt*"[93]. Ganz gleich, wer oder aus welchen Gründen jemand das Tor zerstören würde, es müsste neu erbaut werden und

90 Krahmalkov 2000, 303. Es handelt sich um das Adana-Tal an der Südküste der Türkei.
91 KAI 26 AII 17. Krahmalkov 2000, 115.
92 KAI 26 A II 9/14. Krahmalkov 2000, 318. Zu Mopsos vgl. Barnett 1953.
93 KAI 26 A III 15/17. Krahmalkov 2000, 330.

den Namen ‚Aztwaddya' tragen. Im Schutz der Mauer konnte die Stadt dann eingerichtet werden; zumeist sorgte eine eigene Verwaltungsstelle für den Straßenbau: „*Die Straßenverantwortlichen führten diese Straße zum Bezirk des Neuen Tors und eröffneten sie im Jahr der Suffiten Safot und Idnibal*"[94]. Neue Stadtgottheit von Aztwaddya wurde der Baal von Krantaios, ein ansonsten unbekannter Lokalgott: „*Und ich baute diese Stadt und nannte sie Aztwaddya, und ich ließ Baalkrntrjš darauf wohnen*"[95].

Abb. 13: Phönizischer Grabstein in Form einer Stadtmauer mit Türmen und Tor aus Tharros, 6. Jhdt. v.Chr. (Archäologisches Nationalmuseum Cagliari. Lipinski 1981 Fig. 244. (Zeichnung: SB. Strichlinie rechts Bruchstelle des Funds, Torstrichelung anhand nur schwach sichtbarer Rillen auf dem Stein rekonstruiert).

Nach der Stadtgründung ging Aztwadda folgendermaßen vor: „*Ich vergrößerte das Territorium des Adana-Tals von Osten nach Westen*"[96] „*Und ich baute starke Verteidigungsfestungen in allen Randgebieten entlang der Grenze, wo es böse Männer, Banditen gab*"[97]. „*Und ich habe dort Danuniten angesiedelt, so dass sie zu meiner Zeit im gesamten Gebiet des Tals von Adana von Ost nach West lebten*"[98]. „*Zu meiner Zeit*", so erklärt Aztwadda weiter, „*besaß das Land des Tals von Adana reichlich Nahrung und Besitz*"[99].

Bei dieser Erweiterung des Stadtgebiets bis zu den natürlichen Grenzen des Adana-Tals ließ es Aztwadda jedoch nicht bewenden: „*Ich eroberte mächtige Länder im Westen, die die Könige, die mir vorangingen, nicht erobert hatten. Ich, Aztwadda, habe sie*

94 RCL 1966, 201, 1.2. Krahmalkov 2000, 178. Diese Inschrift bezieht sich auf die phönizische Stadt Lix in Spanien.
95 KAI 26 A II 17/19. Krahmalkov 2000, 217.
96 Literarisch ausgedrückt: „vom Aufgang der Sonne bis zu ihrem Untergang". KAI 26 A I 4/5. Krahmalkov 2000, 269.
97 KAI 26 A 13/14. Krahmalkov 2000, 76.
98 KAI 26 A I 21- II 3. Krahmalkov 2000, 234.
99 KAI 26 A II 15/16. Krahmalkov 2000, 222.

besiegt; und ich deportierte sie [ihre Einwohner] *und siedelte sie in die äußeren Teile meines Territoriums im Osten um, und ich siedelte dort* [in den eroberten westlichen Gebieten] *Danuniten an*"[100]. Leider sind die neu eroberten, mächtigen Westländer nicht näher genannt[101]. Immerhin wird aber eine koloniale Strategie deutlich: Die Einwohner der eroberten Gebiete wurden in das Ausgangsland deportiert, wo man sie besser beaufsichtigen konnte, und gleichzeitig durch Einwohner der Mutterstadt ersetzt. Sicherlich handelte es sich bei diesem Tausch vorwiegend um Leitungs- und Verwaltungspersonal. Der Vorgang war wiederum mit dem Bau von Burgen bzw. Festungen in den Kolonien verbunden: „*Und ich habe an diesen Orten schützende Festungen gebaut, damit die Danuniten in Frieden leben können*"[102], ein Anspruch, der in „*allen Zeltdörfern und in allen besiedelten Ländern*" durchzusetzen war[103]. Auf diese Weise - und durch das Hinterlassen von Schutz- bzw. Besatzungstruppen - war sichergestellt, dass von den eroberten Ländern bzw. neu gegründeten Kolonien keine Gefahr für das Mutterland ausging. Alle Gebiete - auch die neu hinzugewonnenen - wurden mit entsprechenden Grenzsteinen markiert, in den Städten allmählich auch Gedenksteine (Stelen) zu verschiedenen Zwecken errichtet.

Abb. 14: Votivstelen mit dem ‚Tanitzeichen'.und anderen Symbolen, 3.-2. Jhdt. v. Chr. Deutlich sichtbar die Einlassungen für die Aufschriften (El Hofra, Constantine, Louvre Paris. Lipinski 1981 Fig. 307-309).

100 KAI 26 A I 1 II. Krahmalkov 2000, 215.
101 Möglicherweise meint Aztwadda u.a. das Königreich von Samal (***jadj***) im heutigen Syrien mit der Hauptstadt Zinjirli/Zincirli. Die „mächtigen Länder im Westen" hätten dann an der türkischen Mittelmeerküste oder noch weiter entfernt gelegen.
102 KAI 26 A I 17/18. Krahmalkov 2000, 189.
103 KAI 161, 9/10. Krahmalkov 2000, 180.

3.8 Stelen, Denkmäler und Statuen

aufrichten, errichten ntsb

bauen, eine Stele errichten bnj

eine Stele aufstellen št

eine Stele errichten šm

ein Denkmal/Monument errichten, aufrecht stellen, festsetzen ŧna

Stele abn, gåb, mktsbt, ntsb, tstt

Stele (privat gestiftet) mtt, mtnt

Stele (Grenzstein) mtsb, mtsbt

aufgestellte Stele mtsna, mŧna

Gedenkstätte, Denkmal skrn

Denkmal skr

Gedenkstein, Gedenksäule nzb

Gedenkstein, Gedenksäule mtsbt skr

Denkstein, Denksäule måbt

einmeißeln, aufzeichnen ktb

Steinplatte, Platte, Tafel, Stele ps, pss

Inschrift, Gravur ps, ptch

Inschrift spr

Steintafel mit Inschrift lch

bronzene Gedenktafel dlt

Steinstatue qtsb

Statue chnwŧ, jtsq

Skulptur, Plastik chrŧ

Abb. 15: Phönizische Stele mit Schiffsdarstellung, zwei ‚Tanitzeichen' und Zepter als Herrschaftssymbol (Mitte). Offenbar eine Seehandels-Markierung an kolonialen Ankerplätzen oder Häfen (Zeichnung: Thiollett 2005, Taf. 4, (Ausschnitt).

Dass Stelen den unterschiedlichsten Zwecken dienen konnten, erhellt schon aus der Vielzahl von Begriffen für Schriftsteine. Von großer politischer Bedeutung war es, die „*Grenzen des Wohnens*“ (**gblm lšbtm**; gebelim lesibetim), also das um die erste Siedlung oder um die spätere Stadt herum befindliche ländliche Territorium mit Grenzsteinen zu markieren. Sodann gab es den religiös motivierten Opferstein, der aus bestimmten Anlässen einer persönlichen, lokalen oder übergeordneten Gottheit geweiht bzw. gestiftet werden konnten. Eine der vielen aufgefundenen Aufschriften lautet: „*Idnibaal, der Sexiter aus der Nation Lixus, weihte diese Stele und errichtete sie an der Straße zu seinem Herrn*“[104]. Der Stein aus dem atlantischen Lixus befand sich also offenbar an einem Tempelweg, an dem sicherlich viele ähnliche Weihesteine aufgestellt waren. Weiterhin konnten sich Bürgergruppen zusammenschließen, um sich mit einer Schriftstele für eine göttliche Wohltat zu bedanken oder um eine solche zu bitten. So tritt u.a. die Berufsgenossenschaft der Buntwirker als Stiftergemeinschaft auf oder es findet sich die Unterschrift „*von den Einwohnern von ...*“ (**mgål/mpål**) gestiftet. Schließlich ist der Meilenstein zu erwähnen, der als Wegmarkierung diente und zugleich die Entfernung vom oder bis zum nächsten Stein angab: „*Von dem Stein, der bei/auf der Sjwot liegt, bis zu diesem Stein sind es zweihundertvierzig Stadien*“[105]. Die Formulierung „*von dem Stein an*“ lautet **l m b abn**[106]. Die Aufgabe, die Wege in den Kolonien entsprechend zu bezeichnen, oblag den Statthaltern bzw. Provinz-Gouverneuren: „*Wth, der Statthalter der Provinz Thusca, errichtete diesen Meilenstein*“[107]. Auf vielen phönizischen Stelen tritt zu Ehren der gleichnamigen Göttin das ‚Zeichen der Tanit‘, eine stilisierte Frau mit erhobenen Armen, auf[108].

4. Handel und Ökonomie

Im Vergleich zu anderen prähistorischen und historischen Kulturen bietet die phönizische Sozialstruktur eine Besonderheit: Auch wenn die Staatsform monarchistisch ausgelegt war, gab es keinen Geburtsadel (Aristokratie). Die einflussreichste Sozialschicht nach Priesterschaft und Militär waren die Kaufleute bzw. Großhändler, die die Technolgie (Wagen und Schiffe) zur Verfügung stellten, um die Bodenschätze und Ressourcen der Kolonien in die Mutterstädte zu schaffen oder anderweitig zu verkaufen.

---

104 KAI 170, 1/3. Krahmalkov 2000, 152.
105 KAI 141, 4/5. Krahmalkov 2000, 70.
106 Friedrich/Röllig 1999, 181.
107 KAI 141,1. Krahmalkov 2000, 74. Die Lautung des Namens WTH ist unbekannt [wohl: Utah oder Uteh], ebenfalls die Kolonie Thusca [nicht: Etrurien = ***trs***].
108 Zum „Zeichen der Tanit“ vgl. Lipinski 1982, 416/417 u. Fig. 310.

Der Beginn einer solchen Kolonialisierung war wohl die Aussendung von Frachtseglern auf Erkundungsfahrten. So sagt ein König aus Byblos: *„...und ich schickte/segelte Frachtschiffe auf ferne Reisen“* (**wdrkm rchqm jlkt brrm**)[109].

Da die gesamte phönizische Koloniegründung eine materiale Ausbeutung der friedlich besetzten oder militärisch eroberten Gebiete bezweckte, nahm der Kaufmann bzw. seine Kaufmannschaft eine ökonomische Vorrang- und Machtstellung ein, die sich auch gesellschaftlich und politisch auswirkte: An den Wünschen und Zielen der Kaufleute kam kein König oder Statthalter vorbei, wenn er den Wohlstand seiner Bevölkerung wahren wollte. Allerdings glich die Gründung einer neuen Kolonie in fernen Ländern zunächst einer „kommerziellen Diaspora“, solange der politische, militärische und ökonomische Rückhalt zur Mutterstadt nicht dauerhaft gewährleistet war. Die Kaufleute der neuen Kolonie bzw. ihrer Hauptstadt dürften demzufolge auch mit schneller erreichbaren, möglicherweise zunächst feindlich gesonnen Landesbewohnern Handelsbeziehungen eingegangen sein. In den phönizischen Niederlassungen und Städten spielte sich der Handelsverkehr vorwiegend an zwei Orten ab: Am Handelshafen, dem Platz für den Im- und Export größerer Warenmengen und Ressourcen aller Art sowie auf dem in der Stadt befindlichen Marktplatz, wo kleinere Geschäftsleute Nahrungsmittel und Luxusartikel anboten und sich die Einwohner nach Bedarf eindeckten.

4.1 Kaufleute und Unternehmer am Handelshafen

Macher, Unternehmer	pål	Reichtum	hwn
Besitzer, Eigentümer	bå	Buchungen	mtrm
Kaufmann, Händler	schr	Lieferant	šlk, prt
Kaufleute	mtrm	liefern	šlk
Händler, Kaufmann, Verkäufer	mkr	Garantie	årb
Geschäftsmann	mkrå	abgleichen, vergelten	šlm
Kaufmann	shb, schb	geben	tntw
Kaufmannschaft	schrt	Ehrlichkeit, Wahrhaftigkeit	kt
besitzen	bobr, bt, bnt	Vervollständigung	tklt, tklat, tqlht
gehören, haben, besitzen	kn	bemerkenswert	ajl
Vermögen, Reichtum	chl	ausgezeichnet	alm
Wohlstand, Reichtum	rwch	äußerst, reichlich	brbm

109 Text Byblos 13 in Röllig 1974, 2 Zeile 3. Krahmalkov 2000, 152.

wenig	ʦår
Zwischenspeicher	mstr
Menge, Quantität	mst
Lagerraum in einem Depot	slmt
beschäftigen	mjpål
Aufseher	mškb
Zurückweisung, Entlassung	pŧrt
Schlepper, Spediteur	grr
rollen	mglt
daraufrollen, belasten (beladen)	glgl
Wagenlenker, Fuhrmann	schb
Wagenlenker	kt, ktn, kd, kdn
Schlepper, Träger	schb
abladen, herunterbringen	jrd
Tragstange	nb
laut	lmdt
plaudern	bd
transportieren, bringen	nša

Abb. 16: Portraitbüste aus Cagliari/Sardinien, 5. Jhdt.v.Chr., wohl ein phönizischer Kaufmann (Katzenstein 1983 Taf. LXVII.1).

4.2 Verkauf auf dem Marktplatz

Übermaß	bdjw
Angebot	jša, mgn, nša
Anbieter	mškl, prŧ, šlk
ehrlich, rechtschaffen	måšrt
anbieten	hlk, kbl, šlk, ndr, nša, pʦa
ausreichend	d
erübrigen	gmr
verkaufen, zum Verkauf anbieten	mkr
verkaufen	qnj
ausleeren, auskippen	årj
arrangieren	krt
Angebotstisch, Warentisch	nʦb
landwirtsch. Waren verkaufen	ptch
rufen, anrufen	qr

bedienen	åbd
(vor)zeigen, geben	jtn
beste Qualität	rašt, ršt
gemacht aus	b
abwiegen	šql
zulegen, anbieten	ålj
Teil, Portion	nqšm
übrig, restlich (Adv.)	jtr
Betrag	mdt
genaue Vergütung	chlpt

Tauschhandel, (-geschäft)	jtn, chlpt
geben	ntn
(etwas) abgeben	šlk, jtn
zusammenbinden	agd
einwickeln, verpacken	åŧp
gewinnen	btså, ntsch
aushändigen, liefern	šlm chlpt
bringen	lqh

Abb. 17: Dass Warenverkauf nicht überall gern gesehen war, zeigt diese Szene, in der ein assyrischer Soldat eine (phönizische?) Händlerin abführt. Sie trägt ihr Angebot in Säckchen bzw. Beuteln mit sich (assyr. Flachrelief, 7. Jhdt. v. Chr., Rijksmuseum van Oudheden Leiden. Zeichnung: SB).

4.3 Einkauf auf dem Marktplatz

benötigen, fehlen	chsr, mchsr
nachfragen	drš
berühren	nnå
schauen	jbqš

kaufen, (an)nehmen, erhalten	lqh
(an)kaufen, (etwas) erwerben	qnj, mtsa
kaufen, erwerben	krj
Erwerb	mqwa

erhalten, erlangen, bekommen	pq
nehmen	nša
bezahlen	mchj, šlk
Geldausgabe	klt, tklt
vorteilhaft	mhšårt, jšr, måšrt
kostenlos	chnm
entfernen, wegschaffen	sr

4.4 Tauschhandel und Geldverkehr

Tauschhandel, (-geschäft)	jtn, chlpt
Kassierer, Buchhalter	mchšb, chšb
Berechner	mchšb, chšb
Kosten, Preis	tmn, tmm
Preis	mšat
etwas kosten/wert sein	b
Tarif	båt
Summe, Gesamtbetrag	tm
Menge, Summe	mšch
Rechnung	qra
zu einem Preis von (Ausgabenbetrag)	b
finanzieller Beitrag	mbʦo, mša
fällige Zahlung	mšat
gesetzte [z.B. Frist]	ɫnt
Kosten, Ausgaben	tklt, tʦat
Ausgaben	tåat
auf seine eigenen Kosten	btm
freiwillig gratis abgeben	chnm
ausgleichen, entschädigen	šlm chlpt
Vorauszahlung	odw
sich mit jdn. etwas teilen	nša
sich Geld teilen	šbt
Schuldenerlass	nqt
in Zahlung nehmen für	ål
in Austausch für	b
Kaufpreis, Tauschgeld	mhr
loskaufen, auslösen	lqh
Zahlung, Bezahlung	ʦd
zahlen, bezahlen	šlk, jtn
Entgelt	dnr
Verzinsung, Zinsen	trbt šqlt
Geld holen/abheben	nša
Geld zählen	ch-š-b
genau, abgezählt	aspdw
Geld ausgeben	jʦa, klj
vollständig zurückzahlen	šlm chlpt
Rest	achrj
Gewinn, Nutzen	pqt
Verlust, Geldverlust	rcht

4.5 Münzen und Währungen

Währung (einer Region)	ɫbå
gestempelte Metallplatte, Barren	mrqå
Münze	kndr
Geld, Silbergeld (z.B. Drachmen)	ksp
Geldstück (unbek.)	pa
Dareikos (pers. Währung)	drkn

Daric (pers. Münze)	drkw	Gewichtszeichen (Abk.)	p
Drachme (gr. Währung)	drkmn	Münzwert oder Gewicht	qtsr
Dinar (röm. Währung)	dnårja	kleine Münze, Münzwert oder Gewicht (Abk.)	qr
Quadrans (Vierteldinar)	kndrs	Münzwert oder Gewicht	qpa
Münzwert oder Gewicht	agrt	Gewichtszeichen (Abk.)	q
Viertelmünze (Silber) (Abk.)	zr	Talent (Münzgewicht)	krr
Münzstück („Viertel")	rbå	Münzwert oder Gewicht (Abk.)	kr
Münzwert oder Gewicht	prts		

In einer stark durch den An- und Verkauf von Waren bestimmten Gesellschaft spielte der Geldwert von Handelsgütern eine große Rolle. Dies zumindest seitdem der Tausch von gestempelten Kupfer- und Bronzebarren gegen Naturalien durch die Einführung von Münzen mit festgelegten Wertigkeiten abgelöst wurde. So etwa waren die - gern für Opferzwecke eingesetzten - Geflügelarten **chzt**, **šsp**, und **ognn** pro Stück 2¾ **zr** Silber wert[110], aus einem anderen inschriftlichen Vermerk geht hervor, dass ein Arbeitgeber „*an die Spitzhackenträger und Sägearbeiter 3 qr und 3 p*" bezahlt habe[111] - sicherlich keine Stunden-, sondern Tage- oder Wochenlöhne, „zehn Stück Silber für jeden" (**ksp åšrt bachd**) dann sicherlich der Lohn für eine längere Tätigkeit.

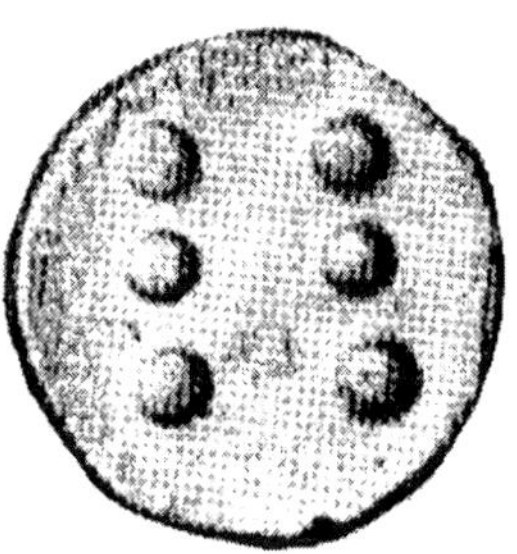

Abb. 18: Bronzemünze aus Palermo, 430 v. Chr., mit der punischen Aufschrift **šjš/šš** (sis/sechs) Die Punktzählung ist offenbar für Nichtleser gedacht; zugleich wird der Geldwert des abgebildeten Hahns festgelegt: Entweder genügte der hier gezeigte ‚Sechser' oder ein Hahn kostete sechs dieser Münzen (Lipinski 1981 Fig. 253.1).

Durch den Kontakt mit der persischen, griechischen und römischen Kultur wurden schließlich auch die dort gültigen Währungen und Gewichte in das Geschäftsleben einbezogen. So konnten Gebäudeteile oder Statuen „*zwei Talente Gold*" oder „*hundert Talente Silber*"[112], günstigere Güter „*achtzig Dinare* [**dnorjo šmnm**] *und neun Quadrans*" kosten[113]. Auf den Märkten wurden beispielsweise „*Talente von Rosinen*" (**kkra**

110 KAI 69, 11. Krahmalkov 2000, 181. Es wird sich um Hühner, Enten oder Gänse gehandelt haben.
111 KAI 37 A 16, B 10. Krahmalkov 2000, 227.
112 Krahmalkov 2000, 225.
113 KAI 130, 2/3. Krahmalokov 2000, 233. Zu den Kardinal-, Ordinal und Bruchzahlen vgl. den entsprechenden Abschnitt.

åmq) umgesetzt, wobei durchaus *„zehn Talente Rosinen“* (**åsr kkra tsmq**) ihren Besitzer wechseln konnten.

4.6 Gewichte

Gewicht (generell)	mšql	Mine	mkh
Gewichtseinheit (generell)	tbå	Sanab	snb
Genau bemessen	mrt	Schekel	ntsp, šql
Litra („Pfund“)	ltr	Stater	strja
einhundert Pfund	ltrm mat	Talent	kkr, åmq
Meskal/Miskal	mšql, mšqal		

Zwischen dem 14. und 13. Jhdt. v. Chr. wog der ugaritische Shekel zwischen 9 und 9,9 Gramm, im 1. Jtsd. v. Chr. ergaben dort 60 Shekel eine Mine (500 g), der Shekel schlug demnach nur noch mit 8,3 Gramm zu Buche. An Tauschwerten sind aus Ugarit folgende Gleichsetzungen überliefert: 1 Shekel Silber war so viel wert wie 200 Shekel Kupfer oder 277 Shekel Zinn. 1 Talent Silber (ca. 30 kg) wurde in 50 Minen oder 3000 Shekel Silber umgerechnet. Bei Gold galt das Verhältnis 1:4, demnach waren 2 Shekel Gold so viel wie 8 Shekel Silber etc.[114]

4.7 Aufbewahrungs- und Transportbehältnisse

großer Behälter, ‚Container‘	man	Weinfass	gt
‚Container‘	dd	großer Krug, Amphore	nbl
Kasten	bnn, šwkr	großes Gefäß	qll
Kiste	arn	bauchiges Hängegefäß (kados)	kdd
verschließbarer Kasten, Kiste	šgr	Korb (gr. kloubos)	klb
Sack	šaq, gwn, krš, thbšt	Kohlewanne, Kohletopf	mchtt
Wasserfass	kd		

5. Berufe, Tätigkeiten und Werkstätten

Berufsbezeichnungen treten zumeist auf Grabsteinen/Sarkophagen oder Weih- bzw. Votivstelen auf. Als inschriftliches Beispiel sei hier *„Mago, Sohn des Himilko, Sohn des*

114 Aubet 2001, 62. 115.

Himilko, der Bauer hölzerner Wagen" (**mgn bn chmlkt bn chmlkt** [pol] **åglt ots**), in einer anderen Inschrift: „*Mago, Sohn des Himiliko, Sohn des Himilko, der Wagenbauer*" (**mgn bn chmlkt bn chmlkt** [chrš] **åglt**)[115]. Besonders betont wird hier die Enkelschaft des Verstorbenen zu einem Himilko, der offenbar seinerseits Wagenbauer war. Möglicherweise wurden die technologischen Kenntnisse und handwerklichen Fertigkeiten innerfamiliär weitergegeben.

5.1 Leitungspositionen und Vorgesetzte (allg.)

Leiter einer (Berufs-)Gruppe	raš	beschäftigen, einsetzen	pål
Oberhaupt, Leiter einer Gruppe	rb	beauftragen	šlch
Herr, Herrin	rb	Anleitung	march
Herren	r	richtig, korrekt	chlpt
Herr	ådan	auf etwas zu tun bestehen	qm
Chef, Anführer	ajl	eine Arbeit betreuen	kås
Sklavenhalter	adn	Betreuer einer Arbeit, Vorarbeiter	kås
Fachvorgesetzter	prk	jdn. bezahlen/belohnen	škr
jdn. einstellen	škr	belohnen	šlm
anstellen, beschäftigen	škn		

5.2 Arbeiter und Angestellte (allg.)

im Dienst eines Meisters/Herrn	bda	Dienst, Einsatz (als Sklave)	mpål
in jds. Verantwortung/Obhut	bda	Dienstleistung	šrt
Arbeiter	pål, tsba(?)	dienen, zur Hand gehen	šmš
Arbeiter (Stein, Metall, Holz)	chrš	zuhören, gehorchen	šmå
Arbeitskraft, Gefolgsmann	åbd	Verlangtes tun, Aufträge erfüllen	åbd
Werk, Arbeit	mlakt, mlkt	um … Willen, auf Geheiß	båbr
Ausübung, Durchführung	pålt	eine Arbeit übernehmen	kås
Helfer	åzr	etwas tun, übernehmen	bss
Personal (m w)	åm, åmt	verantwortlich für	b, ål
Tradition, alte Praxis	qdm	sich einer Arbeit hingeben	qdš

115 CIS i 346, 2/3. i 5601, 2/5. RES 1207, 2. Krahmalkov 2000, 199, 359, 384.

eifrig, dienstbeflissen	qna	bewegen, beseitigen, entfernen	gly
machen, erschaffen	qnj	erwerben, erarbeiten	pål
schaffen, kreieren	šm	Arbeit von	pl
machen, tun	åšj	Werk, Produkt	påljt
machen, tun, verfertigen	pål		

5.3 Diener und Sklaven

Aufseher	pqrjt	Sklave	åbd, šph, tsdn
Bediensteter eines Königs	åbd	Korbträger	knprs
Diener, Vasall	bd, åbd, åb	Schlepper, Träger	schb
Dienerin, Sklavin	am, mt, amt	arm	dl
Diener, Knecht	åmt	ärmliche, unbedeutende Person	mskn
Person, Diener	napš	befreien	šlk
Bursche, Diener	når	freigelassen	tsjdn
Lakai	mrgl	befreiter Sklave	aštsdn
Dienstpersonal	åm šrt		
als Sklave einem Herrn dienen	åbd		

5.4 Handwerk (allg.)

Genossenschaft	jchs	etwas Handgemachtes	rchm, šchm
Meister	rb, jmnj	unfertig	dl
Handwerk(skunst)	chrš; hrš	Kraft	åz
Handwerker, Hersteller, Künstler	chrš	tun	åbd
Meister einer Kunst/Dienstleistung	bål	heben	nša
Handwerksmeister	bål hrš; bålchrš	heben, aufheben	knš, åms
Handwerker	amn; wrjs	halten	tmk
Manufaktur, Handarbeit	påltjdm	herstellen, bearbeiten	pål
Herstellung	jtsr	hinstellen, errichten, aufrichten	šm
Werk, Tat, Arbeit	masa	erfinden, erschaffen	qnj
Werk, Werkstück, Produkt	pålt	ändern	årb
Ding, Objekt	dbr	klopfen	påm

defekt	dl
Restaurierung	chwj
reparieren	gnn
vollkommen	tm, tmt
fertigstellen	gmr
loslassen	chlʦ, hlk
aufhören	bqj
tragen	åbd
ziehen, schleppen	schb
daraufrollen, belasten (beladen)	glgl
wegschaffen	åms
laden, transportieren	åms
reinigen, aufräumen	ʦll

5.4.1 Werkzeuge und Arbeitsgeräte

Messer	šchŧ
Hammer	pŧs
Nagel	smr
Zange	mlqchm
Kratzer, Schaber, Striegel	mgrd
Keil	šchŧ
Metallbeschlag	mht
Riegel	knrj
Sprossenleiter	ål
Sprossen einer Leiter	šlb
Bleigewicht	åprt
Tragstange	nb
Spindel	plk
Falle	mlqch
Netz	šn
Tränkrinne, Schöpfrinne	mšab, šab
Schmelzofen	tnr

5.4.2 Töpferei

etwas aus Ton formen	jʦr
Töpfer	jʦr
Töpferware(n)	chrš, årš, hrs, pår
Töpferladen	mchsp
Tonscherbe, Scherbe	chrš, årš, hrs
Tonscherbe	zrå, mchsp

5.4.3 Textilarbeit

Scherer (Schafe)	gz
Spinnerei, Zwirnerei	mŧwa
spinnen	mwh
Spindel	plk
mit Spindeln	dl plkm
weben	arg
Weber, Wirker	arg, rqm
Webstück, Tuch	šwr
Buntwirker	chšb
weiß	lbw
rot	chmr
phönixfarben, Purpur	rbt

Sticker, Stickerin	rqm, rqmt	Seiler	mtrm
nähen	lchm	verbinden, verknüpfen	åmt
Wäscher, Walker	kbs	Leinen aus Byssos	bwts
„von den Buntwirkern"	mhšns		

Die Phönizier waren u.a. durch ihre Kunst des Purpurfärbens berühmt[116]. Die bereits versponnene Wolle wurde dazu in den Drüsen-Sud von Meeresschnecken getaucht. Durch Unterbrechungen des Färbeprozesses, durch zusätzliches Belüften und durch Vermischen konnten Farben von einem tiefen Dunkelblau über verschiedene Violetttöne bis hin zu einem leuchtenden Glut- oder Scharlachrot (gr. phoinikos) gewonnen werden. Alle pupurgefärbten Kleidungsstücke scheinen zusätzlich geglänzt zu haben. Besonders die in Tyros gefärbten Tücher und Kleidungsstücke (tyrischer Purpur) waren besonders begehrt. Soweit sichtbar, verkauften bereits die Byblier purpurgefärbte Textilien. Den Fund einer Webspindel mit phönizischer Inschrift behandeln Gevirtz (1976) und Levenson (1977).

5.4.4 Holzbau

Baumfäller	nšr	Stab	mkr
Holzfäller	krt	Bretterfüger, Schreiner	mlchm
sägen	grr, wj, nšr	Bretter zusammenfügen	lchm
holzig	åts	Schreiner, Tischler	ngr
abgesägte Bäume	ašr	Zimmermann	kps
Sägewerker, Holzfäller	grr	Hammer	pts
Holzbehauer, Zimmerer	chchršm šjr	Nagel	smr
Holzschneider, Zimmerer	chrš šjr	nageln, vernageln	smr
teilen, spalten	png	Wagenbauer	chrš åglt
Stangen	šr	Schleudermacher	ql
Stange, Stab	chtr	Stuhlmacher	mksa

116 Zur phönizischen Purpurfärberei vgl. kenntnisreich Blümner 1969. Lipinski 1982, 359-361. Zum phönizischen Purpur bei persischer Tracht vgl. Bittner 1987, 84-89. 2023, 10.

Abb. 19: Zwei Holzarbeiter fällen Laubbäume, wohl um eine Dattelpalmen-Plantage zu erweitern.(Syrophönizische Silberschale aus Cerveteri, ca. 8. Jdt. v. Chr. Vatikanische Museen Rom. Lagarge Taf. 114 Ausschnitt 3. Zeichnung: SB).

5.4.5 Steinbau und Steinarbeit

Baumeister	bna, bnj
Architekt(?)	pls
Steinbaumeister	bn šabn
Steinbruch	mchtsb
Steinhauer	chtb
aus Stein aushauen	chtb
Spitzhackenträger	klb
Techniker, Nivellierer	pls
Kratzer, Schaber	mgrd
kratzen, schaben	grd
Erbauer, Bauleute	bgh
Bauer der Steine, Maurer	chbk sabk
Maurer	bk

bauen	bna, bnat, bnt, bgh
messen	mdd
erheben, hochheben	nša
zerstörtes Gebäude restaurieren	krm
erneuern, restaurieren (Gebäude)	chdš
pflastern, fliesen	rbd
verputzen	ŧch, mtsch
Verputzer	mŧch, mtsch
Stuckateur, Gipser	mtch
Graveur, Steinmetz	chqq, mchq, bra, chrt, krt
einritzen, eingravieren	ršm
Aufsteller (von Säulen etc.)	ål

5.4.6 Bergbau und Metallarbeit

Bergmann (Determination ‚Schiff')	kr
Graben, Loch	šak
graben	kra
Mine	mn
Kohlesteine (Braun-/Steinkohle)	pchm
Kohlewanne, Kohletopf	mchtt
Salzarbeiter	mlch
Saline	mmlh
Gießerei	bt tnr
Lichtanzünder, Feuermacher	mqdch
Schmelzofen	tnr
schmelzen	nsr, nsk
Gießer, Metallgießer	nsk, ksn
Kupferschmied	msk
Bronzebearbeitung	mšk
Metall gießen	nsk
Metallguss	nskt
Gussmetall, Gegossenes	nsbt
geschmolzenes Bild	msk, mskt
übergießen	bll
Eisengießer	brzl, ask šbrzl
Metallbeschlag	mht
Riegel	knrj
Abdruck, Stempel	rqå
Münzprägestätte	mhls
Münzen schlagen/prägen	hlm
Prägung (auf einer Münze)	btn

5.5 Landwirtschaft, Jagd und Fischerei

5.5.1 Landwirtschaftliche Tätigkeiten und Mittel (allg.)

Bauer	mškb
Land kaufen	krj
Dorngestrüpp	kd
aufreißen, verwunden	prš
Schmutz, Dreck, Staub	åpr, åprt
Landhaus, Bauernhof	mgd
Weide, Weideplatz, Weideland	kr
Feld, Ackerland	šd, šdh
Zaun, Gatter	chrz, ggp
Tränkrinne, Schöpfrinne	mšab, šab
grasen, weiden	roj
behüten	ntsr
hüten, beaufsichtigen	šmr, šmd
verloren gehen	rch
weglaufen	hnr
Stock	dodd, šbd
Stall	ŧchb
pflügen	chrš
pflanzen, anpflanzen	ntso
kultivieren, anbauen, veredeln	tsrp
gesätes Land, kultivierter Boden	mzrå
abdecken, schützen	ksj
binden	kpt
gedeihen, florieren	šlm
Ähren lesen	šrtj
Ernte	qtsr

sammeln (Früchte)	arj
Sammler	knš
Obst pflücken, ernten	mlg
frisch sein	lms
Tragstange	nb
Aufbewahrung (Lebensmittel)	tklt
Obstlager, Obstvorrat	kmst
speichern, lagern (Nahrung)	kl
füllen, auffüllen	mla
Trockenschuppen	chrb
Land abgeben	jtn

5.5.2 Witterung und Ertragslage

Herbst	qtsr
Fülle, Reichtum	špåt
Fülle, Überfluss	šbå
Himmel, Sonne	šmš
Schatten	rmas
verdorren	aml
Abwesenheit, Mangel	mchsr
Hunger, Mangel	ll
mager	dl

5.5.3 Kulturpflanzen

Gras, Pflanze, Kraut	chtsr
Kräuter	mchtsrt, šchm
Same	wro, zdo
Pflanze, Pflanzung	mtså
Pflanze	šch
Schössling	tsmch
Stengel, Stiel, Halm	qna
erste Früchte	qdmt
Kornähre	abb
Körner, Getreide	dgn
Getreide	šbå
Weizen	chtsm, dgn
Leinen	bwts, bts
Flachs	pšt
Papyrus	dmå
Sesam	ššmn
Schilfrohr	qn
Blume	dd
Blume, Blüte	ntst
Blüte	chrr, prch
Bedellium (Pflanze)	bdlch
Myrrhe	mr, tmrdr
Habichtskraut	stjl aš šdh
Koriander	gd
Kreuzkümmel	kmn
Gemüse[art]	šem
Bohne(n)	pr, pl
Gurke	qša
Zwiebel	bsl, btsl
Wald	jor, ots
Baum	jår
Palme, Dattelpalme	tomar, tmr

Dattelzüchter	tmr	Obst, Früchte	prt
Feige	tjn	Apfel	tpch
Mandelbaum	šqd	Weinberg	krm, låštrt
Olivenbaum	zt	Wurzel, Stock	šrš

5.5.4 Viehzucht, Fischerei und Jagd

Viehzüchter	bårr	Scherer (Schafe)	gz
Fischer	tbå	Schaf, Lamm, Zicklein	š
Netzfischer	chrm	Lamm	amr, kbš
Fangnetz (Fische)	mlqch	Schafbock, Widder	jbl, ajl
Netz (Vögel)	šn	junger Widder	tsrbj, tsrb ajl
Jagd	tsd	Rind, Kuh	alpn
Falle	šp, mlqch	Ochse	alp
fangen	šp	Kalb	ågl
Fang, Eroberung	lkd	Ziege, Geiß	åz, åt
Tier	chj	Hund, Jagdhund	klb
fliegen	brch	Gans	trp
Vieh, Herde	bqr	Pferd	ss
Herde	mqna, mqwa	Hengst	abr, jbr
Viehbestand	mqn, mqnt	Pferderasse, eine	gw
Kleinvieh	tsan	Schaber, Striegel	mgrd
Gehege	sjg	Stock	qna, šrš
arm an Viehherden	dl	Erstlinge	qdmt
Schafherde	ådr	Mischfutter, Futter	bll
Schaf	tsan	Maul	pj
Schafhirt, Schäfer	rå, råj	fressen	lchm
scheren (Wolle)	glm		
Scherer	glm		

Dass die Fischerei mit dafür vorgesehenen Schiffen (vgl. **kmrj**=Kutter) durchaus professionell betrieben wurde, zeigt die überlieferte phönizische Berufsbezeichnung **rb chrm ljm** („Leiter der Meeresfischer") für den vorgesetzten Kapitän einer Fangflotte[117].

117 KAI/Ip 12 Inschr. 51 Zeile 2. Tomback 1978, 113.

Möglicherweise bezieht sich auch die byblische Inschrift **hwn jn lagd lm mlchm** („die Seeleute sammelten den Reichtum des Meeres für sich [selbst]“) auf eine dieser Fischereiflotten[118]: die Fischer hätten dann ihren Fang veruntreut. Mit **hwn jm** („der Reichtum des Meeres“) könnten aber ebenso Erzfunde oder durch Tauschhandel erzielte Erlöse aus Übersee-Kolonien gemeint sein.

5.5.5 Vögel, Geflügel und Opfervögel

Vogel	tsjpr	Arr (Geflügelart)	tspr arr
Geflügel	tspr	Rufvögel im Tempel (Gänse?)	arr
Federvieh	tså	Qdmt (Geflügelart, evtl. Hahn)	qdmt
Küken, Vögelchen	gzl	Chwt (Vogelart)	chwt
Flügel	tsg, tså	Tsmd (Vogelart)	tsmd
Agnn (Geflügelart)	tspr agnn, ågnn	Chzt (Vogelart)	chzt
Gans	trp	Schsp (Vogelart)	ššp
Falke	nts		

5.5.6 Landwirtschaftliche Produkte und Jagderzeugnisse

Speise	tsd	Gewürz, Balsam	bšm
Feinmehl	ŧrt	Parfum, Salbe	bšm, zn, šåt
fein, pulverisiert	dq, dqt	Weihrauch	qŧrt
Brot	lchs, lchm, jpt, kmch, må	Traganth-Gummi	nkat
Opferbrot, Brotlaib	chlt	Obst, Früchte	prt
(Brot)Kuchen	ågå	Rosinen	tsmq
Getreidebrei zum opfern	bll	getrocknete Datteln	tsmq
Feldfrüchte, Feldprodukte	åbr	Feigen	tjw
Leinen	pšt	Honig	npt
Milch, Fett	hlb, chlb	Mandeln	šqd
Fett, Öl	pdr	Oliven	zt, dt
fettig	mch, tbrt	Öl	šmn
Salbe, Gewürz	rqch	Weintrauben	ånb

118 MusJ 45, 1969, 262 Zeile 2. Tomback 1978, 179.

Wein	jn	Fleischstücke	jʦlt
Rotwein	chmr, chmr jn	Salzlösung	mmlh
Weinsorten	dmåʦ, åʦ	Wildfleisch, Wildpret	ʦd
Wein aus Tyros	trš	Horn (von Tieren), Geweih	qrn
Most, Saft, Weinmost	trš	Haut, Häute (Leder)	åd, ådt
Essig	chmd	Fell, Haut	år, årt, zbch
Holz (Bauholz)	jår, åʦ	Papyrus	dmå
Fleisch	šar, bšr		

Zum landwirtschaftlichen Arbeitsbereich gehören wohl auch literarische Floskeln wie „*unter der Sonne*“ (**tcht š bnš**) oder „*Wunder des Feldes*“ (**pla aš šdh**). Neben dem tyrischen Wein war der „*Rotwein von Gitt-Kirmil*“ besonders erwähnenswert[119].

5.6 Andere Tätigkeiten

5.6.1 Zubereitung von Lebensmitteln

Salzarbeiter, Salzsieder	mmlch	Metzger, Fleischer	ŧkt, ŧbh
Getreidemüller	slt	Schlachtstätte	mnbch
pulverisiert, gemahlen	dq	Schlachttisch	mʦbch
backen	apj	schlachten	ŧbch
Schlachter	ŧbch	Koch	tbch

5.6.2 Heilberufe und Körperpflege

Besitzer eines Krankenhauses	march	eine Wunde schließen	mlchm
Arzt	rpa, mrpa	Abdeckung, Verband	mks
Salben-/Gewürzmischer	rqch, mrqch	Stoffverband	swt
Salben/Gewürze mischen	rqch	binden, verbinden	ʦmd
Salben mischen	ldp	heilen	rpa
Helfende, Hebamme	åwrt	kurieren, heilen	asj
quetschen, prellen	šp	jdn. am Leben erhalten	chwj
Hautschwellung	chdrt	Aussätzige, Kranke	mʦrå

119 IEJ 18, 1968, 226 A 2. Krahmalkov 2000, 188.

Obhut, Pflege	mårb
Parfumeur	rqa, rqh
Barbier	glb
rasieren	glb
Rasiermesser	mglb
aufspießen, pfählen (Rasiermesseraufschrift)	tslk

Zumindest in punischer Zeit war die Heilkunst bereits weit vorangeschritten, wie auch die verschiedenen genannten Heilkräuter zeigen. Neben der Versorgungund Pflege gab es offenbar spezielle Heilmethoden, wie etwa eine „*Hautschwellung mit Honig zu bestreichen*“[120]. Die verbreitete Nutzung von Parfums zeigt der Fund eines Parfumfläschchens aus Byblos[121].

5.6.3 Künstler, Kunst und Musikinstrumente

Künstler	amn
Bildhauer	mchq
bildhauen, formen	psl
in Stein schlagen, in Holz hauen	psl
Kunststück, Kunstwerk	åtsmt
Gravur, Schnitzerei	chro
handgefertigt	amt
Skulptur, Plastik	chrtsjt
Statue	nsbt, mš
Statue, Bild	sml
Statue, Statue von	maš
Portraitbüste	mšpnm
Bildnis, Abbildung	tbnt
verblassendes Bild	chnwts
Statue, Standbild	tslm
Frauenstatue	ašt
Löwenstatue	arw
Statue aus Metallguss	nskt
Sockel einer Statue	mkn
Tafel mit Inschrift	gs
Sänger	šrm
Tänzer	dpk
große Trommel	grgnt
die Schelle/Trommel schlagen	tpp
Musikinstrument	nth
Harfe	nbl
Leier (gr. kinnura)	knr
Schilfrohrpfeife	qn
Flötist	mchll
Flöte spielen, Pfeife blasen	chll
spielen, geschnappt werden	gzl
singen	šr
Lehrer/-in	šna/šnat, rb

120 KAI 76 B 8. K, 333.
121 Navaille 1922.

Abb. 20: Musik- und Spielszene. Links ein Doppelflöten-Bläser mit einer auf den Rücken geschnallten Leier, rechts ein Harfenspieler, mittig ein Ballspieler oder Tänzer mit eiförmigem Kultgegenstand. (Syrophönizische Silberschale 8. Jhdt. v. Chr. Paris/Louvre. Lagarge 1983 Taf. 113 Ausschnitt 4. Zeichnung: SB).

5.6.4 Verschiedene

Flüchtling	bålns	Wettläufer, Rennfahrer	srsr
Gastgeber für Reisende	maspt	Dolmetscher	ptr
Gastwirt	ljn	Seher	ʦpa
Reisender, Passant	hlk	Straßenkehrer	schb
Tröster (Titel von Gottheiten)	mnchm	Unterbrecher	jdch
Bandit, Mitglied einer Gang	bål agddm	Narr, Dummkopf	nbl
Plünderer	kbs	Abgeschiedene	rmas
Torwächter, Pförtner	prk, šår, mšårt	Beklagenswerter	chnl

6. Gemeinschaft, Gesellschaft und Alltag

6.1 Gemeinschaft und Gesellschaft

Einwohner, Eingeborener	aš	Gesamtheit	tm, tma
Bevölkerung, Nation	lam, åm	Landsleute	bnam

Leute, Personen	åm
Volk, Gemeinwesen	åm, mt, åw
Versammlung (Gesamtheit)	mpchrt
Gemeinde	gmt
Bürgerschaft	bålt
Leute, Öffentlichkeit	bålt
gemeinsam	qnz, qnza, qnzm
Gemeinschaft	gw
Gesamtheit, alles, jeder	kl
viel, viele	šga
Bürger einer Stadt	ads, bål
Bürgerin einer Stadt	bålt
soziale/berufliche Zugehörigkeit	mškb
Mitglied (in einer Organisation)	chbr
Mitglied, Personal, Mannschaft	aš
städt. Körperschaft/Verein	chsgm
Zunft	šåt
Partner, Kollege, Freund	chbr
Verbund	jmkr, ljt
Bund	alt
Gruppe	chbårt
Gemeinschaft, Bruderschaft	šåt
rel. Bund ‚Mizreb'♂	mrzch alm, mzrch
Clubhaus der Bruderschaft	btšåt
zusammenkommen	agd
Mitte, inmitten	gw
mitten, inmitten	td
Versammlung (Kaste, Clan)	dr
Versammlung	naspt, mzrch
Bürger, Bürgerrat	mzrch
Abstimmung	ndar, ndår, ndr
das Los werfen	nchl

6.2 Stellung der höheren Sozialschichten

Früchte der Arbeit, Vermögen	pr, prt
der Reiche	åšd
Eigentum, Vermögen	mlkt
Eigentum, Vermögen, Geld	tar
Vermögen	anm, mzl, gd
Vermögen, Reichtum	mmn
Wohlstand (Reichtum)	nåm, jrch
Wohlstand (Wohlbefinden)	šlm
Anschaffungen, Vermögen	pqt
Gabe, Besitz	mgn
erben	nchl
Anteil an einer Erbschaft	mgšt
Besitzer, Eigentümer	bl
Besitz, Eigentum	mqn, mgn, mqwa
besitzen	qnj
besitzen, haben	dlj, mlk
haben, gehören, besitzen	kwn
sein, haben	jkn
Stellung, Haltung	nbš
Auserlesenheit	rašt
Ruhm, Berühmtheit	tar
berühmt sein	tar
dürfen	tåtsmt
wählen	arš, ldr, ndr
wollen	arš
wünschen	chšq

entscheiden tkd
erreichen, erlangen pwq

gehen, reisen, segeln hlk

6.3 Erwartetes Sozialverhalten

Handlung masa
Sozialdienst mšrt
Aufgabe, Amt mlakt, mlkt
Erhaltung, Bewahrung jšå
erhalten npq
Großzügigkeit chn
Hilfe måzrt, jåzr
Ruhe, Bedacht šbt
gut sein, gerecht leben tmm
Gerechtigkeit ådq
gerecht tsdq
gut, gerecht jšr
edel, großzügig sein ndb
redlich, aufrichtig tm
fein, gut, edel ånš
ehrlich, wahrhaftig kn
vertrauen, sicher sein btch
jdn. grüßen šlm
anfragen, sich erkundigen tr
helfen, unterstützen åzr
Kultfest rzch
Hilfe awbt
Hilfe, Helfer åzr
retten, ausliefern chlts
aufhelfen, aufrichten åd

stützen tmk
unterstützen smk, tkl
Schutz, Gewahrsam chrz
Schützling gr
bergen, schützen spw
beschützen šmr
verweilen lassen šrj
rücksichtsvoll sein chs
nett, gut ja
Mitgefühl zeigen chs
nachsichtig chn
langmütig arkrnch
vergeben, verzeihen kpr
verzeihen šlk
jdn. empfehlen jtn
Gunst, Begünstigung chn
meine Gunst chnj
Gunst, favorisieren tchkt
geben wollen, zukünftig geben ntw
geben, übergeben, schenken mgn
zur Verfügung stellen, schenken tna
Gabe, Stiftung mtt, mtnt, mtwt
aufstellen, errichten jtsb

6.4 Reputation

Taten, Werke, Leistungen	pålt
gute Taten, Gutes	nåm
Ansehen, Wertschätzung	qmt
Ruf, Leumund, Ansehen	šm
ein guter Ruf	šm nås
bedeutende Tat	tåʦmt
Großtat, Heldentat	åʦmt
Hervorragendes	nåm
Verdienst	masa
persönliches Verdienst	mas
verdienstvolle Tat	mʦwt
ehren	krn, hdw
ehren, respektieren	kbd
Ehre, Respekt	kbd, jkbd
in Anerkennung	ål
Ruhm, Lob	šbåt
Denkmal für einen guten Namen	šm

Solange Rom keine kulturelle Vorherrschaft über die phönizischen Gebiete an den Mittelmeerküsten erlangt hatte, galt es als dort Zeichen erlangten Sozialprestiges, anstelle der Tunika „*Kleider aus Byssos*", Gewänder aus einem besonders feinen ägyptischen Leinen zu tragen[122].

6.5 Gastfreundschaft

Einladung	pŧrt
sich treffen	nnå
Freund	ah, ch, achj
Freundin	aht, cht
Freundschaft	dåt
Gast, Proselyt	gr, grm
Gast, Gastfreund	hlk
Gastfreundschaft	hlkt, hlqt
ausl: Partner, Gastfreund	chbr
auf Ton schreiben	chŧt
herunterkommen	jrd
willkommen heißen	rch
festlich	chgj
Geschenk	šj, brk
Geschenk, Gabe	mtn
ein Geschenk präsentieren	årb
sich gut/angemessen verhalten	tmm
sich verhalten, sich benehmen	hlk
widmen, zuwenden	krm
Flöte spielen, Pfeife blasen	chll
Herberge/Schutz anbieten	arh

122 KAI 24, 11/13. Krahmalkov 2000, 180.

Die oftmals erwähnten Tonscherben wurden mit glück- und segenbringenden Sinnsprüchen beschriftet und den Gastgebern als Geschenk überreicht. So erklärt sich jedenfalls der stehende Ausdruck „*Scherbe der Gastfreundschaft*“[123] und der Qal-Stamm „*auf Ton schreiben*“ (**chŧt**). Noch heute kennt man das Sprichwort *Scherben bringen Glück* und den Brauch, am Polterabend Porzellan zu zerschlagen. Wie im Klassischen Griechenland wurden Tonscherben aber auch als ‚Wahlzettel‘ (Ostraka) benutzt, wie Vanel (1967. 1969) an Funden nachweist.

6.6 Der ideale Arbeitstag

wecken	jqŧs	Handlung	pålt
erwachen, aufwachen	or	obliegend	ål
sich beeilen	mhr	Gebrauch	akl
gehen, weggehen	hlk	tragen, wegtragen	kša
hinausgehen, verlassen	jŧsa	machen, tun	št
Arbeit	dl	tun, machen, vollführen	pål
Arbeit, arbeiten	mlakt, mlkt	herumlaufen	hlk
tüchtig, schnell, klug	mhr	bewegen, wegbewegen	sg
recht geleitet	mhšårt	bewirken, erreichen	pål
etwas weitermachen	jsp	in Vertretung für	ål
fortsetzen, setzen	št	aufhören	tms

6.7 Häuslichkeit und Feierabend

schmücken	åtr	sauber	nqj
schmücken, verschönern	šql	schön	špr
ordnen	adr, ŧswj	kommen, ankommen	mŧsa
platzieren, stellen	škn	kommen, hereinkommen	b-
wegwischen	mchj	eintreten, mitbringen	b-
wegwischen, reinigen	kpr	wohnen	šrj
rein, sauber	ŧhr	komfortabel, luxuriös	nchm

123 Lipinski 1982, 337. Friedrich/Röllig 1999, 188. Aufgefundene Tonscherben (Ostraka) mit Votivaufschriften (auch für Götter) siehe u.a. bei Lipinski 1982 Fig. 128 u. Pl. VIIb.

vollkommen, perfekt	tmm
wählen, auswählen	nša
Wunsch	aršt
einverstanden	chlpt
passend, richtig	jp
eine Lampe anzünden	qdch
entzünden, brennen	qdch
Freude	jåzr
Vergnügen	mnåm
Friede	šlm
Frieden, Ruhe	ncht
Harmonie	tmt
ausruhen, friedlich sein	nch
setzen	gål
sitzen	jšb
setzen, legen	šm, šjm
liegen, erschöpft sein	npl
liegen, ausruhen	škb
Feuer	aš
Flamme, Feuer	lhbt
Annehmlichkeit	mhåm
lieblich, angenehm	naa
lieblich, gut	nås
gut sein, gefällig sein	nåm
gut, angenehm	jp
angenehm, günstig	nåm
gut, angenehm, wünschenswert	chmd
wünschen	chmd
gut, hervorragend	nåm
fragen, bitten	arš
bringen	hlk
nehmen	lkt
nehmen, ergreifen	lkd
nehmen, ergreifen	tmk
öffnen	pth
Genuss, Geschmack	nåm
Genugtuung, Befriedigung	nåmt
beglücken	ʦlch
Glück	mzl
bestimmt sein für jd.	ŧnn
Gedenken	skrw
Erzählung, Geschichten	sprm
Handlung, Geschichte	dbr
in vergangener Zeit	båt tmt
preisgeben, überliefern	sgr
sein, befestigen	kjw

6.8 Häusliche Gebrauchsgegenstände und Kleidung

Ding, Sache	dbr
Liege	msb
Decke	ktt, rbš, rbšj
Bettdecke	åŧpt
Sessel	jšb
Fußschemel	kbs
Kerzenleuchter, Lampe, Licht	nr
Kerzenhalter	brš
Lampe	hbš
Ofen	trr
Kästchen, Tischlerprodukt	šwr
Tischlerprodukt	mšd
Bildnis/Abbild von Personen	sml
Rasiermesser	mglb

aufspießen, pfählen (Rasiermesser-aufschrift)	tslk
Bekleidung (allg.)	kst
Kleidungsstücke, Garderobe	swjat
Kleidungsstücke (div.)	mpt, kdmr
Kleidungsstück, Gewand	swt
Leinen/Bekleidung aus Byssos	bs
Byssos (ägyptisches Leinen)	bå
Chiton, Tunika	ktn
Begräbniskleidung	swt
Schleier, Gewand	swj, swjt
Armband	mgš
Kopfbedeckung	mraš
Sandale	sdl
Streifen, Band	ps
Priestergewand	md

Offensichtlich wurde viel Wert auf die Familie, familiären Zusammenhalt und eine gepflegte Häuslichkeit gelegt, wie dies zumindest für das Byblos benachbarte Ugarit nachgewisen werden kann. Selm 1954.

6.9 Behältnisse und Geschirr

Tongefäße (div.)	dqr, dqrt, lgm, lp, mjpcht, mmla
Töpferwaren	pår
Tasse	chzr
Metalltasse, -krug	nbl
Tasse, Schüssel	gln
Schale, Tasse, Kelch (Trinkgefäß)	qš
Goblet (Kelch, Stielbecher)	qbå
Krug, Behälter	qll
Krug, Werfer	zbr
Mischkrug	gaw, agw hz
Krater/Mischkrug	mrqa
Mischgefäß	msd
Schüsseln (div.)	abst, agn
Schüssel, Schale	sp
urnenartiger Vorratstopf	mchsp
Pyxis (Deckelbüchse)	pkš
Gefäßdeckel, Deckel	mks, ålt
Kados (bauchiges Hängegefäß)	kdd
zerbrechen	gwš
Korb	ŧna, kwlb

6.10 Störfaktoren idealer Häuslichkeit

etwas stören, unterbrechen	åkr
beeinträchtigen, beunruhigen, stören	rgz, trgzn
verschwenden	brch
einschränken	kpt
gering, unerheblich	tsår
müßiges Gerede	bddr
Ungerechtigkeit	an
stehlen	ggb

sich abwenden	sr
arm, Armut	jsd
Hast, hasten	mhr
entsenden, begründet weggehen	hlk
Exil	gly
getrennt sein	bdd
fremd	zd
besorgt sein	årb
belästigen	åms
Geliebte	mchbt
Nebenfrau, Konkubine, Mätresse	tsrt
Verehrer	obd
zurückhalten, verbergen	åtsr
verbergen, verschweigen	ksj
verschweigen	åŧp
lügen	bdd
großer Lügner, Meister der Verdrehung	mgdl åqš
mangelhaft sein	chsd
leer, wertlos sein	rq
beschädigen	nzq
schlagen	hlm
zerbrechen, zerschlagen	šbr
umkippen, kentern	hpk
Fluch, Verwünschung	qbt
fluchen, verwünschen	qbb
dahingehen, schwinden	alb
entfernen, vernichten	šbt
hinwegraffen	gwl
Gräuel, Abscheulichkeit	tåbt

7. Militärwesen und Krieg

7.1 Krieg und Feinde

Freund	alp
Brüderschaft, Verbrüderung	achjm
unterstützen	tmk
Feind	ab, zr
Verächter, Zerstörer, Feind	mlts
Gruppe, Bande	agdd
Kampf, Krieg, Schlacht	mlchmt
kämpfen	lchm
Krieg gegen jdn. führen	agd
Gewalt	åz
Terror	chrdt
Sieger	glb
Kapitulation, Aufgabe	šlm
Frieden, Unterwerfung	šlm
Besitz ergreifen	nchl
Gefangener	jtr
Gnade, Erbarmen	šlm

7.2 Kriegsvorbereitung

Söldner gewinnen	škr
geeignet, tauglich	jpa

einen Soldaten ausrüsten	chlts	auftreten, stampfen	drk
Ausrüstung	mndt	lagern, ein Lager aufschlagen	chnj
Befehl, Kommando	mjåms	Sammelort	maspt
Bericht, Meldung	šbrt	Zelt	chnt
Situation, Lage	šbt	Zeltstadt, Zeltdorf	chwt
entscheiden	tmm	Feldlager	mchnt
anführen, leiten	šql	fürchten, zittern	chrdt
gehen, reisen, segeln	hlk	Furchtsamer	gr
zurückbleiben	bqj	Schutzwehr	mšmr
Reise, Seereise	drk	Abschnitt, Sektion	ŧma
austreiben, vorantreiben	dbr		

Abb. 21: Kriegszug. Syrophönizische Silberschale aus Cerveteri, 8. Jhdt. v. Chr. (Vatikanische Museen Rom. Lagarge 1983 Taf. 114 Ausschnitt 2. Zeichnung: SB).

7.3 Die Organisation der Armee[124]

Armee	mchnt	Feld (-heer), Landtruppen	mchnt bšd
Heer, Krieger	åm, am mchnt	Flotte, Marine, Seetruppen	*mchnt an
Heer	db	Flotte, Schiffe	an
Heer, Streiter	arar, jrjr	General, Anführer („Rab")	rb

124 Oftmals werden die Termini ‚Armee' und ‚Heer' unzulässig synonymisiert: ‚Armee' ist der Überbegriff für alle Land- und See-Einheiten, ‚Heer' bezeichnet ausschließlich die Fußtruppen.

Oberster Armeeführer	rb mchnt
1. General (Armee)	rb tcht rb mchnt
2. General (Heer/Flotte)	rb šnj, rb šn, šn
3. General (Heer/Flotte)	rb šlš, rbå šlšj
Kommandant, milit. Anführer	htm/htmj, tm, tma
Kommandant (Heer)	tma mchnt
Kommandant (Flotte)	*tma an
Kommandant	drk
Kapitän der Flotte	rb an hlk qr
Dienstältester, Leiter einer Hundertschaft	chlʦ rb, rb
milit. Anführer	ngd, alp
Anführer, Chef	al
Offizier	mšŧr
Truppengattung	mg
Trupp (milit.)	gdd
vollgerüsteter Krieger (Hoplit)	chlʦ
Baalskrieger	chlʦbål, mhrbål
Fußsoldat, Infanterist, Kundschafter	mrgl
Soldat, Mitglied des Heeres	aš mchnt
Krieger	gbr
Reiter	prš
Wagenlenker	schb
Bogenschütze	chʦ
Schildträger, Offizier	šlš
Schleuderer	ql, qlå
Trommler	mtpp
Torwächter	šår
Wächter, Wachtposten	šmr
Seemann, Nautiker	chbl
Matrose	drk, mlch
Miliz	mšʦrt
Milizionär	mšʦr
Armee, Miliz	ʦba
Helfer, milit. Alliierter	åzr
Kamerad, Weggefährte	rå
große Anzahl, viele, die Vielen	rb
Kaserne	ŧgp, ŧpg

Speziell erwähnt sind u.a. der Seemann (**chbl**), „*Idnibal, der Seniorsoldat*“ (**adnbol chlʦ hrb**“ und „*Safot der Kommandeur*“ (**spt htmj**)[125]. Der Aufteilung der Armee in Land- und Seetruppen entsprechend waren im Krieg zwei Gottheiten von besonderer Bedeutung, „*Rasap des Bogens*“, der Gott der Bogenschützen, evtl. in einer ähnlichen Rolle wie eine der späteren Auffassungen Apollons[126] sowie „*Mescar, der Herrscher der Meere, der durch seine Macht Furcht einflößt*“[127].

7.4 Waffen und Rüstzeug

Fahne	npj
Keule, Knüppel	ʦmd

125 CIS i 3189, 3. 4823, 1/2. EH 104, 1. Krahmalkov 2000, 53, 175, 185.
126 Krahmalkov 2000, 194.
127 KAI 145 I 4/6. Krahmalkov 2000, 181.

Schleuder	[vgl. ql = Schleuderer]
einen Metallgegenstand werfen	jʦq
Peitsche	asbr, jsbr
Peitschenschnur	krt
Peitschenstab	jtmj
Bogen	qšt
Pfeil	chd
Pfeil, Pfeilspitze	chʦ
Köcher	aʦpt, šk
Speerspitze, Speerblatt	chʦå
Lanze	mrch

brechen, splittern (bei Holz)	chsp
Gürtel, Waffe	azr
Schwert	hrb, hrp
Schild, Schutz, Panzerung	mgn
Brustpanzer	ŧrjn, ŧrjw
Pferd	ss
Hengst	abr, jbr
Zaumzeug	hnr
herunterkommen, absteigen	jrd
Sprossenleiter	ål

Abb. 22: Reiter aus Byblos. Er trägt einen konisch zugespitzen Helm mit hochgeklapptem Ohren- und Wangenschutz, einen Pfeil- und Bogenbehälter (Goryt), eine Ärmeljacke mit Pelzkragen, eine Reithose und evtl. ein Kurzschwert (Akinakes). Das Pferd ist mit einer Decke gesattelt, hat Zaumzeug mit Zügel, Trense und Augenklappen, eine zu Zöpfchen geflochtene Mähne, trägt ein reich geschmücktes Pektoral sowie einen unteren Brustschmuck. Bis auf den Helm offenbar medisch-skythischer Einfluss (Elfenbein-Statuette aus Byblos, 8. Jhdt. v. Chr. Kgl. Kunst- und Geschichtsmuseum Brüssel. Lipinski 1981 Taf. 6 a. Zeichnung: SB).

7.5 Das Kampfgeschehen

anordnen, befehlen	tswj	schlagen, zerschlagen, vernichten	šcht
befehlen	båbr	zerstören, vernichten	klj
marschieren, vorrücken	hlk	zerstören	åkr, jšcht, šcht, abd, gmr
Vorstoß	ådw	schlagen, auslöschen, ausrotten	mchj
Reihe	chrz	ausrotten	trq
auftauchen, eindringen (milit.)	ålj	verderben, ruinieren	nks
kehrt machen	šwbb	in Trümmern liegen	npl
einkreisen (milit.)	sbb	einen Feind vernichten	šbr
gefährlich, furchteinflößend	nštå	wegtragen, rauben	nša
Schrecken, Angst	båt	davontragen, entfernen	åms
Furcht	dn	plündern	kbs
wenden, zurückkehren	sbb	Beute	mrkcht
fliehen	ns	jubeln, triumphieren	olts
beschützen	ntsr	Sieger	al, aj
schützen, behüten	når	besiegen, bezwingen	ntsch
jdn. vor dem Tod retten	gzl	fangen, nehmen	lqch
weitermachen, ausüben	åms	Trophäe, Siegeszeichen	trpj
in die Schlacht gehen	jtsa	Fessel, Knebel	kch
Schlachtfeld (milit.)	šd	Gefangener	šb
entkräften, schwächen	aml	fliehen, flüchten	tbrch
etwas umkippen, umwerfen	kpp	bewachen	šmr, pqd
treten	drk	Waffenruhe, um Frieden bitten	šrm
jdn. verletzen	schl	beenden	bt
erwürgen	chnq	Frieden	šrm
töten	qtsj, šhro	retten, befreien	šlk
abschneiden, töten	nks	befreien	chlts
abtrennen, töten, exekutieren	krt	beenden	chtm
erobern, besiegen	ånj	schützen	gnn
beschädigen	nzq	unterdrücken	qtsj

Die militärisch-imperiale Ausdehnung seines Machtbereichs drückt der erwähnte Azt-wadda van Danunien so aus: *„Und ich erwarb Pferd um Pferd und Schild um Schild und Heer um Heer*“[128].

Abb. 23: Herrschaftsgestus mit Unterwerfungsszene. Links ein phönizischer Soldat mit einer geraubten Frau im Arm und aufgesetztem Hörnerdiadem - nach dem „zweigehörnten Gott“ Baal evtl. ein ‚Baals-krieger‘ (Chalutzbaal) (Syrophönizische Silberschale, 8.-7. Jhdt. v. Chr. Paris, Louvre. Lagarge 1983 Taf. 113 Ausschnitt 2. Zeichnung: SB).

8. Zahlen und Symbolik, Raum und Zeit

8.1 Kardinalzahlen, Ordinalzahlen und Bruchzahlen

Die verschiedenen Kardinalzahlen konnten vollständig aufgefunden werden; die meisten von ihnen wurden jedoch erst in punischer Zeit erstmals aufgezeichnet[129]. Die Entschlüsselung ihrer Systematik erlaubt sogar eine regelgerechte Konstruktion weiterer, nicht überlieferter Zahlen. Das allgemeine Wort für ‚Zahl‘, ‚Ziffer‘ oder ‚Nummer‘ ist **mspr**.

128 KAI 26 A I 6/8. Krahmalkov 2000, 270.

129 Zu Kardinal-, Ordinal- und Bruchzahlen sowie zu Zahlenverhältnissen vgl. Schröder 1979, 169-177. 183-185. Friedrich/Röllig 1999, 170-176. Krahmalkov 2001, 215-226.

eins	achd♂, acht♀	dreißig	šlšm
zwei	šnm♂, štm♀	vierzig	arbåm
drei	šlš	fünfzig	chmšm
vier	arbå♂, arbåt♀	sechzig	ššm
fünf	chmš♂, chmšt♀	siebzig	šbåm
sechs	šš♂, ššt♀	achtzig	šmnm
sieben	šbå♂, šbåt♀	neunzig	tšåm
acht	šmn♂, šmnt♀	einhundert	mat
neun	tš♂, tšåt♀	zweihundert	matm
zehn	åšr♂, åšrt♀	eintausend	alp
zwanzig	åšrm	zehntausend	rb

Je nach Bezug im Satz wurden die Kardinalzahlen geschlechtsspezifisch eingesetzt, wobei die weibliche Form ausschließlich darin bestand, an die männliche Form ein **t** anzuhängen, also wurde aus ♂ **achd** (*eins*) ♀ **acht** oder aus ♂ **šlš** (*drei*) ♀ **šlšt**. Die Bildung der übrigen Kardinalzahlen ist analog zu anderen Sprachen eine kleine Additionsaufgabe: Die Zahl *elf* wird aus den Worten **åsr/åsrt** (zehn) und **achd/acht** (eins) gebildet, wobei der Einer mit einem **wau** (u-Laut) an den Zehner angeschlossen wird. Das **w** hat dabei eine ähnliche Funktion wie das ‚*und*' im deutschen Wort *ein**und**zwanzig*.

Das neue phönizische Zahlwort *elf* lautet dann ♂ **åsr wachd** (evtl. aseruached bzw. aserwached) oder ♀ **åsrt wacht** (evtl. asertuacht). Das - nirgends belegte - Zahlwort *zwölf* würde dann ♂ **åsr wšnm** lauten. Für die Zehnerreihe bestätigend überliefert sind die männlichen Formen **åsr wšålš** (13), **åsr warbå** (14), **åsr wchmš** (15), **åsr wšš** (16), **åsr wšbo** (17), **åsr wšmn** (18) und **åsr wtšo** (19). Auf gleiche Weise werden die Zwanziger- und Dreißigerreihe etc. gebildet: **åsrm wachd** (21), **åsrm šnm** (22), **šlšm wachd** (31) etc. Die kleineren Kardinalzahlen waren für Handelsgeschäfte entscheidend wichtig, so etwa werden „*vier Sessel*" (**jšbm arbå**) oder „*die sechs Sessel*" (**šš hjsb**) inschriftlich erwähnt.

Das Prinzip griff auch auch bei der Formung dreistelliger Zahlen: So hieß ‚einhundertdreiunddreißig' **mat wšlšm wšlš** (100+30+3), ‚einhundertundfünfzig' **mat wchmšm** (100+50) und ‚zweihundertundvierzig' **matm warbåm** (200+40). Sofern es bei vierstelligen Zahlen kein eigenes Wort für einen ‚Hunderter' gab, half man sich mit einer kleinen Multiplikation: Beispielsweise wurde ‚eintausendfünfhundertundfünfzig' mit **alp**

wchmš mat wchmšm (1000+5x100+50) notiert. *Dreizehn Jahre* hieß dann **šånt åsr wšålš** (sanut asar uschalusch d.i. „Jahre 10 + 3“) u.s.f.

Als Ordnungszahlen bezeichnet man die personifizierten und deklinierten Zahlwörter, also *Erster* bzw. *der/die/das Erste*, *der/die/das Zweite* etc. Überliefert sind nur die punischen Formen *Zweiter* bzw. *der/die/das Zweite* (**šnj**), *Dritter* bzw. *der/die/das Dritte* (**šlšj**), *Vierter* bzw. *der/die/das Vierte* (**arbaj**) und *Fünfter* bzw. *der/die/das Fünfte* (**chmšj**). Offenbar wurde an die Kardinalzahl ein **j** angehängt, um die Ordnungszahl zu erhalten, so dass die restlichen Ordnungszahlen leicht rekonstruierbar sind. Galt auch hier die Regel, für die weibliche Form ein **t** anzuhägen, hätte dann *die Zweite* **šnmt**, *die Dritte* **šlšt** und *die Vierte* **arbåt** geheißen. **Arbåt** bezeichnete auch gleichzeitig eine ‚Vierergruppe‘, ***ššt*** eine ‚Sechsergruppe‘, etwa von Waren oder Menschen.

Die Form ***mška*** ist keine eigentliche Ordnungszahl, sondern meint nur die Tatsache einer weiteren („zweiten“) Person in einer kleinen Personengruppe (**msk** = eine kleine Zahl, wenige), so wie ***ahd*** (eigtl. „eins“) ebenso wie ***zr*** auch ‚ein Anderer/eine Andere‘ bedeuten kann.

Es bleiben die überlieferten Bruchzahlen zu erwähnen, bei denen die Wortbildung den Zahlwörtern eher unregelmäßig folgte:

Dreißigstel, dreißigster Teil	šlšn	Drittel, dritter Teil	šlšt
Fünftel, fünfter Teil	chmšj	die Hälfte, ein Halbes	mhåt, chʦj
ein Viertel (lat. quart)	qwårŧh	(die) Hälfte, Mitte	mtkt, tkt
vier, der Vierte	årba	drei Viertel	rbå šlšt
ein Viertel	rbå		

Das Wort für *ein Ganzes* ließ sich nicht auffinden, sicherlich hat es ähnlich ausgesehen, wie das Adjektiv ***kll*** für *gesamt* bzw. *ganz*.

8.2 Zahlzeichen: Buchstaben und eigene Symbole

Wie in vielen anderen Sprachen konnten die Buchstaben auch als Zahlensymbole eingesetzt werden, was sich bis zur Zahl *Zehn* leicht durchführen ließ[130]:

130 Schröder 1983, 186-189.

𐤀 (a) = 1, 𐤁 (b) = 2, 𐤂 (g) = 3, 𐤃 (d) = 4, 𐤄 (h) = 5, 𐤅 (w) = 6, 𐤆 (z) = 7, 𐤇 (ch) = 8, 𐤈 (ṭ) = 9, 𐤉 (j) = 10

So weit nachvollziehbar, wurde die Zahlenreihe bis 19 dann durch einen vorangesetzten Zehnerstrich notiert, also 𐤀- = 11, 𐤁- = 12 etc. Das 𐤊 (k) stand dann für *Zwanzig*, wobei die darauf folgend einsetzende ‚Zwanzigerreihe' mit zwei Zehnerstrichen begann usf.

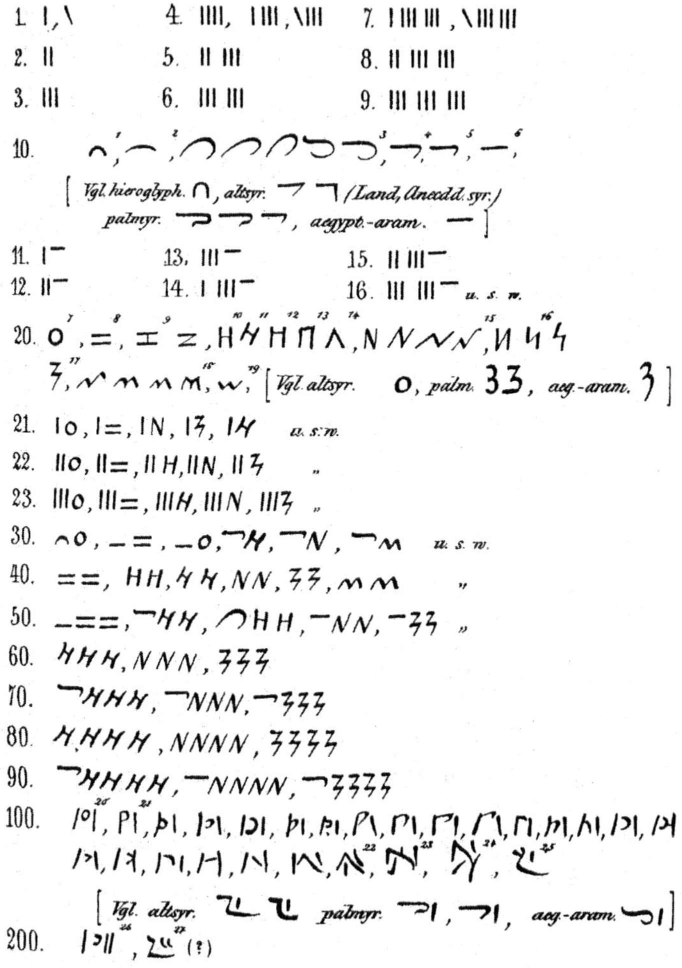

1. I, \   4. IIII, I III, \III   7. I III III, \III III
2. II   5. II III   8. II III III
3. III   6. III III   9. III III III

10.

[*Vgl. hieroglyph.* ∩, *altsyr.* (*Land, Anecdd. syr.*) *palmyr.*, *aegypt.-aram.* —]

11. I—   13. III—   15. II III—
12. II—   14. I III—   16. III III— *u. s. w.*

20. [*Vgl. altsyr.* O, *palm.* 33, *aeg.-aram.* 3]

21. *u. s. w.*
22. „
23. „
30. *u. s. w.*
40. „
50. „
60.
70.
80.
90.
100.

[*Vgl. altsyr.* *palmyr.* *aeg.-aram.*]

200. (?)

Abb. 24: Die phönizischen Zahlensymbole (Schröder 1983 Taf. 3).

Weiterhin sind noch das 𐤋 (l) für *30*, das 𐤌 (m) für *40*, vermutlich 𐤍 (n) und 𐤎 (s) für *50* und *60*, dann das 𐤏 (ain) für *70*, das 𐤐 (p) für *80*, das 𐤑 (ts) für *90* und das 𐤒 (q) für *100* bekannt. Möglicherweise standen schließlich 𐤓 (r), 𐤔 (š) und 𐤕 (t) für *200*, *300* und *400*. Diese Gleichsetzungen sind insofern bedeutsam, als manche der aufgefundenen Gewichte und Metallbarren mit den Abkürzungen ***p*** oder ***q*** versehen sind, also mit den Einheiten *80* und *100*.

8.3 Buchstaben als Wortsymbole

Ebenso, wie Buchstaben für Kardinalzahlen stehen konnten, wurden sie auch als Wörter eingesetzt:

𐤀 (a) = Ochse, 𐤁 (b) = Haus, 𐤂 (g) = Wurfstock, 𐤃 (d) = Tür/Fisch, 𐤄 (h) = Fenster, 𐤅 (w) = Haken, 𐤆 (z) = Waffe, 𐤇 (ch) = Hof/Wand, 𐤈 (ŧ) = Rad, 𐤉 (j) = Arm/Hand, 𐤊 (k) = Handfläche, 𐤋 (l) = Stachel, 𐤌 (m) = Wasser, 𐤍 (n) = Schlange, 𐤎 (s) = Säule, 𐤏 (o) = Auge, 𐤐 (p) = Mund, 𐤑 (ts) = Angelhaken/Papyrus, 𐤒 (q) = Nadelöhr, 𐤓 (r) = Kopf, 𐤔 (š) = Zahn, 𐤕 (t) = Zeichen

8.4 Bildsymbole als Buchstaben

Weitgehend in vergessenheit gerate ist, dass es auch eine phönizisch-punische Bildsymbol-Schrift gegeben hat, wie Lipinski (1981 Fig. 327) zeigt:

Abb. 25: Phönizische Bildbuchstaben (Lipinski 1981 Fig. 327).

8.5 Zeit- und Raummessung

Ewigkeit	ålm
Ära, Zeitalter	kn
Zeit, Zeitraum, Lebenszeit	åt
Zeit, Zeitraum, Epoche	dr
Zeitpunkt	påm
Mal, Moment	påmat
Zeit verlängern	ark
lange Zeit, Länge	ark
sehr lang	msrwå
alt, altertümlich	ålm
Jahr	št, šgt, jhr
Jahre, Alter	šånt, šånwt, šnwt, šnm, šnt
Jahresname ‚Miggin‘	mjgn
Jahreszeit	åt
Frühling, Frühjahr	ån
Sommer	qts
Herbst	qtsr
Mond	jrch
Neumond	chdš
Vollmond	ksa
Monat (allg.)	rt, jrch
Monat ‚Peritios‘ (gr. Januar)	prts
Monat ‚Hijjar‘/‚Ijjar‘ (2. Monat)	chjr/ajr
Monat ‚Marzeh‘	mrzch
Monat ‚Kirur‘	krr
Monat ‚Zib‘ („Monat der leuchtenden Blumen“)	zjb
Monat ‚Paloth‘	pålt
Monat ‚Zebah Sussim‘ (gr. Hekatombion: Juli/August)	zbch ššm
Monat ‚Zebah Semes‘	zbch šmš
Monat ‚Etanim‘ (Sept./Okt.)	atnm/atnjm
Monat ‚Bul‘ (Okt./Nov.)	bl
Monat ‚Marbo‘/‚Marpe‘/‚Mirpa‘/‚Marpeim‘	mrba, mrpa, mrpam
Monat ‚Mattan‘	mtn
Monat ‚Mufa‘	mpå
Monat ‚Jerech‘	jrch
Sonne	šmš
Tag, Tage	jm
früher Morgen	qdmt
Abend	rwh
Dunkelheit	khn
Kreis	gnn
Mitte	mtrt, mtkt
Mitte, mittig	gw
Lauf („stadion“)	mrts
Tempo, Länge, Schritt („Fuß“)	påm

Die systematische Durchsicht der vorn genannten Lexika und Sprachlehren ergibt 13 phönizische Monate, die jeweils von Vollmond zu Vollmond gerechnet wurden (s. Opferkult)[131]. Bei einer 28tägigen Mondphase ergibt dies genau 13 Monate mit 364 Tagen. Ob die Phönizier einen rechnerischen Ausgleich zum astronomischen Jahr mit 365 1/4 Tagen gefunden haben, ist unbekannt.

Die Inschriften zeigen deutlich, dass die Tageszählung pro Monat recht genau nachgehalten wurde; überliefert sind etwa „*der 5. Tag*" (**jm hchmšj**)[132] oder „*am Dreißigsten*" (**bhšlšm**), „*erster Mufa*" (**mpå lbnj**), „*am 11. des Monats Zib*"[133], „*am 15. des Monats Paloth*"[134], „*am 20. Tag des Monats zbch ššm*", „*am Neumond des Monats zbch ššm*"[135] oder „*am Neumond des Monats Ethanim*"[136]. Der literarische Ausdruck „*die goldene Flügelsonne*" bezog sich wohl auf den Tageslauf des Zentralgestirns.

Ein jährlich wiederkehrendes Ritual war das „*Erwecken des Herakles* [Melkart] *im Monat Peritios*"[137]. Im - hier makedonisch bezeichneten - Januar wurde die Auferstehung des Melkart, des Schutzgottes der Seefahrer, der Kolonisation ferner und gefährlicher Länder sowie der Einführung von Ordnung und Sicherheit gefeiert. Die Griechen setzten Melkart mit Herakles gleich. So etwa hieß die Meerenge von Gibraltar bei den Phöniziern „*die Säulen des Melkart*", bei den Griechen „*die Säulen des Herakles*", was sich wohl auf alle damals bekannten Meerengen übertrug.

9. Religion und Religiosität[138]

9.1 Gottheiten (allg.)

Götterfamilie/Pantheon	dr bn alm	Gott gab	aljtn
die geheiligten Götter	alm zbchm	Herr (Anrede „unser Herr")	bjln, rbn
Gott (als Begriff)	al, aln	Herr (Anrede „Baal")	bål, bålj
Göttin (als Begriff)	alt	angesichts des Baal	pån bl
Gott, Herr (als Anrede)	adn, aršp	Anrede „unser Vater"	abn

131 Zu den phönizischen Moaten vgl. Berliner 1916. Dahood 1979.
132 KAI 76 B 7.
133 Krahmalkov 2000, 171.
134 EH 63, 3/4. Krahmalkov 2000, 188.
135 Krahmalkov 2000, 170.
136 KAI 37, 1/2. 41, 4. Krahmalkov 2000, 90.
137 Krahmalkov 2000, 309.
138 Bonnet/Lipinski/Marchetti 1986.

„Dame“ als relig. Titel	rbt, adt	göttlicher Verwandter	åm
Schöpfer	al	Lokalgottheit Land/Dynastie	bålbt
Schöpfer der Erde/Welt	al qn arts	Gottheit Person/Stadt	bål
Gott lebt	jš	Stadtgottheit	alnm bålm
seine Stimme	qlå, qwla	Cherub, Engel	krb
Gottessohn (Titel)	bn, bnalm	Anordnung (eines Gottes)	mtswt
göttlich	bra		

Abb. 26: Phönizischer Cherub als geflügelter Löwe mit Königskrone, Schlangenschwanz, Pectoral mit Lotusornamentik und ägyptisierendem Frauenkopf (Elfenbeinschnitzerei aus Nimrud. Aubet 2005 Fig. 21. Zeichnung: SB).

9.2 Das phönizische Pantheon[139]

9.2.1 Baal und Zusätze

bål: Baal (Gott des phönizischen Pantheons). **bål krntrjš:** Lokalgott „Baal von Krantaios“ des Staats Adana/Omqadu (KAI 26 AII 17. K, 115). **zbl/azbl:** „Zebel“ („der Prinz“), Beiname Baals in Personennamen. **bål lbn:** Lokalgott ‚Baal des Libanon‘.**bål mgm:** Baal der karthagischen Magoniden-Dynastie. **bål mlga:** Lokalgott „Baal von Malaga“ (Spanien). **bål šlm hrašt:** Baal als „Meister der Abgabe Erstgeborener“. **bålchmn:** Lokalgott „Baal von Hammon“, Kurzform **chmn**. Hmn: Hammon. Von den Römern mit Saturn gleichgesetzter Gott der Westphönizier, Gatte der Göttin Tinnit-

139 Vgl. dazu Xella 1986. Bonnet/Lipinski/Marchetti 1986. Lipinski 2018.

Phanebal. Beides auch Götter der Magoniten[140]. **bålåmw:** Baal-Ammon. **bålmrp:** Baal-Marpe (Baal als „Meister der Heilung", Beiname von Esmun). **bålmrqd:** Baal-Marqod („Baal des Tanzes"). **bålqrnm:** Baal-Qarnem („Baal mit den zwei Hörnern", „Baal der Zweigehörnte"[141]. **bålraš**: Baal-Ras. Lokalgott eines Berges. **bålšmm**: Baal-Samem. Baal als „Herr der Himmel" bzw. Gott des Sturms, des Donners und der Blitze[142]. **bålt gbl**: Lokalgöttin „Baalit von Gabal/Byblos". **bålt hchdrt:** Baalit als „Herrin der Unterwelt". **båltsdn:** Lokalgottheit „Baal von Sidon". **båltspn:** Baalsapon, Lokalgottheit des Berges Saphon (Jabal al Aqra). **båltsr**: „Baal von Tyros". Bezeichnung für den Stadtgott Melkart von Tyrus[143]. **bst (^båset):** Beiname Baals unbek. Bedeutung. **hdd:** Hadad (Beiname Baals). **tsdem- bål:** Sadam-Baal, Salambo. **tsdnbål**, **tsdmbål:** Tsadanbol, Sadanbaal (evtl. die ägyptische Göttin Isis). **pnbål:** Panebaal. Lokalgottheit des israelischen Küstenorts Askalon. Tritt im Namen Tinnit-Panebaal auf, die mit Baalhammon vereint ist. Spezifische Beinamen Baals sind auch **tspn** (safon, „der Norden"), also „Safonbaal" oder „der Baal des Nordens" sowie **šmm** (šamin, „vom Himmel"), also „Himmelsbaal".

Die vielen Namenszusätze für ‚Baal' zeigen, dass es sich um einen allgemeinen Terminus für ‚Gott' oder ‚Göttin' handelt; möglicherweise weil man an eine Verkörperung der obersten Gottheit in allen phönizischen Gottheiten glaubte. Neben den genannten lokalen Ausprägungen sind die Beinamen Baals zur Rekonstruktion der Gottesvorstellung hilfreich: Er ist auch der Gott der Westphönizier, überwacht die Abgabe Erstgeborener (d.h. die Geiselname von Kindern eingeborener Stammeshäuptlinge), wie Esmun hat er Heilkräfte und ist als Hybridgott Baal-Marqod ein Gott des Tanzes. Mit seinen beiden Hörnern und seinem Streitwagen[144] fährt er als Gott des Sturms, des Donners und der Blitze vom nördlichen Himmel herab. Die Ähnlichkeiten zum griechischen Zeus und zum skandinavischen Thor sind augenfällig. Vielleicht ist mit der überlieferten Form **båmlqrt** eine lokale Hybridbildung von Baal und Melkart, dem Schutzgott der Seefahrt und der Kolonisation, gemeint.

---

140 KAI 79.1/6. Krahmalkov 2000, 113.

141 Vgl. dazu Baal-Hadad (hdd), dargestellt als Jungbulle. CIL VIII 24113 Bulcaranensi. Krahmalkov 2000, 118.

142 KAI 26 AIII 18/19. Krahmalkov 2000, 119.

143 KAI 47,1. Krahmalkov 2000, 118.

144 Vgl. die phönizische Inschrift **bål asr mrkbtj** („Baal schirrte seinen Streitwagen an"). BASOR 209, 1973, 18, Zeilen 1-2. Tomback 1978, 199.

9.2.2 Astarte und Zusätze

åštrt: Astarte, Astoret. Phönizisch-punische Hauptgöttin des 1. Jtsd. v. Chr., Lokalpatronin von Sidon und der dortigen Dynastien. **åtratw:** Athratu, Atharatu (Beiname der Astarte auf Münzen). **åšta:** Asta (Kurzform für Astarte). **åštrt ark:** Lokalgöttin Astarte von Eryx/Sizilien. **åštrt as bgw:** Lokalgöttin Astarte von Gw. **åštrt blbnn:** Astarte als Schutzgöttin des Libanon. **åštrt blpš:** Lokalgöttin Astarte von Lapethos/Zypern. **åštrt kt:** Lokalgöttin Astarte von Kition/Zypern. **åštrt pp:** Lokalgöttin Astarte von Paphos/Zypern. **åštrt šmbl, šmbål:** Lokalgöttin Astarte von Sembaal (in Sidon angebetet). **åštrt šmrn:** Lokalgöttin Astarte von Samaria. **tnt-åštrt:** Lokalgöttin Tinnit-Astart von Sarepta/Sidon.

9.2.3 Esmun/Eschmun und Zusätze

ašmn: Esmun. Ähnlich wie der gr. Asklepios/Äskulap ein Gott des Heils, der Gesundheit und der Medizin. **ašmnå, ašmw, šmn:** Andere Formen für ‚Esmun'. **šbn, ašbn:** Esbun, Asbun. Dialektformen für ‚Esmun'. **åšmnšd:** Esmun-Sidon, Lokalgottheit der Sidonier. **ašmn bån jdll:** Lokalgottheit Esmun von Ban JDLL. **ašmn marh:** Esmun-Me-Erech („Esmun, der Wirt", Gastgeber der Reisenden und Kranken).

9.2.4 Rasap/Resef/Reschef[145] und Zusätze

ršp, aršp: Rasap, ehemals akkadischer Gott. **ršp chts:** Rasap des Pfeils. Gott der Bogenschützen und des Bogenschießens, gleichgesetzt mit der späten Auffassung des Apollon[146]. **ršp [h]mkl [aš] badjl:** Rasap, Lokalgott von Idalion mit dem Beinamen „der Zerstörer". Gott der Vernichtung und des Todes. **ršp alhjts**, **ršp aljjt:** Rasap Alasiotas/Eleita. Lokalgottheit von Tamassos/Zypern). **ršp-tsprm:** Rasap mit dem Zusatz **tsprm** (siporim, „der Vögel"), also „Rasap/Resef der Vögel". **ršp mjlqrt:** Rasap-Melkart, eine Hybridgottheit aus Rasap und Melkart.

9.2.5 Melkart/Milkart und Zusätze

mlkrt: Melkart. Schutzgott der Schiffahrt und der Kolonisation. **qrt:** Qart (Kurzform für Melqart). **mlqrt bål tsr**, **mlqrt**: Lokalgott Melkart von Tyrus[147]. **ršp milqrt:** Rasap-Melkart, eine Hybridgottheit zwischen Rasap und Melkart.

145 Zu Reschef vgl. Lipinski 1982, 373/374.
146 Krahmalkov 2000, 449.
147 CIS I 122.1. Krahmalkov 2000, 54.

9.2.6 Sid und Zusätze

tsd: Sid. **šd/šda:** Sid, Lokalgottheit von Sidon. **tsd-mlqrt:** Sid-Melkart, eine Hybridgottheit zwischen Sid und Melkart. **ts-tnt:** Sid-Tinnit, eine Hybridgottheit zwischen Sid und Tinnit.

9.2.7 Milk/Molk/Moloch und Zusätze

chrm: Lokalgott Milk von Chrm , eines unbek. Landes am Meer. **milkåštrt:** Milk-Astarte, Hybridform zwischen Milk und Astarte, angebetet in Hammon(bei Tyros, Libanon) und Leptis Magna (Lybien). Ansonsten keine inschriftlichen Nachweise.

9.2.8 Tinnit/Tanit und Zusätze

tnt, nt: Göttin Tinnit, Tanit, Nit (evtl. auch die ägypt. Neith und die griech. Athene). **tnt-pnbål**: Tinnit-Panebaal (auch nur: Tinnit), tritt in Gemeinschaft mit Baalhammon in Westphönizien auf)

9.2.9 Weitere phönizische Gottheiten

adjrta: Adirta. **albgl:** Die Lokalgottheiten von Gbl (Lapethos/Zypern). **albt:** Oberster Lokalgott in Cirta/Algerien. **alh**, **alha**: Alha. **alm:** Elim. **alnm rpam:** Alonim Repaim (Todesgott, vergöttlichter Tod). **am:** Em (Mutter. Name für Chwt, die Göttin der Toten und der Unterwelt). **arš:** Ars (woh Ares bzw. Mars). **ch**♀: (tritt nur als Namensteil auf, evtl. chwt, hwt). **chdš:** Hudis (Gottheit des Neumonds). **chldal:** Huldal♂. **chtsr-mskr:** Htr-Meskar (vollständiger Name von Meskar/Maktar). **chwt**, **hwt**: Hawwot/Hawwit/Eva (Göttin. Herrscherin der Toten, Göttin der Unterwelt erste Frau, Mutter eines jeden Menschen). **dbrn**: Debren. Lokalgott im röm. Tripolitanien/Libyen). **dgn:** Dagon (Gott des Getreides und Ackerbaus). **dom:** Dam (tritt nur als Namensteil auf). **ha:** Ha♀ (evtl. chwt, hwt). **hkl:** Hekal (tritt nur als Namensteil auf). **hrnå:** Hereno, Erene (evtl. die gr. Friedensgöttin Eirene). **jabål:** Jabal, Jubal. **jal:** Jol. **jaql:** Jocol. **jhw:** Jachwe (israelische Lokalgottheit). **jrch:** Jerah (Mondgott). **jtsn:** Isen. Tritt nur einmal in einem marokkanischen Namen auf: **abjtsn** (Abd-Isen, Diener von Isen)[148]. **krr:** Kirur (Gott des Monats Kirur). **krwa:** Korwa, Kore (karthagische Lokalgöttin, der Persephone gleichgesetzt). **ksa:** Kese (Gott des Vollmonds). **kšr/kjšr**♂, **kšrt/kjšrt**♀: Kusor, Kisor, Kusart, Kisart (Gottheit des Intellekts, der Weisheit, des Lernens, der Wissenschaft und der

148 Krahmalkov 2000, 214.

Künste). **mr:** (unebk.). **mrd:** Merod. **mrkt**: Markot (Gott des Tanzes); **mrnj:** Marni (zypriotische Lokalgottheit). **mšr:** Misor♂ (Personifikation des Rechts, der Integrität und Gerechtigkeit). **mt:** Mut (Totengott). **nrgl:** Nergal (Gott der Unterwelt). **åkz**, **åks**: unbek. **ål:** Il. **åljn:** Eljun („Höchster". Titel für den Vorfahren aller Götter, den Vater des Himmels und der Erde). **ålm:** Ulom (Gott der Ewigkeit). **ånt:** Anat („Bollwerk des Lebens"). **åštrnj:** Astronoë (Partnerin des Totengott-Erweckers). **pmj:** Pumaj (zypriotische Lokalgottheit). **qdš** (^qadoš): Heilige, Göttin. **rbt**, **rbtn**: „die Dame", „unsere Dame" (Beiname der Göttin Tinnit-Panebaal). **rkbål:** Rakab-Il. Lokalgottheit der Mopsiden-Dynastie des Staats Sam'al im 9. Jhdt. v. Chr.). **rspchts:** Rispechets. **šan:** Se'an. **šchr:** Sahar (Gottheit der Morgenröte). **šdrpa**: Sadrape (Lokalgottheit Marathus/Syrien, Sarepta/bei Sidon, Leptis Magna/Libyen und Carthage/Zypern). **šgr:** Sigur. **skn**, **askn**: Sakun (Lokalgottheit mit Tempel in Karthago). **šlm:** Salom (Gott des Friedens, der Ordnung und Stabilität). **šmš:** Göttin „Ewige Sonne". **ta:** Ta, Tsa (evtl. ȧdjrta, dbnta, qrnta). **tjnw:** Tennaw. **twrh:** Thuro (Gott der Weisheit, vgl. Kusor). **tsdq wmšr:** Sidik Umisor (Gott der Wahrheit und des Rechts, Lokalgottheit des Philos von Byblos). **tsjts**: Sis, Siz (♀ „Licht der Tyrer").

9.2.10 Ägyptische Gottheiten im Phönizischen

amn: Lokalgott Amon von Theben. **amnnka:** Amun-Necho. **as**, **asj:** Isis (Frau und Schwester von Osiris, Mutter des Horus, angebetet in einem Tempel in Karthago). **asr/awsrj:** Osiris (Totengott, Mann und Bruder von Isis, Vater des Horus). **asr blpš:** Lokalgott Osiris von Lapethos/Zypern mit dortigem Tempel). **bstj:** Basti, Katzengottheit. **chp[j]:** Chapi/Apis[149]. **chr:** Horus (Falkengott. Sohn von Isis und Osiris). **chr-pkrts:** Harpokrates („Horus, das Kind"). **otr:** Hothor/Hathor. **ptch**, **pth:** Ptah, Lokalgott von Memphis. **rå:** Ra (Sonnengott).

9.2.11 Gottheiten anderer Länder im Phönizischen

alt: Alt, Ailot, Ilatu, Ashirta, Ashrata (ugaritische Totengöttin). **mzdj:** Masdi, Ahuramazda (persisch). **šlmm:** Shalman, Salman (assyrisch). **šår:** Schor, Thor (germanisch).

9.3 Tempelbau

eine Lokalgottheit einführen	jšb	heiliger Ort	kdš, qdš, qdš, mjqdš

149 Vos 2004.

Tempel mqm, bt, chjt, måwn

Heiligtum, Tempel ašrt

Heiligtum kdš, qdš, mqdš, mjqdš

Tempelberg hralm

Rundmauer chgr

Mauer (am Tempel) chts

den Zutritt begrenzen chgr

Innenraum, Cella tw, mqdš, dbr

Heiligtum, Weihestätte (Altarraum) mmqm, mjqdš, måqam, mqdš, qdš

Pfeiler (Säule) tspl

Säule åmd

Säulenbasis jsd, mkn

Postament nš

Säulenschaft btsn

Säulenkapitell raš, ktort

Säulen-Vorhalle, Säulenhalle, Portico årpt, årpat, mpqd

Innenhof eines Tempels chtsr, chtsrt

Schatzkammer eines Tempels mazn

Schutzbereich im Tempelbezirk šmrt

Zimmer (im Tempelbereich) lškt

Altar mzbch

Giebelaufsatz, Akroter åtrt

Täfelung mspw

Tempeltor šår

Tempelsteuer, Steuer årkt

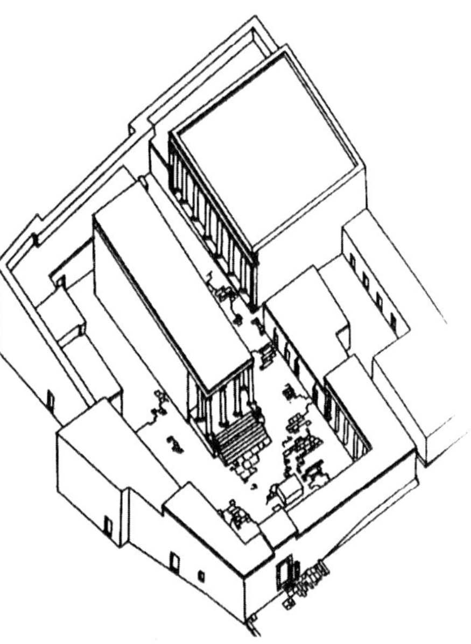

Abb. 27. **Links**: Münzbild eines phönizischen Tempels mit Vortreppe, Säulen-Portico und massivem Flachdach (Drachme Jubas I, 60-46 v. Chr. mit der Aufschrift: **jwbt hmmlk** d.i. etwa ‚Herrschaft des Juba'. Abbildung der Münze bei Lipinski (1981 Fig. 258.2). Der auf dem Münzbild nicht sichtbare Giebel wurde auf der Zeichnung bei Schröder (1983, 283 u. Taf. 18, Abb. 40., s.o.) gräzisierend ergänzt. **Rechts**: Rekonstruktion der phönizischen Tempelanlage der Milkastart aus dem 3. Jhdt. v. Chr. in Umm El-Amed. Der Tempel weist einen Innenhof auf, in dem ein weiterer, kleiner Tempel steht (Lipinski 1981 Fig. 374).

Die Bauart und Ausstattung phönizischer Tempel ist aufgrund könglicher Weihinschriften und von Münzen gut bekannt; im Großen und Ganzen ähnelt beides den griechischen Tempeln; es bestehen aber auch markante Abweichungen. Jehawmilk von Byblos rühmt die von ihm veranlassten religiösen Baumaßnahmen inschriftlich folgendermaßen: „*Ich habe für meine Lady Baalt von Byblos diesen Bronzealtar gebaut, der sich in ihrem Hoftempel befindet. Auch die goldene Gravur, die sich gegenüber dieser Inschrift hier befindet, dann den goldenen Vogel, der oben auf dem Stein Tkt nahe der goldenen Gravur steht und auch diese gesamte Vorhalle mit ihren Säulen, Kapitellen und ihrer Abdeckung darauf*“[150].

Wie bei anderen Anrainern des Ostmittelmeers dienten die Tempel gleichzeitig als Schatzhäuser für wertvolle Opfergaben bzw. als Aufbewahrungsort für Tempelsteuern und Staatseinnahmen: Im Schatzraum konnten sich z.B. „*aus Gold gearbeitete Gegenstände*“[151] befinden, so dass spezielle Aufseher „*die Pflege der Statuen und Bilder und der Altäre übernahmen, die sich im Depot*“ befanden[152].

Darüber hinaus waren Tempel diejenigen Örtlichkeiten, in denen königliche Edikte, Ratsbeschlüsse oder Gesetze veröffentlicht wurden: „*Die von uns gewählten Verantwortlichen des Tempels sollen diesen Beschluss auf eine goldene Stele schreiben und sie öffentlich in der Säulenhalle des Tempels aufstellen*“[153].

9.4 Tempelinventar

Altar	mzbch	Kultgerät aus Edelmetall ‚Ephod‘	pdt
Räucheraltar, Weihrauch	lbnt	Kultgerät ‚heiliges Aser‘	ašr qdš
Duft, Geruch	rch	Kultsieb	mkbrt
Vorhang	swj, swjt	unbek. Opfergerät	arzm
Gardinenschutz	prr	rotes Gewand der Astarte-Statuen	šnt
Kultgerät	chlpt	Schnauze, Maulkorb, Mundschutz	mchs, mchsm
Kultgerät	chnwts	der Astarte zugehörig	aštrwj
Kultgerät	tkt		

150 KAI 10, 3/6. Krahmalkov 2000, 168.
151 KAI 81, 1/4. Krahmalkov 2000, 266.
152 CIS i 88, 3/6. Krahmalkov 2000, 302.
153 KAI 60, 4/5. Krahmalkov 2000, 202.

Die Angabe, das rote [wohl purpurne] Gewand der karthagischen (kakkabitischen) Astarte-Statuen (**šnt**, **^sani**) werde dort von allen Götterbildern getragen[154], möglicherweise kombiniert mit einem Sternenschleier[155], sowie die Grabinschrift *„Ich, Bittnoam, … liege in diesem Sarg, mit einem Gewand bekleidet, mit einer Kopfbedeckung auf dem Kopf und einem Maulkorb auf dem Mund wie die Königinnen* [Göttinnen, etwa Astarte, Tinnit etc.], *die mich beschützten*"[156] legen nahe, dass die Kultstatuen in phönizischen Tempeln bekleidet waren. Es gab sogar die Tradition des kultischen Abrasierens des göttlichen Bartes, wozu ein Priester als *„Barbier des Gottes*" auftrat.

Der erwähnte Mund-Nasenschutz deutet wohl auf ein Ritual hin, bei dem es darauf ankam, das Gesicht zu wärmen, zu schützen oder unkenntlich zu machen, das Einatmen von Sandstaub zu verhindern, ein Schweigegelübde anzuzeigen oder die Atemluft symbolisch rein zu halten. Ähnliches ist aus dem achaimenidischen Hofzeremoniell bekannt. Dass der Verstorbene dieses Ritual bis in den Tod beibehielt, deutet nicht nur auf eine Übertragung des Brauchs in den Alltag, sondern auch auf dessen hohe Abkunft oder Funktion hin.

9.5 Tempelpersonal

Oberpriester	rb	Barbier des Gottes	glbalm
Priester	tmgha, khn, håkn	junger Tempeldiener, Ministrant	når
Komer-Priester	kmr	weibliches Tempelpersonal	ašt
Opferpriester	zbch	Prophet, Mann Gottes	ašalm
Opferer	ålzbh, zbh, ŧbh, ŧbch	Seher, Visionär, Prophet	chz
Lektor-Priester	qra	Tempelfunktionär	sgn
Lektor-Priester (Magier)	hrʦmn	Kultfunktionär	mqm
Wachtpriester	ʦp	Fest der Priester/einer Gilde	mrzch
Priesterin, Tochter des Priesters	khnt	Tempelgast	grhkl
Priestergewand	md		

154 Krahmalkov 2000, 475.
155 Pfiffig 1969.
156 KAI 11. Krahmalkov 2000, 276.

9.6 Liturgie

heilige Tempel-Liturgie	mlakt qdšt
religiöse Liturgie	mlak, mlkt
rezitieren	nšb
Schöpfer, erschaffen	qn, qna, qnj
Darbringung	mlk
religiöse Handlung	mtswt
Dienstleistung, Liturgie	mšr
einem Gott dienen	åbd
Dienerin eines Gottes	amt
im Dienst eines Gottes	bda
Diener, Anbeter, Gottesverehrer	åbd
Gott anrufen, beten	qra
Verzauberung	lchšt
zum Leben erwecken	jšb
von Gott erbitten	arš, aršå
Predigt, predigen	ndr
preisen, rühmen	nša
Flamme	lhbåt
Feuer, Asche	arj
Darbringung, Opfer	nša
Angebot, Opfergabe	zbh
Darbringung, Weihgabe, Angebot, Opfer	šat, mŧna
Opfer(?)	šat
opfern	zbg
opfern, darbieten	pgå
als Opfer darbringen	qrb
weihen, widmen	ndr, qdš, jqdš
dem Gott Askon [gewidmet]	laskn
Segen	brkt, brk, jbrk
segnen, gesegnet	brk, tbrk, mrr
selig	brk
heilig	naqjdš

9.7 Opferkult (allg.)

Opferpriester	zbch
Opferaltar	mzbch
Opfertisch	ntsb
Altar	mwbt
Opfergabe für einen Gott	mncht
Opfergabe	mšat
Gabe, Opfergabe	mkcht, naša, mtn
Opfer	zbh, zab, kån
opfern	zbh, nsk, plt, åms, qdb
freiwilliges Opfer	šlm
periodisches Opfer	zbch jmm
Ganz- oder Brandopfer	kll, ålt
Votivopfer	tswåt
Friedensopfer	šlm
Spezialopfer	kmr
Sühneopfer	štspa
Wildopfer	tsd

9.7.1 Ganzopfer

ganzes Brandopfer	ålt	Feuer, Asche	arj
Fleisch, Ganzopfer	bšr	ein Opfer Rauch werden lassen	qŧr
ein Tier opfern	zbch	aufsteigen (Rauch)	ålj
Schlachtstätte	nbch	räuchern (Opfer)	qnr
Schlachtplatz	mŧbch	Rest eines Opfers	ahd
unbek. Opfertier (Hahn?)	qdmt	verbrannte Überreste, Asche	chrt, šnjt
Lammopfer	mlu amr	Opfermahl	mrwt
legen, platzieren	šm		

9.7.2 Teilopfer/Ersatzopfer

ein Brand-/Teilopfer darbringen	ålj	Rippe eines Opfertiers	ašlb
Teile eines Opfertiers	jʦlt	Seite, Schenkel	aʦl, kbrt
Opferstücke	tbdt	Seite, Flanke	jd
zerlegtes Opfertier	ʦwot	Lende, Schenkel, Keule	šlb, ašlb, ʦd
Eingeweide	qʦrt	Knochenbehälter	maspt
Teil eines Opfertiers	tbrt	Schekel (Maß im Opferwesen)	šql
Fuß eines Opfertiers	påm		

9.7.3 Spezialopfer/Sündopfer/Naturalopfer

Spezialopfer	kmr	Heiliges Opfer zur Geburt	azrm
Sühneopfer	šʦpa	Übergabe des Erstgeborenen	šlm hrašt
Melk-Opfer für eine Person	mlk adm	Naturalopfer für einen Gott	mnch
Melk-Opfer für Baal-Hammon	mlk bål	Beigabe, Niedergelegtes	mncht
Milkot-Opfer für Baal	mlkt bål	Opferbrot	chlt
Melk-Opfer zur Geburt (Lamm)	mlk amr	Geld opfern	mnj

Die vielen religiösen Opfer und Opferrituale, die aus unterschiedlichen Motiven und Zielsetzungen erfolgten, nehmen in den Inschriften naturgemäß viel Raum ein. Wie die Differenzierung des Wortschatzes zeigt, gab es verschiedene Arten des Opferns. Höchstes Opfer war das Ganzopfer, bei dem ein gesamtes Tier geschlachtet und verbrannt wurde, in geringeren Fällen wurden einzelne Schlachtstücke verbrannt (Ersatzopfer), es gab aber auch die Möglichkeit, Naturalien auf den Altar zu legen (Sündopfer/Sühneopfer). Da Fleisch sehr wertvoll war, findet man hin und wieder auf die Floskel *„Ich gab Fleisch von meinem Fleisch“*[157]. Der Tag einer Kindsgeburt galt als *„guter und glücklicher Tag“* wurde mit einem gesonderten Lammopfer gefeiert. Teil der Opferhandlung war die rituelle Übergabe des Kindes - insbesondere des Erstgeborenen - in Priesterhand, also in göttliche Obhut[158].

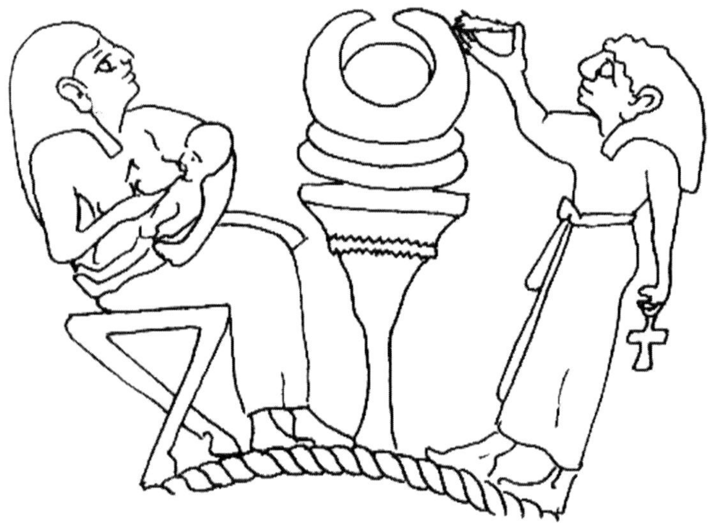

Abb. 28: Molk/Melk-Opfer für eine Person, hier für ein Kleinkind. Während die Mutter das Kind stillt, legt eine Priesterin einen geweihten Zweig auf den Altar. Da keine Flamme dargestellt ist, handelt es sich nicht um ein Feuer-, Brand- oder Rauchopfer. Der Gegenstand auf dem Altar ist wohl ein spezielles Opfergefäß (Syrophönizische Silberschale, 8. Jhdt. v. Chr. Louvre Paris. Lagarge 1983 Taf. 113 Ausschnitt 5. Zeichnung: SB).

Das Schlachten war seinerseits ritualisiert; das Ausschlagen der Tiere mit den Füßen bzw. Hufen (***bam***) während dieser Handlung wird mehrfach erwähnt. Demnach handelte es sich vorwiegend um größere domestierzierte Tiere aus der landwirtschaftlichen Haltung; man traf sich *„bei einem Lamm oder einem Ziegenbock oder einem*

157 Die Vorstellung, die seltenen Erwähnungen dieser Floskel könnten sich auf das Töten und Opfern von Erwachsenen und Kindern beziehen, stammt aus antisemitischen Zusammenhängen und ist schon deswegen stark zu bezweifeln. Eissfeldt 1935. Simonetti 1983.

158 Dies erweist sich auch an einer dem Gesundheits- und Heilsgott Esmun geweihten Molk-Statue bei Delavault/Lemaire 1976.

Jungwidder als Ganzopfer oder Sündopfer oder Ersatzopfer“ (**båmr am bgda am btsrb ajl kll am tswåt am šlm kll**) oder bereitete *„den Altar für Vieh, für Naturalopfer, für Brotkuchen, für Balsam“* (**šhmqnt šåkra šågå šbšm t hmzbch**) vor[159]. Der Brauch des Schlachtens und Opferns dürfte ägyptischer Herkunft sein; die Gottesgabe eines ganzen Ochsen war wohl finanziell besser gestellten Personenkreisen vorbehalten.

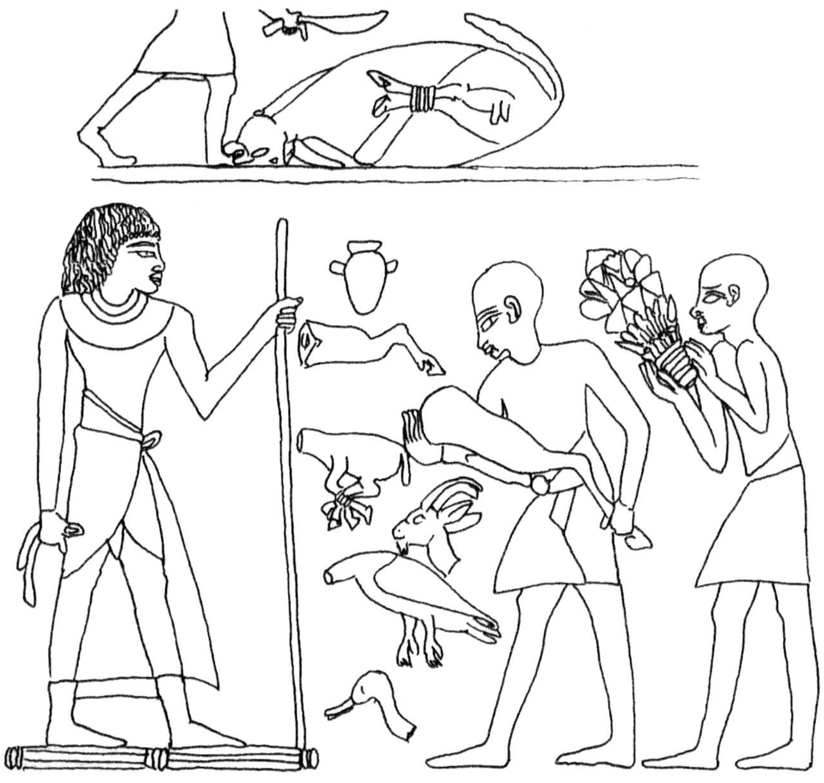

Abb. 29: Opfer zum Monatsbeginn. Oben wird ein an den Beinen gefesselter Ochse geschlachtet, unten einer seiner Schenkel und das Bein eines kleineren Huftiers als Teilopfer zum Opferpriester gebracht. Als kleinere Ganzopfer sind auch ein Ziegenbock und eine Gans abgebildet, deren Köpfe abgetrennt wurden. Über den Gaben schwebt das Gefäß zur Aufnahme der Asche, in der zweiten Reihe bringt jemand Feldfrüchte als Naturalopfer (Ägyptisches Flachrelief aus dem Grab der Merymery im unterägyptischen Sakkara am Nil, 18. Dyn., ca. 1350 v. Chr., etwa 200 Jahre nach der Herrschaft der teilweise phönizischen Hyksos (Museum van Oudheden, Leiden. Zeichnung: SB).

Auf den Reliefs des Sahure wird genau dargestellt, in welche Stücke ein Ochse zunächst zerlegt werden musste[160]. Einige der Opferhandlungen hatten festgelegte

159 Friedrich/Röllig 1999, 83.
160 Eggebrecht 1973. Krug 1978.

Zeiten, sofern man sich diese nicht selbst auferlegte, wie ein Gläubiger festhält: „*So opferte ich meinem Herrn Melkart auch monatlich an den Neumonden und an den Vollmonden*“[161]. Der Monat, so die Zusatzinformation, verlief von Vollmond zu Vollmond. Als Monatsmitte galt der Neumond, also das völlige Verschwinden der leuchtenden Mondscheibe auch bei klarer Witterung. Demnach wurde die Opferhandlung in diesem Fall vierzehntägig vollzogen.

Abb. 30: „Das goldene Stierchen von Palermo“. Vergoldete Bronzestatutette mit der Aufschrift (v.r.o.n.l.u.) **qbr mtr hjtsr t** = *Dies wurde für den Matar* [den Kaufmann, den Seiler] *zur Beerdigung hergestellt*. Mit dem persischen Mithraskult hat die Statuette wohl nichts zutun, wie Schröder (1983, 252/253) annimmt. Zum phönizischen Apis-Kult vgl. Vos 2004 (Zeichnung bei Schröder 1983 Taf. 18, 26).

9.8 Gemeinde, Gebet und Erlösung

frommer Mensch	chsd	Gottesfreund	ahåln
fromm	chsjd, tsdq	Gottesanbeter, Gottesanbeterin	gr
religiös, fromm	qdš	Hund Gottes (gehorsamer Anbeter)	klb
sündigen	åms	jd., der zu Gott gebracht wurde	nšalm
Gott vertrauen (Namensteil)	åms	fromm, andächtig	qna

161 KAI 43, 10/12. Krahmalkov 2000, 237.

gottgefällig, heilig	qdš, qjdš
einem Gott dienen	šrt
Bittgebet	ql
Gebet, Bittgebet	tplt
ernsthafte Bitte, Bittgebet	tchnt
fürchten, einen Gott anbeten	gr
flehen	qnjr
Gelübde	mša, ndr
ein Gelübde erfüllen	pgå, åpʦ, šlm
Gedenkangebot	zkrn
Gabe	mtn
opfern	zbch
sich jdm. weihen	kšr
helfen, er wird helfen	åzr, jåzr
erhören	šma, šmo, ågh
retten	chlʦ
retten, erlösen	pdj, plŧ, pls
gnädig, er ist gnädig	hn, chn
göttliche Gnade	chn
lobpreisen	gdl
Gesegneter	brjk
Wunder	pla
religiöses Fest	mrzch

9.9 Tod, Begräbnis und Gräberkult

sterben	mwt
tot, gestorben	mt
Verstorbener, Toter	mt
Verstorbene	mjŧm
Tote	msk
beweinen, klagen	jl-l
Tröster	mnchm
Leichentuch	qšn
begraben, beerdigen, beisetzen, bestatten	qbr, qjbr
begraben sein	ʦwj
beisetzen	gål
bestatten, zur Ruhe legen	åbn
Beerdigung	qbr
Ruhe, Ruheort	mkcht
Ruhe, Ruhestätte	nhch
Ruhestätte; Grab	mškb
Grab(stätte)	bt, åprt, qbr, qbjr, mqm
Sarg (Kasten/Kiste)	arn
Sarg, Sarkophag	chlt
Sarkophag	chrs arnt
Sarkophagdeckel	ålt
errichten, aufstellen (Grabstein)	ŧna
Grabstein, Gedenkstein	abn
Gedenkstein	chn
Grabmal, -monument	br, btålm
Mausoleum	npš, napš
Grabgewölbe	klt
Grabkammer	chdr, chdr bt ålm
Gruft	bar
Potasche	chrʦ
Grabbeigabe	krch
Schnauze, Maulkorb	mchsm
ein im Grab Schlafender	jšw
verbrennen, kremieren	arj
verbrennen	åšw

Überreste, Asche	arjt
Urne	mchsp, måšn, chʦb
Hinterlassenschaft	agat
Ewigkeit	ålm, ʦls
in Ewigkeit	lålm
Unterwelt („die Kammern“)	chdrt
Unterwelt	åprt
Schatten, Geister	rpj, rpam
Totengeister	rpj, rpam
Todesgott, göttlicher Tod	alnm rpam
Grabmonument	sjwåt, ʦjwån
Begräbniskleidung	swt

Phönizische und punische Friedhöfe mit entsprechenden Gedenksteinen sind insbesondere in Nordafrika vielfach gefunden worden; oftmals finden sich dort Mausoleen[162].

Abb. 31: Sarkophag aus Sidon (evtl. lykisch) in Form eines Tempels mit Tonnendach, Giebelakroteren, Wasserspeiern und zwei Cherubim. In den beiden Bildflächen befinden sich figürliche Szenerien. König Baana (Ende 5. Jhdt. v. Chr) zugeordnet (Archäologisches Museum Istanbul. Lipinski 1981 Fig. 41. Zeichnung: SB).

9.10 Zauber und Magie

Beschwörung, Zauber	lchšt
Zauberer, Magier	chbr
Orakel, der Seher	mgšt
Zauberspruch	mnt
mit Magie/Zauber binden	ntk
die bösen Augen werfen: flüchtiger Blick	ån
eine Art Geist (später: Golem)	glm
Dämon der Nacht	lljt
saugender Dämon	mzh
Schnauber, Pruster (Ungeheuer)	nchr

162 Eine Karte der nordafrikanischen phönizischen Mausoleen s. bei Lipinski (1982, Fig. 220).

10. Personennamen[163]

10.1 Übliche Zusätze zu variablen Gottheiten (NN)

Abd/Abdå/Abdai („Diener NNs"); **Abi** („NN ist mein Vater"); **Abinu** („Unser Vater ist NN"), **Ader** („NN ist groß!"); **Adni/Idni/Adån/Adåni** („NN ist mein Herr"); **Ahl/Åhl/Åhli** („NN ist meine Familie"); **Akbar** („Ich bin klein/eine Maus"); **Akor** („NN schütze!"); **Akt**(?); **Alim** („Wo ist NN?"); **Alås** („NN frohlocke!"); **Allup** („NN ist mein Freund"); **Am** („NN ist [meine] Mutter"); **Ammi/Amat/Ammati/Ummath** („NN ist mein/e [göttliche/r] Verwandte/r); **Amås** („NN unterstütze mich/ihn/sie!"); **Amåt** („Dienerin des NN"); **Ansti** („NN ist mein Wunsch!"); **Areset/Arsat/Aristo** („NN ist mein Wunsch!"); **Asmun/Esmun** (Gott Esmun); **Aså** („NN machte"); **Az/Åz** („NN ist mächtig", „NN der Stärke"); **Azar** („NN hilft"); **Aziz/Izzuz** („für den/die mächtige/n NN"); **Azar/Azru/Esru/Asdru/Åser** („Hilfe NNs", „NN hilf!", „NN hilft"); **Azzat** („NN ist stark"); **Azer** („NN hilf!"); **Azår** („NN, hilf ihm/mir/ihnen").

Basti („Gott Bastis); **Banå** („NN hat geschaffen"); **Ben** („Sohn des NN"); **Birikit/Birkath** („Segen NNs"); **Birkik** („NN segne mich"); **Birrek/Barik** („NN segne ihn/mich/sie!"); **Bit/Bath** („Tochter NNs"); **Båd/Bådå/Bådu** („NNs Diener", „Im Dienste NNs); **Bål** („Gott").

Esi („NN ist mein Ratgeber").

Gad („NN bringe ihm/ihr Glück!"); **Galo** („NN hat offenbart"); **Gan** („Möge NN [mich] beschützen"); **Gaås** (?); **Ger** („Furcht vor NN"); **Gerât** („Fürchte NN!"); **Giddi** („NN ist mein Glück")

Hadad („NN ist Hadad-Baal"); **Halås/Halu** („NN rette ihn/mich/dich"); **Halås/Chalutz** („Streiter NNs", „NN rette mich/ihn/sie!"); **Hanni/Hannå** („Gunst des NN", „NN sei ihm gnädig); **Hannå/Han** („NN ist gnädig", „NN sei ihm gnädig!"); **Hanun** („NN ist gnädig"); **Hasår** („NN beschütze mich!"); **Helek** („NN ist sein/ihrSchicksal"); **Hepsi/Heski** („NN ist mein Vergügen"); **Hi** („NN ist [wie] mein Bruder"); **Hiwwattå** („NN gewähre ihm ein langes Leben"); **Hot** („NN ist [wie] meine Schwester")

Ib („Wo ist NN?"); **Ib- ... Schamem** („Wo ist der himmlische NN?"); **Iddir** („Großer NN!"); **Idni** („NN ist mein Herr"); **Ili** („NN ist mein Gott"); **Inabti** („NN ist meine Frucht"); **Is** („NN lebt!"); **Ittå** („NN ist mit ihm!"; **Izrati** („NN ist meine Hilfe").

Jadå („NN versteht"); **Jaggid** („NN möge ihn/dich/sie glücklich machen"); **Jahån/Jachån** („NN sei ihm/mir/dir gnädig!"); **Jaår/Jahår/Jahur** („NN erwache!"); **Jakån/Jakin** („Möge NN ... bringen"); **Jamås** (?); **Jarib** (?); **Jasåp** („NN füge ihm/mir/dir hinzu!"); **Jasår** („NN hilft", „NN wird helfen"); **Jassib** („NN hat erschaffen"); **Jathan** (?); **Jatån/Jiten** („NN verleihe/gewähre!"); **Jazar** („NN hilf ihm/ihr/mir"); **Jehew/Jehaw/Jehewwe/Jehawwiå** („NN garantiere ihm/mir/dir ein langes Leben"); **Jehze** („NN garantiere ihm/mir/dir ein langes Leben"); **Jehi** („NN lebt!"); **Jerah** („Kind/NN des Monats Jerah"); **Jimlåk** („NN wird regieren/herrschen"); **Jismår** („NN beschütze ihn/mich!"); **Jissårka** („NN beschütze dich!")

163 Eine Sammlung literarisch bezeugter Karthager bei Geus (1994).

Kelb/Kelbe/Kibbed (NN zu Ehren!"); **Kirur** („Kind/NN des Monats Kirur"); **Kisseją** („NN beschütze ihn!").

Laba/Labat („NN, der Löwe/die Löwin"); **Latham** (?)

Magån/Miggin („Schild/Schutz von NN"); **Mahar** („Sei schnell, NN!"); **Malak** (?); **Malåk/Melek** („NN regiere!"); **Manik** (?); **Marni** (Gottheit Marni, zypriotisch); **Marår** („NN segne ihn/mich/dich!"); **Masål** („NN herrscht"); **Mat/Math** („Magd des NN"); **Melk** („Melk ist NN"); **Melkart** („Melkart ist NN"); **Meskar** (Gott Meskar); **Meslih** (?); **Methan/Mittun/Metten/Mittenay** („Gabe NNs"); **Metu** („Mann des NN"); **Miggin** („NN gewähre!"); **Mike** („Wer ist NN?"); **Milkåt** („NN ist Milkot"); **Mique** („Besitz des NN").

Naten (?); **Neri** („NN ist mein Licht"); **Nåam/Nahum/Naham/Nehem/Nehmai** („Glück", „gutes Gelingen").

Padå/Pudå/Pudaj („NN tilge!"), **Paål/Paal/Pal** („NN vollführt", „NN handele!"); **Pataha** (?); **Pellet** („NN rette mich/ihn"); **Pilles/Pille** („NN rette mich/ihn/sie!"); **Pumaj** (Gott Pumaj).

Qana (?); **Qanå** („NN erschuf"); **Qulå** („[Ich höre] seine Stimme").

Raban („Unser Herr [ist] NN"); **Raphå**(?); **Rega** („Furcht NN's"); **Ribbati** („NN ist meine Herrin!"); **Råm** („NN existiert").

Sadam (?); **Safåt/Schapats/Schafat** („NN verurteile mich/ihn/sie!"); **Safåt/Sufet** („NN regiere!"); **Sailiti** („NN ist mein Wunsch!"); **Sakår** („NN erinnere dich an mich/ihn/sie"); **Salåch/Selach/Salåh/Zillech** („NN, mache mich wohlhabend!"); **Samem** („NN erhöre ihn/mich/sie!"); **Samå** („NN erhöre [ihn/mich/dich]!"); **Samåk** („NN unterstütze ihn/mich/dich!"); **Samår/Schamar** („NN beschütze ihn/mich/sie!"); **Saå** („NN achte [auf ihn/mich/dich]!"); **Sapåni** („Möge mich NN behüten!"); **Sat** („[Gebe NN] ein Gutes Jahr!)"; **Schama** („NN erhört"); **Schamaïm** (?); **Se'an** (Gott Se'an); **Sem/Sema/Sima/Simaj** („NN ist der Name"); **Semek** („NN unterstützt"); **Semes** (Gott Semes = Sonne); **Serda** („NN, der Sarde"); **Sihar** („NN ist [mein] ..."); **Sillek** („NN verzeihe", „Baal rette ihn/mich/dich); **Siddin/Siddit** (freigelassene/r Sklave/in); **Sillem/Sallam/Salåm/Salomj** („NN bringe Frieden!", „NN lass' gedeihen!", „NN gewähre Frieden und Wohlstand!", „NN vergebe!").

Takinni („NN, gründe mich!"); **Thama**(?); **Tehewe**(?); **Thet**(?); **Tini** („NN, gib mir!"); **Tomek/Tamåka/Tamåk** („NN stützt"); **Turs** („NN, der Etrusker").

Urbtj (?); **Urå** („NN ist Licht").

Zalåch („NN lasse mich gedeihen!"); **Zanan** („Dem NN bestimmt"); **Zebu** („Wille NNs")

10.2 Personennamen als göttliche Spezifika

10.2.1 Bezug auf Baal

abbal, abjbål♂: **Abibaal** („Baal ist mein Vater"); abnbål♂♀: **Abinubal** („Unser Vater ist Baal"); adnbål: **Adni-/Idni-/Adoni-Baal** („Baal ist mein Herr"); adrbål: **Ader-Baal** („Baal ist groß!"); ajbål: **Ibaal** („Wo ist Baal?"); ajbålšmm: **Ibaal-Schamem** („Wo ist der himmlische Baal?"); albål: **Ili-Baal** („Baal ist mein Gott"); amtbål♀: **Amot-Baal** („Dienerin des Baal"); arbål: **Uro-Baal** („Baal ist Licht"); arštbål/arštj: **Aristobaal** („Baal ist mein Wunsch"); ašbål/jšbål: **Isbal** („Baal lebt!"); atbål: **Ittobaal** („Baal ist mit ihm!" Zusatz für Königsnamen); bdbål♂: **Bod-Baal** („Baals Diener", „Im Dienste Baals); bnbål: **Ben-Baal** („Sohn des Baal"); bål adr: **Baal-Iddir** („Großer Baal!"); bålakr: **Baal-Akor** („Baal schütze!"); bålanšt: **Baal-Ansti** („Baal ist mein Wunsch!"); bålazbl: **Baal-Ezbul** („Ezbul-Baal ist mein Gott"); bålazr: **Baal-Azor** („Baal, hilf ihm/mir/ihnen"); bålbrk: **Baal-Birkik** („Baal segne mich"); bålchls: **Baal-Halos** („Baal rette ihn/mich/dich"); bålchna: **Baal-Hanno** („Baal sei ihm gnädig!"); bålgas: **Baal-Gaos**(?); bålhn(a)/bålhw: **Baal-Hanno**, **Baalhan** („Baal ist gnädig"); båljchn: **Baal-Jahon** („Baal sei ihm/mir/dir gnädig!"); båljåtw♂: **Baaljathan**(?); båljsp: **Baal-Jasop** („Baal füge ihm/mir/dir hinzu!"); båljtn♂: **Baal-Jaton**, **Baaljiten** („Baal verleihe/gewähre!"); bålmgl: **Baalim-Ga**lo („Baal hat offenbart"); bålmlak♂: **Baalmalak**(?); bålmlk♂: **Baal-Malok**, **Baalmelek** („Baal regiere!"); bålmlqrt♂: **Baalmelkart** („Melkart ist Baal"); bålmåzr: **Baalim-Azer** („Baal hilf!"); bålnåm♂: **Baalnoam**(?); bålnr: **Baal-Neri** („Baal ist mein Licht"); bålåkt: **Baal-Akt**(?); båloms: **Baal-Amos** („Baal unterstütze mich/ihn/sie!"); bålåz: **Baal-Oz** („Baal der Stärke"); bålåzr♂: **Baalazar** („Baal hilft"); bålpda: **Baal-Pado** („Baal tilge!"); bålpls: **Baal-Pilles** („Baal rette mich/ihn/sie!"); bålpål♂: **Baal-Paol**, **Baalpaal** („Baal vollführt", „Baal handele!"); bålrm: **Baal-Rom** („Baal existiert"); bålšalt: **Baal-Sailiti** („Baal ist mein Wunsch!"); bålskr: **Baal-Sakor** („Baal, erinnere dich an ihn/mich/sie!"); bålšlk♂: **Baal-Sillek**, **Baalschillek** („Baal verzeihe", „Baal rette ihn/mich/dich); bålšlm: **Baal-Sillem** („Baal gewähre Frieden und Wohlstand!"); bålšm: **Baal-Samem** („Baal erhöre ihn/mich/sie!"); bålšma ♂: **Baalschama** („Baal erhört"); bålšmm♂♀: **Baal-Schamaïm**(?); bålšmr♂: **Baalschamar** („Baal hütet/beschützt"); bålšmr: **Baal-Samor** („Baal beschütze ihn/mich/sie!"); bålšpt: **Baal-Safot** („Baal verurteile mich/ihn/sie!"); bålšpts♂: **Baalschapats**, **Baalschafat**(?); bålšt: **Baal-St**(?); båltm: **Baal-Tm**(?); båltmå♂: **Baalthama**(?); båltt♂: **Baalthet**(?); båltslch: **Baal-Saloch** („Baal, mache mich wohlhabend!"); brkbål♂: **Birrek-Baal**, **Barikbaal** („Baal segne ihn/mich/sie!"); brktbål♂: **Birikit-Baal**, **Birkathbaal** („Segen Baals"); btbål♀ **Bit-Baal**, **Bathbaal** („Tochter Baals"); chltsbål♂: **Halos-Baal**, **Chalutzbaal** („Streiter Baals", „Baal rette mich/ihn/sie!"); chnbål♂: **Chanbaal**, **Hanni-/Hanno-Baal** („Gunst des Baal", „Baal sei ihm gnädig); chnnbål: **Hanun-Baal** („Baal ist gnädig"); chptsbål: **Hepsi-Baal**, **Hepsiba** („Baal ist mein Vergügen"); grbål: **Ger-Baal** („Furcht vor Baal"); grspn: **Ger-Sapon** („Furcht vor [Baal]-Sapon"); jåzrbål♂: **Jasorbaal** („Baal hilft", „Baal wird helfen", „Herr der Freude"); jbålm: **Iba-Alim** („Wo ist Baal?"); jchnbål: **Jahon-Baal** („Baal sei mir/ihm/dir gnädig!"); jchrbål: **Jahor-Baal**(?); jchzbål: **Jehze-Baal** („Baal garantiere ihm/mir/dir ein langes Leben"); jtnbål♂: **Jiten-Baal**, **Jaton-Baal** („Baal verleiht", „Baal gewährt"); jmlkbål♂: **Jimlokbaal** („Baal wird regieren/herrschen"); jr(b)bål: **Jarib-Baal**(?); kbdbål: **Kibbed-Baal** („Ehre Baal!"); mgnbål: **Miggin-Baal** („Baal gewähre!"); mhrbål♂: **Mahar-Baal** („Sei schnell, Baal!"); mjkbål: **Mike-Baal** („Wer ist Baal?"); mlkbål♂: **Melk-Baal** („Melk/Molk ist Baal"); mlktbål: **Milkot-Baal** („Baal ist Milkot"); mnkbål♂: **Manikbaal**(?); mrrbål: **Maror-Baal** („Baal segne ihn/mich/dich!"); mtnbl/mtnbål/mtnabål/mtnjbål♂: **Methan-/Mittun-Baal** („Gabe Baals"); mtwbål♂: **Metubaal** („Mann des Baal"); ntnbåal: **Naten-Baal**(?); åbdalaj: **Abd-Ili** („Diener des Ilion-Baal"); åbdbål♂: **Abd-Baal** („Diener Baals"); åbdchmn: **Abd-Hammon** („Diener des [Baal-]Hammon"); åbdtspn: **Abd-Sapun** („Diener des [Baal-]Sapon"); åmtbål♂: **Ammati-Baal**, **Ummathbaal** („Baal ist mein Verwandter"); ånbål/ånbtbål/ånbbål: **Inabti-Baal** („Baal ist meine Frucht"); årštbål: **Rst-Baal**(?);åšrbål: **Sr-Baal**(?); åtsbål: **Esi-Baal** („Baal ist mein Ratgeber"); åzbål: **Az-Baal** („Baal ist mächtig"); åzrbål♂: **Azar-/Azru-/Esru-Baal**, **Asdrubal** („Hilfe Baals", „Baal hilf!"); åzrtbål♀: **Izrati-Baal** („Baal ist meine Hilfe"); plŧbål: **Pellet-Baal** („Baal rette mich/ihn"); šchrbål: **Sihar-Baal** („Sihar ist [mein] Baal"); skrbål: **Sakor-Baal** („Baal erinnere dich an mich"); šlmbål: **Sillem-Baal** („Baal bringe Frieden/lass' gedeihen!");

šmobål: **Samo-Baal** („Baal erhöre [ihn/mich/dich]!“); šmrbål: **Samor-Baal** („Baal beschütze [ihn/mich/dich]!“); šmzbl: **Sem-Zebel** („Zebel [Baal] ist der Name“); šåbål: **Sao-Baal** („Baal achte [auf ihn/mich/dich]!“); šptbål♂: **Safot-Baal**, **Sufetbaal** („Baal regiere!“); ŧnnbål♂: **Zananbaal** („Dem Baal bestimmt“); šntbl♂: **Sanat-Baal/Sanatbel**; ʦdmbål♀: **Sadambaal**(?); ʦpnbål: **Saponi-Baal**, **Baalsaphon** („Möge mich Baal behüten!“) ʦpa♂, ʦpt♀, ʦpn: **Sapo, Sapot, Sapon** (Kurzformen für Saponi-Baal). (insges. 119)

10.2.2 Bezug auf Milkart/Melkart

amtmlqrt♀: **Amot-Milkart** („Dienerin des Melkart“); ašmnmlqrt: **Esmun-Melkart** („Esmun ist Melkart“); bdmlqrt/bdm♂: **Bod-Milkart** („Diener des Melkart“); bdålqrt♂: **Bodolkart** („Diener des Melkart“); bmlqrt, båmlqrt♂: **Bomelkart**/**Bomilkar** („Diener des Melkart“); brkmlqrt: **Birrek-Melkart** („Melkart segne ihn/mich/sie“); brktmlqrt: **Birikit-Melkart** („Segen Melkarts“); chmlqrt♂: **Achi-Melkart**, **Himelkart** („Freund Melkarts“); chnmlqrt: **Hann-Milkart**, **Hamilkar** („Melkart sei mir/ihm/ihnen gnädig“); chšqmlqrt: **Heski-Melkart** („Melkart ist meine Freude“); chtmlqrt: **Hot-Melkart** („Melkart ist [wie] meine Schwester“); grmlqrt♂: **Ger-Melkart** („Fürchte Melkart!“); grtmlqrt♀: **Gerot-Melkart** („Fürchte Melkart!“); kbdmlqrt: **Kibbed-Melkart** („Ehre Melkart!“); mlqrtbrk: **Melkart-Birrek** („Melkart segne ihn/mich/dich“); mlqrtchlʦ♂: **Melkart-Halos**, **Melkartchillez** („Melkart rette ihn/mich/dich“); mlqrtchn: **Melkart-Hanno** („Melkart begünstige ihn“); mlqrtchnj: **Melkart-Hanni** („Melkart begünstige mich“); mlqrtgd: **Melkart-Giddi** („Melkart ist mein Glück“); mlqrtjchn: **Melkart-Jahon** („Melkart begünstige ihn/mich/dich!“); mlqrtjtn: **Melkart-Jaton** („Melkart gewähre!“); mlqrtåltʦ: **Melkart-Alos** („Melkart frohlocke!“); mlqrtåms: **Melkart-Amos** („Melkart unterstütze ihn/mich/dich!“); mlqrtpls: **Melkart-Pilles** („Melkart rette ihn/mich/dich!“); mlqrtšmå: **Melkart-Samo** („Milkart erhöre ihn/mich/dich!“); mtmlqrt♀: **Math-Melkart** („Magd des Melkart“); mtnmlqrt: **Mittun-Melkart** („Gabe des Melkart“); åbdmlqrt/åbdmlqrå/abmlqr/abdmlqr **Abd-Melkar** („Diener des Melkar[t]“); åmmlqrt♂: **Ammi-Melkart** („Melkart ist mein Verwandter“): åmtmlqrt♀: **Ammati-Melkart** („Melkart ist mein Verwandter“); åzmlqrt: **Az-Melkart** („Melkart ist Macht“); åzrmlqrt: **Azar-/Azru-Melkart** („Melkart hilf!“, „Melkart ist Hilfe“); plsmlqrt: **Pilles-Melkart** („Milkart rette mich/ihn!“); qrtbn: **Qart-Bano** („[Melk]Qart hat geschaffen“); qrtjtm: **Qart-Jaton** („[Melk]Qart gibt“); qrtmšl: **Qart-Masol** („[Melk]Qart herrscht“); qrtåltʦ: **Qart-Alos** („[Melk]Qart frohlockt“); qrtpål: **Qart-Paol** („[Melk]Qart handelt“) (insges. 38)

10.2.3 Bezug auf Esmun/Asmun

amašmn: **Am-Esmun** („Esmun ist [wie meine] Mutter“); ašmadn/ašmadnj♂: **Esmun-Adon**/-**Adoni**, **Esmunadon** („Esmun ist mein Gott“); ašmn-aštart: **Esmun-Astarte** („Esmun ist Astarte“); ašmnazr: **Esmun-Azor** („Möge mir Esmun helfen!“); ašmnchlʦ♂: **Esmun-Halu**, **Esmunchillez** („Esmun rette mich!“); ašmnchn, ašmnchnå♂: **Esmun-Hanno**, **Esmunchan** („Esmun möge ihm gnädig sein!“); ašmnchʦr: **Esmun-Hasor** („Esmun beschütze mich!“); ašmnjar: **Esmun-Jaor** („Esmun erwache!“); ašmnjchn: **Esmun-Jachon** („Esmun sei gnädig!“); ašmnjtn: **Esmun-Jaton** („Esmun gewähre!“); ašmnmlqrt: **Esmun-Milkart** („Esmun ist Milkart“); ašmnoms: **Esmun-Amos** („Möge mich Esmun unterstützen“); ašmnåzr♂: **Esmunasar** („Der, dem Esmun hilft“); ašmnpls: **Esmun-Pilles** („Esmun rette mich/ihn/sie!“); ašmnrbtj: **Esmun-Ribbati** („Esmun ist meine Herrin!“); ašmnšd: **Esmun-Sd** („Esmun ist Sid“); ašmnšlk: **Esmun-Sillek** („Esmun rette [mich]!“); ašmnšlm♂: **Esmun-Sillem**

(„Esmun erhalte ihn/mich/dich wohl!“); ašmnšmr♂: **Esmun-Samor** („Esmun beschütze [ihn/mich/dich]!“); ašmntslch♂: **Esmun-Zaloch/Esmunzillech** („Esmun lass mich gedeihen!“); ašmurbtj♀: **Esmun-Urbtj**(?); bdašmun/bdåšmw/bdš♂: **Bod-Esmun** („Im Dienste Esmuns“); bålmrp: **Baal-Marpe** („Baal-Esmun, Meister der Heilung“); btašm: **Bit-Esmun** („Tochter des Esmun“); chnašmn: **Hanno-/Hanni-Esmun** („Esmun sei mir/ihm/ihnen gnädig“); grašmn: **Ger-Esmun** („Furcht vor Asmun“); jgdasmn: **Jaggid-Esmun** („Esmun möge ihn/dich/sie glücklich machen“); mjlkomw♂: **Melk-Aman** („Melk ist Esmun“); åbdašmn/ådašmn♂: **Abd-Esmun**, Abdesmun („Diener des Esmun“); åmasmn: **Ammi-Asmun** („Asmun ist mein Verwandter); åšasmn: **Aso-Esmun** („Esmun machte“); åšmnltm♂: **Esmun-Latham**(?); šnjtn: **Sun-Jaton** („Esmun gewähre“); šnoms: **Sun-Amos** („Esmun unterstütze [ihn/mich/dich]“) (34)

10.2.4 Bezug auf Melk/Molk

abmlk: **Abi-Melk** („Melk ist mein [göttl.] Vater“); achmlk: **Achi-Melk** („Melk ist mein [göttl.] Bruder“); achtmlk♂: **Achothmelek** („Schwester des Melk“); adrmlk: **Ader-Melk** („Melk ist groß“); ahlmlk: **Ohli-Melk** („Melk ist meine Familie“); amlk: **Am-Melk** („Melk ist [wie meine] Mutter“); amtmlk♀: **Amot-Melk** („Dienerin des Melk“); armlk: **Uro-Melk** („Melk ist das Licht“); brmlk♂: **Barmelech**; bdmlk/bdmlch♂: **Bod-Melk**, **Bodmelek** („Im Dienst von Melk“); brkmlk/bdm: **Birrek-Melk** („Melk segne ihn/mich/sie!“); chmlk: **Hi-Melk** („Melk ist [wie] mein Bruder“); chnmlk: **Hanno-Melk** („Melk möge ihm gnädig sein!“); chtmlk: **Hot-Melk** („Melk ist [wie] meine Schwester“); grmlk♂: **Ger-Melk** („Furcht vor Melk“); grmlkt♀: **Gerot-Melk** („Furcht vor Melk“); jchmlk: **Jehi-Melk** („Melk lebt!“); jchwmlk: **Jehew-Melk** („Melk garantiere ihm/mir/dir ein langes Leben!“); jdåmlk: **Jado-Melk** („Melk versteht“); jtnmlk: **Jaton-Melk** („Melk gibt/gab“); mlkchlts: **Melk-Halos** („Melk rette ihn/mich/ihn!“); mlkjåzr: **Melk-Jazar** („Melk hilf ihm/ihr/mir“); mlkjtn: **Melk-Jaton** („Melk gewähre!“); mlk-mlkåštrt: **Melk-Astart** („Melk ist Melk-Astarte“); mlkpls: **Melk-Pilles** („Melk rette ihn/mich/dich!“); mlkrm: **Melk-Rom** („Melk ist erhaben“); mlktsd: **Melk-Sid** („Melk ist Sid“); mqnmlk: **Mique-Melk** („Besitz des Melk“); åbdmlk♂: **Abd-Melk**, **Abdmelek** („Diener des Melk“); åmsmlk: **Amos-Melk** („Möge Melk mich unterstützen!“); åmtmlk: **Ammati-Melk** („Melk ist [wie] mein Verwandter“); åšmlk/åzmlk: **Aso-/Az-Melk** („Melk machte“, „Melk ist Macht); åzrmjlk: **Azar-/Azru-Melk** („Melk hilf!“, „Melk ist Hilfe“) (insges. 34)

10.2.5 Bezug auf Al/Il/Jal/Alot/Ilot („Gott“)

aljtn: **Al-Jaton/Aljaton** („Al/Gott gab“); alpål: **Al-Paol** („Al/Gott hat es gemacht“); ašål: **Isil** („Al/Il/Gott lebt!“); bdalm: **Bod-Ilim** („Diener Gottes“); chtalt♀: Håt-Ilåt [„Ilot ist [wie meine Schwester“]); chnal: **Hanno-Al** („Al/Gott möge ihm gnädig sein!“); jalpål: **Jal-Paol** („Jal macht“); jtnål: **Jaton-Il** („Il/Gott gibt/gab“); klbalm: **Kelb-Alim** („Alim/den Göttern zu Ehren“); klbla: **Kelb-Ila** („Il/Gott zu Ehren“); mtnal: **Mittun-Al** („Gabe Als/Gottes“); mtnalm: **Mittun-Alum** („Gabe der Götter“); nåmal: **Nehem-Il** („Il/Gott ist gut“); nåmalm: **Nehem-Ilim** („Ilim/die Götter sind gut“); nqmal: **Naqom-Il** („Il/Gott rächt“); åbdal/åbdalj: **Abd-Ali/Abd-Alaj** („Diener meines Gottes“); åbdalat: **Abd-Alet** („Diener von Alet“); åbdalm; **Abd-Alim** („Diener Gottes“); åbdalt: **Abd-Alot** („Diener von Alot“); åhjal♂: **Achi-Al** („Freund Al’s“); åmal: **Ammi-Al** ("Al/Gott ist [wie] mein Verwandter“); åtsal: **Esi-Al** („Al/Gott ist mein Ratgeber“); qnal: **Qano-Il** („Il/Gott erschuf“); šmal: **Sem-Al**, Samuel („Al ist der Name Gottes“); tmkal, tmkl♂: **Tamok-Al**, **Tomekel** („Al/Gott nehme [ihn/mich/sie bei der Hand]!“, „Al stützt“) (insges. 26)

10.2.6 Bezug auf Astarte/Astoreth

amaštrt, amåštrt♀: **Am-Astart/Emastoreth** („Astarte ist [meine] Mutter"); amtaštart, amhåštrt♀: **Amot-Astart/Amastoreth** („Dienerin der Astarte"); ašmn-aštart♀: **Esmun-Astarte** („Esmun ist Astarte"); bdåštrt/bdåstrt/bdš♂: **Bod-Astart/Bodostort** („im Dienst von Astarte"); chnåštrt: **Hanna-Astart** (Astarte sei mir/ihm/ihnen gnädig); gdåštrt♂: **Gad-Astarte/Gadastoreth** („Astarte ist mein Glück"); gråstart/gråštrt♂: **Ger-Astarte/Gerastharot/Gerostratos** („Furcht vor Astarte", „Gast der Astarte"); jgdåštrt: **Jaggid-Astart** („Astarte möge ihn/dich/sie glücklich machen"); kbdåštrt: **Kibbed-Astarte** („Ehre Astarte!"); mgwåštrt♂: **Magon-Astoret** („Schild/Schutz der Astarte); mlk-mlkåštrt: **Milk-/Molk-Astart** („Melk ist Astarte"); mtnåštrt: **Mittun-Astarte** („Gabe von Astarte"); obdåštrt♂: **Abd-Astart/Abdastoret** („Diener der Astarte"); åmåštrt: **Ammi-/Ammati-Astart** („Astarte ist meine Verwandte"); åštrtam: **Astart-Ammi** („Astarte ist meine Mutter"); åštrtchn: **Astart-Hanno** („Astarte sei ihm/mir gnädig"); åštrtchwt: **Astart-Hiwwatto** („Astarte gewähre ihm ein langes Leben"); åštrtjtn♂: **Astart-Jaton/-Jiten/Astoretjiten** („Astarte gib!", „Astarte verleiht"); åštrtjtsb: **Astart-Jassib** („Astarte hat erschaffen"); åštrtoz: **Astart-Oz** („Astarte ist [meine] Stärke"); åštrtåzr: **Astart-Azor** („Astarte hilf ihm/mir!"); åštrtšlk: **Astart-Sillek** („Astarte rette ihn/mich"); åzz-mlkštrt: **Aziz-Milk-Astarte** („Der mächtigen Melk-Astarte [gewidmet]"); pålåštrt: **Paol-Astart** („Astarte bewirke!"); šåštrt: **Sao-Astart** (Astarte achte [auf ihn/mich/dich]) (insges. 25)

10.2.7 Bezug auf ägyptische Gottheiten (Osiris, Isis, Horus etc.)

amtasr♀: **Amot-Osiris** („Dienerin des Osiris"); asrgn: **Osiri-Gan** („Möge Osiris [mich] beschützen"); asršmr♂: **Osiri-Samor/Osir-Schamar** („Der den Osiris beschützt", „Möge Osiris [mich] beschützen"); asrtnj: **Osiri-Tini** („Osiris, gib mir!"); åbdasr/åbdåsr♂: **Abd-Osiri/Abdosir** („Diener des Osiris"); pdasr: **Pado-Osiri** („Osiris erlöse ihn/mich"); pålasir: **Paol-Osiri** („Osiris bewirke!"). astkjn: **Isi-Takinni** („Isis, gründe mich!"); astn: **Isi-Tini** („Isis, gib mir!"); bdasj: **Bod-Isi** („Im Dienst der Isis"); åbdas/åbdjtsn: **Abd-Isi/-Isen** („Diener der Isis"); åbdchr: **Abd-Hor** („Diener des Horus"); åbdåbk: **Abdu-Bek** („Diener des Falken [Horus]"); plschr: **Pilles-Ho**r („Horus rette mich/ihn!"). achamn: **Achi-Amun** („Amun ist mein [göttl.] Bruder"); alamn: **Ili-Amun** („Amun ist [wie] Il"); åbdamn: **Abd-Amun** („Diener des Amun"). åbdptch/åbdpth♂: **Abd-Ptah** („Diener des Ptah"); ptchjchw: **Ptah-Jehaw** („Ptah gewähre ein langes Leben"). bnchp: **Ben-Hapi** („Sohn des Apis"); jtnchp: **Jaton-Hapi** („Apis gibt/gab"). åbdrå: **Abd-R**a („Diener des Ra") (insges. 22)

10.2.8 Bezug auf Sid/Sidik

alpšda: **Allup-Sid** („Sid ist mein Freund"); bdsd: **Bod-Sid** („Im Dienste Sids"); chntsd: **Hanno-/Hanni-Sid** („Sid sei mir/ihm/ihnen gnädig!"); grsd: **Ger-Sid** („Furcht vor Sid"); jtntsd: **Jaton-Sid** („Sid gibt/gab"); mtntsd: **Mittun-Sid** („Gabe/Geschenk Sids"); mtršd: **Mtr-Sid** („Möge Sid …"); åbdašda/åbdšda: **Abd-S[i]d** („Diener von Sid"); åbdšd, åbdtsd: **Abd-Sid** („Diener Sids"); tsdjchn: **Sid-Jahon** („Sid sei gnädig!"); tsdqmlk: **Sidik-Malok** („Sidik regiere!"); tsdqšmr: **Sidik-Samor** („Sidik beschütze!"); tsjtn: **Sid-Jaton** („Sid gewähre!"); tsjtsrk: **Sid-Jissorka** („Sid beschütze dich!") (14)

10.2. 9 Bezug auf Milkot/Milkat

achjmlkt♂: **Achi-Milkot** („Freund der Milkot"); ahtmjlkt/chtmlkt♀: **Achot**-/**Chot**-/**Ocht**-/**Hot-Milkot** („Freundin der Milkot", „Milkot ist [wie] meine Schwester"); amlkt: **Am-Milkot** („Milkot ist [wie] meine Mutter"); amtmlkt♀: **Amot-Milkot** („Dienerin der Milkot"); bådmlkt/bdm: **Bod-Milkot** („Diener der Milkot"); chmlkt♂: **Hi**-/**Chi-Milkat/Hamilkar** („Ich bin [wie] Milkots Bruder"); mjlkåtw♂: **Milkatan** (?); mtmlkt♀: **Mat-Milkot** („Magd der Milkot"); nåmmlkt: **Nehem**-/**Naom-Milkot** („Milkot ist gut"); åbdmlkt: **Abd-Milkot** („Diener der Milkot"); åzrmlkt: **Azar**-/**Azru-Milkot** („Milkot hilf!", „Milkot ist Hilfe") (insges. 11)

10.2.10 Bezug auf Meskar

grmskr: **Ger-Meskar** („Furcht vor Meskar"); åbdmskrr: **Abd-Meskar** („Diener Meskars"); åmskr: **Ammi-Meskar** („Meskar ist mein Verwandter"); mrjchj: **M[eska]r-Jehi** („M[eska]r lebt!"); mrksja: **M[eska]r-Kissejo** („M[eska]r beschütze ihn!"); mrsmk: **M[eska]r-Samok** („M[eska]r unterstütze ihn/mich/dich!"); åbdmrnj: **Abd-M[eska]rnj** („Diener von Meskarnj") (insges. 7)

10.2.11 Bezug auf Pumay

mtnpmj: **Mittun-Pumaj** („Gabe des Pumay"); åbdpmj: **Abd-Pumaj** („Diener von Pumay"); pmjjchwja: **Pumaj-Jehawijo** („Pumay gewähre ihm ein langes Leben!"); pmjjtsrka: **Pumaj-Jissorka** („Pumay beschütze dich!"); pmjjšmr: **Pumaj-Jismor** („Pumay beschütze ihn/mich!"); pmjjtn/pmjtn: **Pumaj-Jaton** („Pumay erlöse!") (insges. 6)

10.2.12 Bezug auf Tinnit/Tanith/Nith

amtmt♀: **Am-Tinnit** („Tinnit ist [wie] meine Mutter"); bdtnt♂: **Bod-Tinnit/Badtanith** („Im Dienste Tinnits"); bnt♂: **Ben-Nith/Bennith** („Sohn der Nith"); åbdtnt♂: **Abd-Tinnit/ Abdtanith** („Verehrer/Diener der Tinnit"); åztnt: **Azzat-Tinnit** („Tinnit ist stark") (5)

10.2.13 Bezug auf Allon/Allonim (Gott, Götter)

chnaln: **Hann-Allon** („Gott möge ihm gnädig sein!"); jchwaln: **Jehew-Allon** („Gott garantiere ihm/mir/dir ein langes Leben!"); jknaln: **Jakin-Allon** („Gott erschaffe/erschuf"); mtaln: **Mittun-Allon** („Gabe Ils/Gottes"); åbdalnm: **Abd-Allonim** („Diener der Götter") (5)

10.2.14 Bezug auf Dom

dåmchna/dåmhnå: **Dom-Hanno/Domanos** („Dom zeigt ihm Gunst"); dåmmlk: **Dom-Melk** („Dom regiert"); dåmtslch: **Dom-Saloh** („Dom gedeihe!"); dåmšm: **Dom-Samo** („Dom erhöre ihn/mich/sie!"); dåmtslt♂: **Domzalet/Domsallos**(?) (5)

10.2.15 Bezüge auf andere phönizische Gottheiten (Semes, Sakun etc.)

Semes („Sonne"): adnšmš: **Idni-Semes** („Semes ist mein Gott/Vater"); brkšmš/ brchšmš: **Birrek-/Berich-Semes** („Semes segne ihn/mich/sie"); åbdšmš: **Abd-Semes** („Diener von Semes"); šmššlk: **Semes-Sillek** („Semes rette [ihn/mich/dich]!") (4)

Sakun: bdskn: **Bod-Sakun** („Im Dienst Sakuns"); grskn: **Ger-Sakun**, **Geskoun**, **Giskoun**, **Gisaco**, **Gisgonis**, **Giscone** („Furcht vor Sakun")[164]; sknjtn: **Sakun-Jaton**, **Sanchuniaton** („Sakun gewähre!"); åbdskn: **Abd-Sakun** („Diener des Sakun") (4)

Noam/Numot: mtnåmt: **Mittun-Numot** („Gabe von Noam"); plsnåm: **Pille-Noam** („Noam rette mich/ihn"); štnåmt: **Sat-Numot** („[Gebe Numot] ein Gutes Jahr!)"; btnåm/btnåmt: **Bit-Noam** („Tochter Noams", „gute Tochter") (4)

Salom: abšalåm: **Abi-Salom/Absalom** („Salom ist mein [göttl.] Vater"); bitšlm: **Bit-Salom** („Tochter des Salom"); jknšlm: **Jakon-Salom** („Möge Salom Frieden bringen") (3)

Anat, Annat: antchn: **Anat-Hanna** („Anat möge gnädig sein!"); bnant: **Ben-Anat** („Sohn Anats"); åbdånt: **Abd-Anat** („Diener Anats) (3)

Kusor, Kisor: kšrjtn: **Kusor-Jaton** („Kusor gewähre!"); mtnkšr: **Mittun-Kusor** („Gabe des Kusor"); åbdkšr: **Abd-Kusor** („Diener von Kusor") (3)

Jahu, Jachwe: aspjhw: **Asop-Jahu** („Jahu versammle!"); åzrjhw: **Azru-Jahu** („Jahu ist Hilfe", „Jahu hilf!") (2)

Ars, Aris: åbarš ♂: **Abi-Ars/Abaris** („Diener des Aris"); bnarš: **Ben-Ars** („Sohn des Aris") (2)

Ta: rbnŧa♂: **Raban-Ta** („unser Herr [ist] Ta"); rgåŧa♂: **Rega-Ta** („Furcht Ta's") (2)

Sihar: bdšchr: **Bod-Sihar** („Im Dienst Sihars); åbdšchr: **Abd-Sihar** („Diener Sihars") (2)

Kese, Kis („Mond"): ksaj: **Kis-Aj** („Diener von Kese"); åbdksa: **Abd-Kese** („Diener von Kese") (2)

Sem: šmadnm: **Sem-Adonim** („Der Herr ist der Name"); šmchna: **Sem-Hanno** („Der Name [Gott] sei ihm gnädig") (2)

Bastis/Ubastis: åbdabst: **Abdu-Basti** („Diener von Bastis"); pålabst: **Paol-Ubast** („Ubastis bewirke!") (2)

Nadob: achndb: **Achi-N**adob („Mein [göttl.] Bruder ist Nadob"); abndb: **Abi-Nadob** („Mein [göttl.] Vater ist Nadob") (2)

Rasap: bnrašp: **Ben-Rasap** („Sohn des Rasap"); ršpjtn: **Rasap**-Jaton („Rasap gewähre!") (2)

10.2.16 Singulär auftretende Bezüge zu Gottheiten

åbdadn/åbdadnj: Abd-**Aduni** („Diener des Herrn"); abhll: Abi-**Halil** („Halil ist mein [göttl.] Vater"); abqm: Abi-**Kom** („Mein [göttl.] Vater ist Kom"); abšan: Abi-**San** („San ist mein [göttl.] Vater"); drdn/adr: Adir-**Dn** („Dn ist groß"); åbdarš/åbdaršj: Abd-**Rs** („Diener von Rs"); åbdgh: Abd-**Gh** („Diener von Gh"); åbdh/åbdch: Abd-**Ha** (Diener von Ha); åbdås: Abd-**S** („Diener von S"); ašršlch: **Asur**-Saloch („Assur bringe!"); ŧsbwmåw♂: Zebu-**Man** („Wille Man's"); gråhl: Ger-**Ohel** („Furcht vor Ohel"); åkzsmk: **Ks**-Samok

164 Krahmalkov 2000, 143.

(„Ks unterstütze mich/ihn“); grhkl: Ger-**Hekal** („Furcht vor Hekal“); åbdaskn: Abd-**Eskun** („Diener von Eskun“); åbdhdd: Abd-**Hadad** („Diener von Hadad“); åbdchwrn: Abd-**Huron** („Diener von Huron“); åbdjrch: Abd-**Jerah** (Diener von Jerah); åbdkrr: Abd-**Kirur** („Diener von Kirur“); åbdssm: Abd-**Sasom** („Diener von Sasom“); åbdazz: Abd-**Izzuz/Aziz** („Diener von Izzuz/Aziz“); åbdpåm: Abd-**Pom** („Diener von Pom“); åbdrbt♀: Abd-**Ribbot** („Diener der Ribbot“); åbdšmra: Abd-**Smra** („Diener vom Smra“); åbdtnw: Abd-**Tennaw** („Diener von Tennaw“); ånjchn: **Oni**-Jahon („Möge Oni gnädig sein“)

10.2.17 Statistische Auswertung

Die Personennamen bieten aufgrund ihrer hohen Überlieferungsmenge einen eigenen Sprachkosmos. Unabhängig von den verschiedenen neusprachlichen Lautgebungen bieten insbesondere die Versatzstücke bedeutende Chancen zur Rekonstruktion: Beinahe jeder Eigenname ist als Bitte oder Feststellung übersetzbar. Dazu muss die auffällige Häufung bestimmter Namen bzw. Namensanteile als Anzeichen starker religiöser Traditionen in der Benennung von Säuglingen gelten, denn es finden sich insgesamt 61 verschiedene Gottheiten, auf die der Kindername Bezug nimmt. Wie zu erwarten, wurden die meisten Kinder Baal zugeschrieben (119), danach Milkart (38), Esmun (34), Melk (32) und 25 der Astarte, dann 14 Il/El und Sid, 11 Milkot und 7 Meskar, 6 Pumay, jeweils 5 Tinnit und Allon, weiterhin jeweils 4 Semes, Sakun, Dom und Noam, jeweils 3 Salom, Anat und Kusor sowie jeweils 2 Jahu, Ars, Ta, Sihar, Kese, Sem, Bastis und Nadob. Schließlich entfallen 27 Erwähnungen auf die erwähnten Einzelnennungen. Baal, Milkart, Esmun, Molk und Astarte sind damit die beliebtesten phönizischen Gottheiten; viele andere nur Randerscheinungen. Immerhin finden sich aber auch 22 Eigennamen, die auf ägyptische Gottheiten Bezug nehmen; sicherlich eine Reminiszenz auf die engen kulturellen, politischen und ökonomischen Kontakte zwischen den Pöniziern und Ägypten. Dazu analog gab es auch assyrische und persische Namensgebungen, wie aus dem nachfolgenden Verzeichnis ersichtlich wird.

10.3 Nichtreligiöse Personennamen

𐤀 (alf): abdašmnw♂: **Abdaschmonu**, **Abduzmonnos**; abjŧb♂: **Abitab**; abjw♂: **Abiju**; abkn♂: **Abikun**; abo♂♀: **Abo**; abrkt♂: **Abirket**; adm♂: **Adom/Adam**; admn♂♀: **Admon**; adnbl♂♀: **Adonbel**; ahjasršmr♀: **Achiosirschamar**; ahms/ahmzj♀: **Achmes**; alq♂: **Alak** (pers. Satrap); amrdn♂: **Amardan**; ankw♂: **Ankon**; aqlmt♂: **Akelmath**; ar♂: **Or/Ur**; arbw♂: **Arban**; arch♂: **Erech**; arjnrt♂: **Arinrath**; arkrch: **Erekruch** (Geduld); arš♂: **Aris**; aršm♂: **Arisam**; aršt♀: **Arisath**; artdhj♂: **Artadah**; ašj♂: **Assi**; aspt♀: **Asepte**; ašr♂: **Assur**; aštsptj♀: **Assepti**; aŧbn♂: **Atban**; azml(k)♂: **Asmelak**; aztwd/aztwdj♂: **Aztwadda** (Königsname); azzj♂: **Asasi**

𐤁 (bet): bbj♂: **Babi**; bdm♂: **Bodom**; bkchdš♂: **Beuchodesch**; blchmn♂♀: **Belchaman**; blkš♂: **Belkas**; bll♂: **Balal**; bma♂: **Bama**; bmts♂: **Bamoz**; bn/bnh/bnj♂:

Banno; bnt♀: **Bannit**; bnchdš/bnchdšt♂: **Ben-Hods/-Hudist** („Sohn des Neumonds“); båna♂: **Bana** (Königsname); bånath♂: **Bonath**; båša♂: **Bosa**; båta♂: **Botha**; bqšt♀: (Lautung unbek.); brj♀: **Beraj**; brk♂: **Birrek**; brkt♀: **Birrekt**

𐤂 (gaml): gbrd♂: **Gebrod**; gda/gdj: **Gidda/Giddaj**; gdnåm: **Gadnoam/Gad-Noam** („gutes Glück“); gdåm/gnåmt: **Giddi-Nem** (Möge mein Glück gut sein); gdšjrt♂: **Gadshirt**; glsn: **Gelussa** (Königsname); gmla♂: **Gamla**; gmr: (unbek. Kurzform); gnchm♂: **Gancham**; gåj/gåju/gaju♂: **Gajus**; gåjjwlj♂: **Gojjuli**, **Gajuli** (Gajus Julius); gr♂/grt ♀: **Ger/Gerrit** („Gottesfürchtiger“); grgš/grgšm♂: **Girges/Girgesim**; grgšj, grgšjt♀: **Girgesi/Girgesit**; grschw♂: **Gerzochen**

𐤃 (delt): dbw/dbs♂: **Debas**

𐤄 (he): hdbåd♂: **Hadbod**; hdrqjå♂: **Hadrakio/Hodrakio**; hjrm♂: **Hiram**

𐤅 (wau): wrmnd♂: **Verminda/Vermina** (Königsname); wrskn♂: **Warzochen**; wŧkŧjå♂: **Utkatia**

𐤆 (zai): zbg♂: **Sibag**; zjbq/zjbqa♂: **Zibok/Ziboka/Sibka**; zjbgt♀: **Ziboqot**; zjbqm♂: **Sibkam**; zjwg♂: **Sivag**; zkr/skr: (unbek. Kurzform); zlm♂: **Sillem**; zmr♂: **Semer**; zrmån♂♀: **Sarman**

𐤇 (het): chkå♂: **Chako**; chld/hld♀: **Hulda**; chll♂: **Chillel**; chlm: **Helem**; chmlw♂: **Chamlan**; chn/chnå♂: **Hanno**; chna♀: **Hanna**; chr♂: **Chur/Chor**; chrm♂♀: **Hi-Rom/Hiram** („Mein Bruder ist erhaben“)

𐤈 (tet): ŧmw♂: **Taman**

𐤉 (yod): jadr/jadra♂: **Jador** („Möge er ein guter Mann werden“); jašktw♂: **Jasuktan**; jknšlm♂♀: **Ikunsillem**; jlch♀: **Jelah**; jlgm♂: **Jigam**; jål♂: **Jol/Joël**; jålššow♂: **Jolschaschoun/Jaalsazan**; jhnå♂: **Johanno**; jårtw♂: **Jortan** (Jughurta ?); jåzr♂: **Josor**; jåzrbj♂: **Josorbi**; jpšr♂: **Jifscha**; jšå♂: **Jescho**; jtr♂: **Jether**; jʦtåtw♂: **Jetztotan**; jwbåj♂: **Juboi** (afrik. König); jwbål♂: **Jubol/Jubaal**; jzrål♂: **Jasorol, Jasorbal**

𐤊 (kaf): kbd/kbdt♀: **Kibbed/Kebudath** („Ehre“); kbå♂: **Kabo**; kjšr/kjšrm: **Kisor/Kusor**; klbålm♂: **Kelbolim**; klmw♂: **Kilamuwa** (Königsname); kmb♂♀: **Kambe**; klbå♂: **Kalbo**; ktm♂: **Ketham** („der Kethier“)

𐤋 (lamd): lbd♀: **Labath**; lchw♂: **Lachan** (Königsname); lqj♂: **Luki**; lw: **Lewi**

𐤌 (mem): mgw♂: **Magon**; mhrbål: **Marbal**; mkrå♀: **Macro/Macra**; mkwsn♂: **Micipsa/Mikipsos** (Königsname); mlk♂: **Molk/Melek** („der König“ als Beiname von Göttern); mlkm♂: **Malkam/Milkom**; mngj♂: **Mang**; mnr♂: **Menir** („der Aufklärer“); mågršåw♂: **Mograschou/Magrasan**; måkl♂: **Mokal**; månkšlåt♂: **Moneksalot**; måršla♂: **Morschala/Marsala**; måʦgorw♂: **Matsgaru/Mesigran**; måʦgwȧw♂: **Mazigon/Mesignan**; måʦqla♂: **Matzikala/Mesikala**; mpš♂: **Mops/Mopsos** (Königsname); mqnmlk♂: **Miknemelech**; mr♂: **Mar**; mrr♂: **Maror** („der Gesegnete“); mrzchj♂♀: **Marzehi** („geboren im Monat Marzeh“); mrzchjla♂: **Marzejila**; msdl♂: **Misdal**; mšhʦw♂: **Massinissa** (?) (Königsname); msjbŧ♂: **Massibat**; mskn♂: **Misken**; mskt♀: **Misket**; mslch/mšlch♂: **Mislach/Mesullah** („Gottgesandter“); msnsn♂: **Massinissa** (Königsname); mšr♂: **Messar**; mššnašw♂: **Massinissa** (Königsname); mstnåbål♂: **Mastanbaal** (Königsname); mtw♂: **Mutton/Mattan**; mʦjgråw♂: **Mezigran**; mʦjråw♂: **Metziran**; mʦljåw♂: **Matzilian**; mʦmåkt♂: **Matzmakoth**; mʦnjšow♂: **Massinissan/Massinissa** (Königsname); mʦqlåt♂:

Matzkalot; mtsr♂: **Matzos**; mtsrj♂: **Misri/Matzri** („der Ägypter"); mtsrt♀: **Misri** („die Ägypterin"); mtst♂: **Metzath**

𐤍 (nun): nbbå♀: **Nebaba**; nbg♂: **Nabag**; nchå♂: **Necho**; ndp♂: **Niddaph**; ngd♂: **Nagid**; nnpsw♂: **Ninpasan**; nohlmlk♂: **Nahalmelech**; nåltsd♂: **Noltsad**; nåmgda♀: **Nehem-Gidde** („Möge mein Glück hervorragend sein"); nåmpåmå♂: **Naham-Pamo** („Möge sein Schritt [ins Leben] gut sein"); nåmpåmt/nåmpåmt♀: **Naham-/Nahmat-Pame** („Möge ihr Schritt [ins Leben] gut sein")

𐤎 (semk): srasr♂: **Sarasar**; srgd♂: **Sargad**; ssm♂: **Sasom**; ssma/ssmj♂: **Sesma**, **Sesmai** („Diener des Sasom"); ssral♂: **Sassrael**

𐤏 (ain): åbdhnå♂: **Abdhanno** („Diener des Hanno"); åbdmnj♂: **Abdmeni** („Diener des Meni"); åbdå♂: **Abdo**; åbdålm♂: **Abd-Elim** („Diener des Elim"); åbdpåm♂: **Abdpam** („Diener des Pom"); åbdråt♂: **Abdrat** („Diener des Rot/Rat"); åbdšmš♂: **Abdesmesch**; ågbrk♂: **Agbarik**; åhjmtsgraw♂: **Achmiasgeron**; åjna♂: **Enylos** (Königsname); åjnal♂: **Ajin-Il** (Königsname); åkbr♂: **Achbar**; åks: **Oks** (unbek. Kurzform) ålšt♀: **Elschat**, **Elissath**, **Elissa**; åmrn♂: **Omron**; åmrt ♀: **Omrit**; åntsd♂: **Enzad**; åpa♂: **Apa**; årm(lk)♂: **Ermelek/Irmelek/Arimolk**; årštn♂: **Ariston**; årtmšjk♂: **Artmasig**; åtbw♂: **Atban**; othd♀: **Ethod**; åtj♂: **Ethi**; åtla: **Atlai/Atala**; åtrazw♂: **Atharasu** (evtl. Aristoteles); åzh/åzj♂♀: **Asah/Asi**; åzjw♂: **Asin**; ozr♂♀: **Oser/Eser** („Helfer", Beiname von Gottheiten)

𐤐 (pe): gmljn♂: Pygmalion (Königsname); plw♂: Palu; pnpa: P-Nufe (ägypt. „Der Gute"); ppj♂: **Pappi**; prnbzz♂: **Pharnabazes** (pers. Satrap); pråš♂: **Paros** („der Floh"); prš♂: **Paras** („der Reiter")

𐤑 (sade): tsdq♂: **Zidik** (Königsname); tslch♂: **Zillach**; tsnzs♂: **Synnesis** (pers. Satrap); tswåda♂: **Zuoda**; tswra♂: **Zura**

𐤒 (qof): qnnst♀: (Lautung unklar); qntstj♀: [Lautung unklar]; qtw♂: **Katon**

𐤓 (res): rb♂: **Rab** („der Große"); rchqa♂: **Rochka**; rma♂: **Ramo**; rmtåtsw♂: **Ramtotsu/Ramathzan**

𐤔 (šin): ša♂: **Sae**; šblt♀: **Siboleth**; šbmš♂: **Sebmes**; šbnja♂: **Sebnaja**; šbtaj♂: **Sabbata** („Mann des Sabbath"); šjpq/špq/spq♂: **Syphax/Siphak** (Königsname); šlch♂: **Selach**; šldja♂: **Seldiu**; šlkch♂: **Selecheth**; šlkå♂: **Selcho**; šmt♀: **Samt/Samot**; šmjtj♂: **Samjathi**; šqlw♂: **Siklon**; šrd♂: **Sered**; šrw♂: **Saron**

𐤕 (tau): tam♂: **Tom/Theom** („der Zwilling"); tbnt♂: **Tebnith**; tdchmw♂: **Datames** (pers. Satrap); tgnts♂: **Thaganez**; thpj♂: **Ta-Hapi**; tjoltja♂: **Thioltija**; tmdoh♂: **Tamdoha** (Tamusia ?); trjbzw♂: **Tribazu/Tiribazos** (pers. Satrap); trtw♂: **Tartan**; ttlba♂: **Tetliba**

10.4 Umschriften griechischer und römischer Personennamen

Die Übernahme römischer und griechischer Eigennamen in das Phönizische erfolgte im Wesentlichen in der karthagischen Zeit und gilt daher insbesondere für die punische

Sprachentwicklung[165]. Generell wurde der Wortlaut mit den bisher bekannten Buchstaben ausgedrückt. Griechische Namen blieben zumeist unverändert, die Phönizisierung römischer Namensendungen setzte sich folgendermaßen durch: *-eius* und *-aeus* wurden zu **oj**, *au* wurde zu **ow**, *oe* zu **wj,** *e* zu **h**, **j** oder **o**, sowie *-us* zu **j** oder **a.** Man darf davon ausgehen, dass auch viele andere lateinische Wörter auf diese Weise umgeformt wurden.

Griechisch: **Alexander** (alksndr); **Anthos** (antš); **Antigonos** (antgnš); **Archytas** (archta); **Botros** (btrs); **Cilicio** (klkj); **Cleon** (akljn♂♀); **Demetrio** (dmjtrj); **Demonikon** (dmnkn); **Demonikos** (dmwnks/dmnks); **Dimor/Dimas** (dmr/dmš); **Erene** (hrna/hrnå♀); **Harpokrates** (chrpkrŧ); **Hermes** (chrms/hrmjs); **Irene** (hrjn/hrnj); **Pantalis** (pntls); **Philadelphos** (pldlp); **Pygmalion** (pgmljn); **Theora** (tara); **Theba** (tba♀)

Römisch: **Aelius** (åjlj); **Aenneus** (ånaj); **Agrippina** (ågrjpjnå); **Antonia** (ånŧanjå); **Apuleius** (åpwlaj); **Apulus** (apla); **Aquila** (aqjla); **Aquileus** (aqwlaj); **Augustus** (åwgsŧs); **Aurelius** (åwrhlj); **Brutus** (brŧa); **Caesar** (qåjsr); **Candidus** (qndda, qåndda); **Canuleius** (qånalaj); **Cassius** (qåssj, qåšja); **Celadus** (qlåda); **Celer** (qlr); **Claudius** (qlåadj); **Clodius** (qlåaj, qlådaåj); **Coecilius** (qwjqlj); **Donatus** (dnåŧa, dnta); **Drusus** (drass); **Egrilius** (hgrlj); **Faustus** (påwsŧa); **Felicio/Felicius** (pålqja); **Felix** (plks); **Florus** (plara); **Fortunatus** (parŧnåŧa); **Fronto** (prnta); **Gajus** (gåj); **Gallus** (gålla/gallae); **Gemelleus** (gmlå); **Germanicus** (grmånjqs); **Julius** (jalj, jwlj); **Kleon** (akljn); **Labeo** (låbja); **Laelianus** (låjljona); **Lamia** (låmjå); **Lucius Aelius** (lwqj åjlj); **Lucius** (lwqj); **Lurius** (larja); **Marcus** (mårqa, mårqh); **Maximus** (måkšma); **Nobilis** (nbls); **Numerius** (nmjr); **Peducaeus** (phdjqåjh, phdwqåjh); **Plautus** (plwŧj); **Pollio/Pollius** (phlja); **Pompejus** (pampåj); **Prudens** (pwdnš); **Ptolemaios** (ptlmjs); **Quartilla** (qwårŧjlå); **Rogatus/Rogata** (ragåŧa/rgåŧa); **Rufus** (raps/rwps); **Rusticus** (rstjqå); **Sabinus** (såbjna); **Saturnius** (såtrnjna); **Secunda** (šhqnda); **Servius Sulpicius** (srwj slpqj); **Staberius** (aståbrj); **Tertula** (ŧrtlå); **Tertulla** (trŧlå); **Tiberius Augustus** (tbrj åwgsts); **Tiberius** (tjbrj); **Tiberio/Tiberia** (tbrå); **Titus** (ŧjŧå/tta); **Valens** (walš); **Valerius** (wålrja); **Vespasianus** (waspåsjåna); **Victorius** (wjqtrja); **Virilis** (wrjlš)

11. Überlieferte Ortsnamen, Gebiete und Ethnika[166]

11.1 Länder und ethnische Gruppen (allg.)

ašr: **Assur** (Assyrien); bårr: **Borr** (Nomaden in der Nähe von Zinjirli/Syrien im 9. Jhdt. v. Chr.); hnd: **Indien**; chlk/klk: **Kilikien**; dh: **Phönizien**; dnnjm: **Danunier** (Volk aus Adana. Im 8. Jhdt. v. Chr. regiert von Aztwadda aus der Dynastie der Mopsiden); jšral: **Isi-Ral/Eisirios/Israel** (Name für Phönizien/Kanaan); knån (^kena'an): **Kanaan**; kpt: **Kreta**; krsjm: **Corsi** (eingewanderte Korsen auf Sardinien); krsjm: **korsisch, korsische Sprache**; kš, šd kš: **Kusch**, Land Kusch (Nubien); lbnn/lbnw: **Lebanon**

165 Friedrich/Röllig 1999, 141-143.

166 Hintergrundmaterialien zu den meisten der hier abgehandelten Orte finden sich bei Mannert (1825), Gsell (1913-1920), Besnier (1914), Borée 1930, Dietrich 1936 und Lipinski (1982).

(Libanon); mdj: **Maday** (Medien); mšlj(j)m: **Massyli/Masuleis/Maesuli** (Numidischer Stamm); mtgm: **Mutigma** (Numidien); mtsrm: **Misraim** (Ägypten); artst dgn hadrt: **die berühmten Kornländer** (Ägypten?); ngb: **Südpalästina**; pn(j)m: **Phönizier, phönizisch-punische Sprache**; prsj: **Perser**; pršt: **Philister**; pt: **Put** (Phönizien); qtam: **Ketam** (Stamm in Nordafrika); šd lbm/lwbjm: **Land der Libyer**, antikes Nordafrika; šql: **Sizilien, sizilisches Phönizisch**[167]; šrdn: **Sarde, Sarden** (Ethnos); trta: **Perser**(?)

11.2 Überlieferte phönizische Ortsnamen nach heutigen Ländern

11.2.1 Stammland Levante[168]

11.2.1.1 Libanon/Palästina[169]

Byblos[170]: gbl, kbn, kpn: **Byblos** (gebal, jbayl); als: **Ullasa/Orthosia** (nördlich von Byblos); arwd: **Arvad/Aradus/Aradu/Ruad** (nördlich von Byblos)

Tyros[171]: tsr (^sår): **Tyros** (Sur); as: **Uso** (bei Tyrus); gw: Gelände **Khirbat al Tyyiba** südlich von Tyrus; hmn/chmn: **Hammon**, Hamml, Hammomius, Ammonia, Amanus (Umm-al-Awamid/Umm-el-Amed, Ort 20 km südlich von Tyrus); mchlb: **Mahalleb** (Khirbat al-Mahalib, Küstenort nordöstlich von Tyrus). Münzlegenden zufolge galt Tyros u.a. als die Mutterstadt Sidons. Der tyrische König Pygmalion (pgmljn, 820-774 v. Chr.) gründete 814 von hier aus die afrikanische Niederlassung Karthago[172]. Die Hauptgottheit war „*Melkart, der Baal von Tyros*“[173]. Zumeist wurde die Gottheit der Mutterstadt auf die Pflanzstädte übertragen, so dass umgekehrt Städte mit Melkart-Verehrung oftmals tyrische Gründungen sind.

Sidon[174]: tsdn: **Sidon**; ašbn: „**Insel von ŜBN**“ (im Distrikt von Sidon); tsdn arts jm/tsdn jm: **Hafen von Sidon** mit Astarte-Tempel; tsdn šd: **Ein Bezirk von Sidon**; šmm rmm: **Samem Rumin** („Hoher Himmel“, Distrikt von Sidon); arts ršpm: **Distrikt von RŜPM** (ein Teil von Sidon); barg: die **Berge bei Sidon**; åw jdll, ånjdll: En-Jdll (**Quelle Jdll**, Ort in den Bergen östlich Sidons); tsrpt: **Sarepta/Zarephath/Sarafand** (15 km südl. von Sidon); qrtn: **Qartimne** bei Sidon; btzt: **Bet-Zet**, **Bitziti** (Ait ez-Zeitun, südöstlich von Sidon). Als einer der bekanntesten sidonischen Könige gilt Esmunazar[175], auf den eine der längsten und besterhaltenen phönizischen Inschriften zurückgeht. In Sidon

167 Krahmalkov 2000, 480.
168 Eine gute Übersichtskarte des Stammlandes mit allen phönizischen Siedlungen ist bei Lipinski (1982, Fig. 269) abgedruckt. Vgl. auch den dazugeörigen Artikel ebd. 348/349.
169 Die alten Ortsnamen zusammengestellt bei Borée (1930).
170 Besnier 1914, 151. Lipinsky 1982, 82/83.
171 Zum phönizischen Tyrus vgl. Lipinski (1982, 477-480), eine Karte ebd. Fig. 369.
172 Krahmalkov 2000, 394.
173 Krahmalkov 2000, 291.
174 Zu Sidon vgl. Lipinski (1982, 413-416), eine Stadtkarte mit Randgebieten ebd. Fig. 304. Zu den sidonischen Münzen vgl. Hill 1910.
175 Inschrift Esmunazars II v. Sidon auf dessen Sarkophag aus dem 5. Jhdt. v. Chr. aus Magarat Ablun bei Sidon (Louvre, Paris), abgebildet bei Lipinski 1982 Fig. 120/129. Vgl. auch Krahmalkov 2000, 390/391.

wurde offenbar Astarte als oberste Lokalgottheit angebetet, da Seefahrer bereits nach dem Anlegen auf deren Tempel/Statue trafen. Münzlegenden zufolge gilt Sidon als die Mutterstadt von Hippo und Kition, aber auch der älteren Städte Kambe (evtl. Karthago) und Tyrus. Mit der wachsenden Vormachtstellung Sidons im Libanon übernahm die Stadt offenbar auch die ‚Mutterschaft' über die Niederlassungen und Kolonien der eroberten bzw. dominierten Nachbarstädte.

Beirut[176]: bart/bårt/bjrt: **Beruth/Berytos/Beirut** (Küstenort nördlich von Sidon); dar/dår: **Dor/Dora** (nordöstlich von Beirut, heute Stadtteil Beiruts)

11.2.1.2 Israel

dar/dår: **Dor/Dora** (Khirbat al Buri. Küstenort bei Haifa in der Nähe des Karmel-Gebirges); btrm: **Bet-Rom** (Bet Shea'rim, südöstlich von Haifa); šd šrn (^sade saron)/šrn: **Ebene von Sharon** (ein ca. 15 km breiter Küstenstreifen zwischen Haifa und dem südlich gelegenen Tel Aviv); jp/jpj: **Joppa/Jafo/Jaffa** (Tel Aviv. Küstenort südlich von Haifa); ašqln: **Askalon/Aschkelan** (Tall Asqalan, Küstenort); qrmn: **Qerunim** (Ort im Wadi Murabb'at oder Qumran, beides südöstlich von Jerusalem); btspr: **Bet-Sappor** (Tzipori, Inlandsort nördlich von Nazareth)

11.2.1.3 Syrien

mrt: **Marathus** (Amrit, Küstenort an der libanesischen Grenze); ladk/ladka/lodko: **Laodikea/Latakia** (Küstenort auf der Höhe Zyperns); åk: **Acco** (Tall-al Fukhkhar, Inlandsort auf der Höhe Zyperns); jadj: **Kgr. von Samal** im 9. Jhdt. v. Chr. (etwa die heutige syrische Küste); **Zinjirli**: Hauptstadt des Kgr. Samal (Inlandsort)[177]; zmr: **Zimreh/Zimmerin/Zimarra/Zimyra/Zamyra/Simyra/Sumuru** (Küstenort südlich von Kadesch); zbl: Zebul (Ras Samra, Küstenort, ehem. Ugarit)

11.3 Die phönizische Expansion Richtung Norden

11.3.1 Zypern[178]

alšj: **Alasia/Elisa/Alassa** (im Süden, etwa mittig an der Küste); kjt, ktj, kt, ktn: **Kitium/Citium/Kition** (Südosten. Lokalgöttin: Astarte); pp: **Paphos** (Südwesten. Lokalgöttin: Astarte); adjl, idjal: **Idalion** (Zentralzypern); tmš, tmw: **Tamassa, Tamassos** (Zentralzypern); mrlw: **Marion** (Nordwesten); ajmr: (aj-mr: „**Insel von Marion**"); lpŧ, lpš, lpt: **Lapethos** (Nordzypern); pår, šd por: **Par** (Gebiet von Par, Norddistrikt mit Stadt Lapethos); šd nrnk: **Gebiet von Narnaka** (Norddistrikt mit Stadt

176 Lipinski 1982, 71/72.
177 Lipinski 1982, 502.
178 Lipinski 1982, 108-112.

Narnax); nrnk: **Narnax/Larnax** (Larnaka-tis-Lapithon, Nordzypern bei Lapethos. Lokalgott: Milkart); qrtchdšt: **Qart-Hadast** („Neue Stadt", „Neustadt", später Carthage[179])

11.3.2 Türkei und Griechenland

Südküste/Kiliken

raš: **Rus** (Arsuz, Küstenort an der syrischen Grenze); omq adn, omqadu (Staat von **Omqadu** im Tal von Adana); atswdj: **Aztwaddija, „Baal"** (Hauptstadt von Omkadu, evtl. Karatepe)[180]; pår: **Par** (Ort in Kilikien, nicht aufgefunden): trw: **Tarsus** (Küstenort westlich von Adana)

West- und Nordküste

bzntj: **Byzantion/Byzanz** (Konstantinopel, Istanbul)[181]; ågålg: **Agalik** (Küstenort an der Südküste des Schwarzen Meeres); bjlw: **Pallene** (Westfinger der griechischen Halbinsel Chalkidike). Bei der sehr frühen Handelsexpansion der Phönizier darf man davon ausgehen, dass es mehrere weitere Niederlassungen im Norden und Nordosten gegeben hat, lange bevor um 600 v. Chr. das Münzwesen eingeführt wurde. Speziell für die Schwarzmeerküste sind verschiedene phönizische Niederlassungen bekannt, auch die griechischen Küsten dürften nicht ausgespart worden sein, bevor dort die frühen Helladiker an Einfluss gewannen[182]. Nicht zu vergessen ist dabei, dass vom Schwarzen Meer aus über Donau und Dnjepr ein Zugang zu Mitteleuropa und zur Ostsee gegeben war.

11.4 Die phönizische Westexpansion entlang der nordafrikanischen Küste

11.4.1 Ägypten[183]

Durch die enge geographische und ökonomische Bindung an Ägypten, aber auch durch militärische Auseinandersetzungen (100jähriges Interregnum der - teilweise phönizischen - Hyksos, Angriff der sog. Seevölker) war den Phönizieren Ägypten gut bekannt. Wie die Ägypter selbst nutzten sie den Nil als Haupt-Handelsroute; so dass insbesondere die angrenzenden Städte und Handelshäfen inschriftlich erwähnt werden. Die Ortsnamen zeigen, dass die Handelsbeziehungen bis nach Schwarzafrika, das ehemalige Nubien, reichten:

179 Bisher nicht aufgefunden. Nicht zu verwechseln mit dem nordafrikanischen (tunesischen) Karthago. Harris 1936, 144. Krahmalkov 2000, 434.
180 KAI 26 AII 17. Krahmalkov 2000, 115.
181 Dorische Kolonie, gegr. 667 v. Chr. Besnier 1914, 152/153.
182 Vgl. u.a. eine in Piräus aufgefundene phönizische Inschrift bei Zenner 1888.
183 Lipinski 1982, 145-147.

tchpnchs: **Tahphanes/Daphne/Daphnae/Dafna** (Tell Defenneh, östliches Nildelta, evtl. Einfahrt in einen der ehemaligen Nilarme von Osten); an, qrt šmš: **An/Qart-Semes/Heliopolis** („Sonnenstadt". Kairo, am südlichen Nildelta, dort Einfluss des Hauptstroms ins Nildelta); mnp: **Memphis** (ca. 20 km südlich von Kairo); dlchms: **Abu Simbel** (Südgrenze zum Sudan, am Nasser-Stausee, ehemals Nubien); shrw: **Hafen von/bei Abu Simbel**. Im Mittelmeer führte die Westexpansion dann weiter nach Kreta und an die Küste des heutigen Libyen.

11.4.2 Kreta

šmrm: **Samaria** (westl. Südküste mit einem Melkart-Tempel[184])

11.4.3 Libyen (röm. Provinz Tripolitanien)

måqr: **Mocar**/Macarea (Küstenort an der östlichen Syrte); st: **Zitha**, evtl. **Satal** (Küstenort an der östlichen Syrte); lpqj/alpqj: **Lepki/Leptis/Leptis Magna** (al Chums, Küstenort ca. 70 km östlich von Tripolis); adnm: **Adnim** (Kolonie südlich von Leptis Magna im Wadi Dréder); ʦbartåw/ʦbråtm/ʦbrtn/atr: **Sabratha/Abrotonum** (ca. 40 km westlich von Tripolis in der Nähe Tunesiens); wjat: **Oiat/Uiat** (bei Sabratha/Tripolis); qrtm: **Qartem/Garama** (Inlandsort ca. 500 km südl. von Tripolis); šwq: **Zuchis** (Küstenort mit See nahe der tunesischen Grenze)

11.4.4 Tunesien mit Zentraltunesien (röm. Provinz Byzacena)[185]

ttj: **Tati/Zitha/Zarzis** (Kap in der kleinen Syrte/Osttunesien); qjr/qjrqn: **Kir**, **Cercina**, **Kerkenna-Inseln** (vor Sfax im Golf von Gabès); adrmrt: **Adrymés**, **Adrymétos**, **Hadrumetum**, **Sousse** (nördl. von Sfax); ŧptsr/ŧpšr/šŧpar: **Thysdrus** (Inlandsort ca. 50 km südlich von Hadrumetum); qrtchdšt: **Qart-Hadast/Karchedon/Karthago** („Neue Stadt")[186]; kkb: **Kakkabe/Karthago/Tunis**; kmb: **Kambe** (evtl. alter Name für Karthago, eine Kolonie von Sidon[187]); mårt: **Megara** (Stadtteil von Karthago mit einem Tempel der Sid-Tannit); tbgg: **Thugga/Dougga** (Inlandsort im Hinterland von Karthago); bbål: **Bulla Minsa** (Inlandsort südlich von Karthago); tnsmt: **Thinissut** (Küstenort ca. 60 km südöstlich von Karthago[188]); mddm: **Mididi** (Henchir-Medded, Küstenort zwischen Karthago/Tunis und Bizerta); raš åšmn: **Rus-Esmun**, **Rusucmona, Kap Apollo** (Kap Farina, nordwestlich von Karthago); åtma: **Zama** (Inlandsort ca. 30 km südöstlich von Karthago); st/stl: **Suthul** (Bergstädtchen bei

---

184 Es ist nicht das Samaria im westlichen Jordanland gemeint.

185 Zur phönizischen Besiedlung Tunesiens, insbesondere Kap Bons, vgl. Lipinski (1982, 474-476) und die Karte Fig. 367.

186 Viel Material zu Karthago bei Lipinsky (1988).

187 Krahmalkov 2000, 225.

188 Laut schriftlicher Überlieferung befand sich im Ort ein Tempel des Baal und der Thinnit-Panebaal. Bei Grabungen aufgefunden wurde der sog. Thinissut-Schrein, eine sitzende Statue des Baal-Hammon mit Federhaube sowie eine Frauenfigur mit Löwenkopf aus dem 1. Jhdt. n. Chr. Bardomuseum Timis. Lipinski 1982, 451/452 u. Fig. 339.

Zama); tbršj: **Tubursicu**(m), **Tibursicu**(m), **Teboursuk** (Inlandsort südwestlich von Karthago); atg: **Utica**, **Ithaka**, **Itykē**, **Tugga** (Küstenort nördlich von Karthago); tnntsw, twntsn: **Tunitza**, **Tuniza**, **Tunisa** (Küstenort 10 km westlich von Utica); **Hippo Zarytus**: **Bizerte** (phön. Gründung um 1100 v. Chr.); altbrš: **Altiburus** (Inlandsort in Byzacena; ca. 200 km südwestlich von Karthago); albt, ålpta: **Alipota/Telepte** (Inlandsort in Byzacena; gl/gål: **Gales** (Jabel Mansur, Inlandsort in Byzacena); bbål: **Bulla Regia** (Inlandsort in Byzacena, südlich von Thabrarka); tåjnh/tåjnt: **Thaena** (Inlandsort in Byzacena, unidentifiziert); ršpj: **Ruspe/Ruspae** (Inlandsort in Byzacena, unidentifiziert); sraå: **Sarai** (Inlandsort in Byzacena, unidentifiziert); jår: **Jasorbi** (Inlandsort in Byzacena, unidentifiziert); mkrm: **Mactar/is** (Inlandsort in Byzacena, ca. 140 km südwestlich von Karthago); tbkån: **Tabarca** (Küstenort an der Grenze zu Algerien)

11.4.5 Algerien[189]

apwn, apa, apå: **Hippo Regius** (Annaba, Küstenstadt Ostalgerien); båna: **Bona** (alter Name für Annaba, tyrische Gründung); raš kbr: **Rus-Kabbir**, **Rusubicari** („großes Kap". Kap Bugaroun oder Kap de Fer westlich von Annaba); ŧpåtn: **Tipasa** (Inlandsort 43 km südlich von Hippo Regius); krŧn, krŧw: **Cirte/Constantine** (Inlandsort zwischen Annaba und Bejaja); adqr: **Idicra** (Ort südwestlich von Constantine im Qued/Wadi Dekri); ajårm: **Ajorm/Ijarim** („Insel der Bäume", evtl. Oase bei Constantine); mqm, mqma: **Macam**, **Macoma**, **Macomada** (Oum-el-Bouaghi, bei Constantine); raš špr: **Rus Sippir**, **Rusubisir** („schönes Kap". Kap Tedeles zwischen Bejaja und Algier); raš åz: **Rus Az**, **Rusazus** („starkes Kap". Kap Corbelin zwischen Bejaja und Algier); tgtsp: **Tigisis** (Dellys, Küstenort mittig zwischen Bejaia und Algier); raš gan: **Rus-Gun**, **Rus-guniae** („majestätisches Kap". Kap Matifo östlich von Algier); ajksm: **Icosium** (aj-ksm: „Insel von KSM", heute ein Vorort von Algier); jl: **Jol**, **Caesarea Mauretaniae** (Cherchel, Küstenort westl. von Algier); tmkj: **Timici**, **Timiki** (Inlandsort zwischen Cerchel und Oran); kmå: **Cama(rad)** (Küstenort zwischen Algier und Oran, auch bei Lissabon); jgån/šjgåw: **Siga** (Aïn Témouchent, Küstenort westlich von Oran an der marokkanischen Grenze)

11.4.6 Marokko[190]

raš adr: **Rus-Addir** („Großes Kap". Kap von Melilla in Ost-Marokko); šbtw: **Septum**, **Septa** (Ceuta. Küstenort, Gibraltar); åbr lspt (evtl. **„Jenseits von Septum/Ceuta"**. Entweder der Atlantik generell oder die spanische Seite Gibraltars); cht: **Quita** (evtl. Ceuta, Küstenort, Gibraltar/Mittelmeer); tjnga, tkna, tjkna, tnga: **Tinga**, **Tikna**, **Tijkna**, **Tingi**, **Tanger** (Küstenort, Gibraltar/Atlantik); lkš: **Lix**, **Lixus** (Küstenort ca. 50 km südl. von Tanger); šlt: **Zilis**, **Salé** (Küstenort ca. 200 km südl. von Tanger); šålt, šålh: **Sala**, **Salathos** (bei Rabat, ca. 300 km südl. von Tanger); mornša: **Meknes** (Inlandsort Zentralmarokko); rsbs: **Rusibis** (wohl. El Jadida. Küstenort ca. 350 südl. von Tanger);

189 Lipinski 1982, 15-17. Alle phönizischen Küstenorte auf der Karte Fig. 13

190 Eine Gesamtkarte der phönizischen Besiedlung Marokkos s. bei Lipinski 1982, Fig. 212.

ajgdr: **Agadir** (ca. 700 km südl. von Tanger. Nähe Kanaren); aj ks: „**Mondinsel**" (evtl. La Palma, Kanaren);

Bei der bedeutenden Rolle, die Elfenbein und Kriegselefanten in der phönizisch-punischen Geschichte spielen, müssen phönizische Schiffe spätestens seit der karthagischen Zeit Handelsbeziehungen zu den Ländern jenseits der Sahara gehabt haben. Da die vielen Elefanten Hannibals sicherlich nicht durch die Wüste geführt wurden, verschiffte man sie wohl als Jungtiere aus Zentralafrika. Dies war bei der durchgängigen Bestückung der marokkanischen Küste mit phönizisch-punischen Niederlassungen auch durchaus möglich, die Lipinski folgendermaßen angibt[191]: Von Osten kommend erreichte man zunächst *Rusaddir* am *Kap Melilla*, danach über die beiden Ankerplätze *Emsá* (*Wadi Nakhla*) und *Sidi Abdeslam de Behar* (beide 4./3. Jhd. v. Chr.) die Einfahrt in den *Martil*, wo - nur wenige Kilometer von der Küste entfernt - als nächster größerer Ort *Tamuda* (heute Tétouan) lag[192]. Letzter Stopp vor den ‚Säulen des Herakles/Melkart' (auf der marokkanischen Seite der *Mont Calpé*, Kalpe-Felsen) war *Ceuta*, von wo aus die Straße von Gibraltar Richtung *Tanger* durchfahren wurde, dem letzten großen Haltepunkt vor der Einfahrt in den Atlantik. Jenseits von *Kap Spartel* gab es an dessen flacher Küste - wie Hannos *Periplus* und andere Quellen ausführen - mehrere weitere kleine Siedlungen mit Bootsanlegern[193].

Weiter südlich ermöglichte die Einfahrt in den *Tahardat*-Fluss die Besiedlung des Gebiets um *Dchar Jedid*, die *Gharifa*-Mündung die Gründung von *Kouass*. Dort entwickelte sich schnell eine ibero-punische Keramikindustrie, was einen intensiven Handel zwischen der afrikanischen und der europäischen Atlantikküste bezeugt. An der Mündung des *Loukkos* entstand um 1200 v. Chr die Siedlung *Lixus*, das geografische Pendant des etwa einhundert Jahre später gegründeten spanischen Gadeira.

Danach folgte die Lagune von *Moulay-Bousselham* mit dem Ort *Mulelacha*[194], wo die Punier auf die in ganz Europa weit verbreiten, frühgeschichtlichen *tumuli* (Grabsteine) stießen. Die *Sebou*-Mündung bei *Mehida* bzw. *Kenitra* und der in größen Mäandern weit in die Berge führende Fluss *Sebou* gab dann Gelegenheit zu den Inlands-Niederlassungen *Thamusida*, *Banasa* und *Qualili* (röm. *Volubilis*) bei *Meknes* (evtl. *mårnša*). Plinius bezeugt die gute Schiffbarkeit des Sebou und beschreibt modellhaft, wie die phönizische Siedlungstätigkeit immer flussaufwärts an fruchtbaren Ufern erfolgte[195].

An der Mündung des *Bou Regreg* befand sich dann *Sala*, die letzte große Siedlung an der Küste des „nützlichen Dreiecks", der marokkanischen Nordhalbinsel. Bis *Sala* reichte der alltägliche Handelsverkehr. Der nächste bekannte Anleger vor dem *Kap*

---

191 Lipinski 1982, 273-275.

192 Der kleine Ort Tamuda (gegr. wohl 4./3. Jhdt.) wurde einige Kilometer landeinwärts am Ufer des Martil gefunden; das heutige Tetouan liegt weiter flussaufwärts. Ein Luftbild des Grabungsbefunds und die wichtigsten Angaben finden sich bei Lipinski 1982, 436 und Fig. 329. Vgl. auch Besnier 1914, 736.

193 Zur Zeit Melas (II 96) um 50 n. Chr. gilt das Kap Spartel als das Ende des europäischen Atlantiks. Es habe in afrikanischer [wohl phönizischer] Sprache „Kap Weinberg" [also ***raš krm*** (Kap Kerem) oder ***raš loštrt*** (Kap Lostart)] geheißen (Mela I 25).

194 Plin. n.h. V 9.

195 Plin. n.h. V 1.

Ghir war dann wohl *Rusibis* (*El Jadida*). Über das *Kap Ghir* hinaus wurde bislang nur *Mogador* gefunden, offenbar der letzte punische Zwischenstopp auf dem Weg zur zentralafrikanischen Küste[196]. Schon die geografische Isolation dieser vergleichsweise großen Siedlung zeigt, dass sie zwecks Entdeckung weiter südlich gelegener Kolonisationsgebiete gegründet und erhalten wurde. Tatsächlich waren von hier aus auch die Kanaren leicht erreichbar. Bei deren Ureinwohnern erhielt sich über Jahrhundert immerhin die Kenntnis, ehemals von einer später ‚versunkenen Insel' aus regiert worden zu sein[197]. Vielleicht erinnert die phönizische Bezeichnung ***aj ks*** (Vollmond-Insel) an die nahezu kreisrunde Form der Insel *Las Palmas*.

Bei der etwa alle dreißig Kilometer erfolgenden Bestückung der Küsten mit schnell erreichbaren Schutzanlegern und größeren Handelsniederlassungen ist Eines besonders bemerkenswert: Am Mittelmeer fehlen zwischen *Rusaddir/Kap Melilla* und *Tamuda/Tetouan* offenbar zwei größere Niederlassungen mit Hafenanlagen, die sich beim genannten Abstand der Siedlungen südlich von *Tamuda/Tetouan* im *Laou*-Tal sowie zwischen dem *Laou*-Tal und *Rusaddir* an der Lagune des heutigen *El Jebha* befunden haben dürften, die einen natürlich Rundhafen bildet. Sicherlich hat es zwischen diesen Punkten weitere Schutzhäfen gegeben, wozu sich insbesondere die fruchtbaren Täler zwischen den Ausläufern des Rif-Gebirges anboten.

Eine Vielzahl von Indizien legt die Vermutung nahe, dass sich insbesondere im Laou-Tal eine solche - wohl schon um 2000 v. Chr. erstmals besiedelte - Großniederlassung befunden haben könnte, die von den Griechen ‚Atlantis' genannt wurde[198]. Dort liegt heute der Küstenort *Oued Laou*, dessen Aussprache (*u)adlau* noch heute den Gedanken an eine entsprechende lautmalerische Umbildung nahelegt. Möglicherweise zogen die Griechen ein ***ad*** oder ***at*** enthaltendes, sich zur näheren Bezeichnung eignendes phönizisches Wort heran, verbanden es mit dem Flussnamen *Laou* und hängten die griechische Silbe **-tis** („irgendwo") an[199]. Wohl kein Zufall, dass noch Herodot und Pomponius Mela diesen Küstenstrich als Siedlungsgebiet der „Atlanten" bezeichnen[200]. Die dazugehörige Burg könnte sich auf dem Hügel am Talende befunden haben (35.37952, - 5.15177), der auf dem Satellitenbild noch heute eine Abflachung mit Umrandung sowie ringsum mehrere Bodenverfärbungen zeigt, die auf eine ehemalige Bebauung mit größeren Bauwerken hinweisen. Tatsächlich dürfte der gesuchte Ort jedoch einen völlig anderen, phönizischen Namen getragen haben, der sich vielleicht unter den etwa 250 bei Krahmalkov ausgewiesenen, unidentifizierten Ortsnamen und Wörtern befindet[201]. Bei einer phönizischen Erstniederlassung ab 2000 v. Chr. - die

---

196 Zu Mogador allg. Jodin (1966), eine Karte bei Lipinski (1982, Fig. 226).

197 Proklos Diadochos bei Diehl 1965, 169ff.

198 Bittner 2022.

199 In Frage kommen hier am ehesten ***gadir Laou*** (Festung am Laou), ***aj adr Laou*** (mächtige Insel/fernes mächtiges Land am Laou), ***admt Laou*** (Gebiet am Laou) oder **åz Laou** (Festung am Laou). Der einzige ähnlich lautende Ort unbekannter geographischer Lage ist ***ålš*** (Alasch, Alas). Auch findet sich der Personenname ***åtla*** für *Atlai* bzw. *Atala*.

200 Hdt. IV 184/185. Mela I 23.

201 Kramalkov (2000, 225) hält es für möglich, dass das tunesische Karthago zuvor *Kambe* (***kmb***) hieß, obwohl der Ort seit seiner Gründung 814 v. Chr. als ‚Neue Stadt' (*Qart Hadašt*, *Karchedon*) bezeichnet wurde. Offenbar hatte auch das spanische Gadeira/Cadiz zuvor einen anderen Namen: *Belon* (***båln***), ein Wort, das auch für ‚Flüchtling' steht. Dies fügt sich zum inschriftlichen Beleg, dass

dann ja nur von Byblos hätte ausgehen können - wären entsprechende Münzlegenden allerdings kaum erwartbar.

11.5 Die phönizische Expansion zu den Inseln des Westmittelmeers

11.5.1 Malta, Gozo, Pantelleria[202]

ann/anw: **Malta**; ajnn: „**Insel von NN**“ (Malta); gwe, gwl: **Gaul**, **Gaulos**, **Gaulion** (Gozo, Insel nordwestlich von Malta); anw: **Eunon** (Inlandsort auf Gozo); ajrnm/jrnm: „**Insel von RNM**“, **Cossyra** (Insel Pantelleria zwischen Tunis und Sizilien)

11.5.2 Sizilien[203]

šql: **Sizilien**; ark: **Eryx** (Erice, Westsizilien, ca. 30 km nördlich. von Marsala.; ajrks: „**Insel von RKS**“ (wohl „Inseln bei Eryx“: die Egaden-Inseln Levanzo, Favignana und Marettimo); mtja/mŧjo/mʦwa: **Motya**, **Motye**, **Mozia** (St Pantaleo, Westsizilien nahe Marsala[204]); raš mlqrt: **Rus Milkart**, „Kap des Melkart“ (kleines Kap bei Heraklea Minoa, Südwestküste); agrt, agrgnt: **Akraga**, **Agrigentum** (Agrigent. ca. 20 km südöstlich von Herklea Minoa); ʦjʦ, ʦjo: „**Ziz**“, **Panormos** (Palermo. Nord-Sizilien. Göttin Sis). mtnm: **Panormus/Palermo** (alter Ortsname); kpra: **Kaphra**, **Solus** (Solunto, ca. 10 km östl. von Palermo)

Nicht überliefert sind die phönizischen Namen der Orte *Drepana* und *Lilybaion* in der Nähe *Motyas.* Alle bisher aufgefundenen sizilianischen Niederlassungen befinden sich im Westen der Insel, wurden im 8. und 7. Jhdt. v. Chr. befestigt und sind seitdem nachweisbar[205]. Wie vorn gezeigt, erfolgte die Erstbesiedlung mit Zeltstädten oder Hüttencamps jedoch deutlich früher und wurde laut Thukydides mit Floßbooten von Italien aus unternommen[206]. Demzufolge ist etwa bis ins 9. Jhdt. v. Chr. von der weitgehenden Nutzung phönizischer Floßtransporter auszugehen. Nach der Einführung des Münzwesens im 6. Jhdt. v. Chr. ließ Karthago einen Teil seiner Münzen in Sizilien prägen und mit der Legende ***mchšbs*** versehen.

---

es sich bei den im Umland von Gadeira siedelnden Tartessern um sardische Flüchtlinge handelte. Dazu siehe nachfolgend unter ‚Sardinien‘.

202 Eine Karte der phönizischen Siedlungen auf Malta und Gozo siehe bei Lipinski 1982, Fig. 211.

203 Alle phönizischen Siedlungen Siziliens (mit Karte) vgl. Lipinski 1982, 410 u. Fig. 301. Die phönizischen Münzen Siziliens vgl. bei Hill (2022).

204 Vgl. Lipinski (1982, 301/302) und die Karte mit phönizischen Siedlungen ebd. Fig. 228.

205 Thukydides (VI 2,6) verortet die Niederlassungen der Phönizier rings um die gesamte Insel: „Es wohnten auch Phönizier rings um ganz Sizilien auf Vorgebirgen, die sie befestigt, und auf den vorgelagerten Inselchen, des Handels wegen …“.

206 Thukydides VI 2,5. Bereits aus Sicht des ausgehenden 5. Jhdts. v. Chr. erschien der sinnvolle Übersee-Einsatz eines Floßes fragwürdig, wie Thukydides‘ Zweifel an der alten Überlieferung zeigt. Dies wohl deswegen, weil er im Text das Flößen als rein strömungsabhängig versteht, also nicht die Möglichkeit sieht, Flöße mit Steuerrudern, Segeln und Aufbauten ausstatten zu können.

11.5.3 Sardinien[207]

šrdn: **Sardinien**; ajnsm/j ntsm: **Inosim/Enosim** („Insel der Falken". Insel von San Pietro vor Südwest-Sardinien); slkj: **Sulcis** (Insel Sant'Antioco vor Südwest-Sardinien, neben San Pietro); bjton, bton: **Bithia** (Chia, küstennaher Ort Südost-Sardinien); bsan: **Bosa** (Küstenort in Nordwest-Sardinien); krlj: **Karalis/Carales** (Cagliari, Küstenort in Süd-Sardinien); krm: **Charmis** (unbek. Karthagische Gründung); lpm: **Lpm** (unbek. Ort auf Sardinien; krsjm: **Corsi** (Siedlungsgebiet eingewanderter Korsen)

Irritierend ist die Bedeutung der im sardischen Nora aufgefundenen Inschrift „[Wiederhergestellt ist] *die Kolonie Tarsis. Sie* [die frühere Kolonie] *wurde aus Sardinien vertrieben. Möge es den Menschen in der Kolonie gut gehen! Ihre Mutterstadt ist Kition. Gründer ist Šbn. Ihr Anführer ist Pumay*"[208]. Eindeutig ist hier von Tarsis/Tarshish/Tarschisch/Tartessos (**tršš**) nahe Gadir/Cadiz am Atlantik die Rede. Laut Inschrift gab es jedoch auf Sardinien ebenfalls eine Kolonie namens *Tarsis*, die allerdings zerstört wurde und ihre Bewohner vertrieben worden waren. Diese sardische Kolonie *Tarsis* war durch SBN vom zypriotischen Kition aus gegeründet worden, dies seinerseits eine Kolonie Sidons. Möglicherweise flohen die vertriebenen Tarsener an die spanische Atlantikküste und gründeten dort eine neue Siedlung namens *Tarsis*.

11.5.4 Balearen/Pityusen

ajbršm/ajbšm: **Ibrusim**, **Ebusus** („Insel der Fichten", „Insel der Gewürze": Ibiza, evtl. mit Formentera)

11.6 Die phönizische Westexpansion in Europa

11.6.1 Italien[209]

trš: **Turs** (Etrurien, der Etrusker)[210]; rma: **Rom**, **Roma**; kjšrja: **Cisra**, **Caere**, **Pyrgi**, **Cerveteri** (mit einem Heiligtum der Astarte)

11.6.2 Spanien/Südküste

åbdr/åbdrw: **Abdera** (ca. 120 km östlich von Malaga); škš, tskts: **Sex**, **Sexi**, **Six** (Almuñecar, ca. 60 km östlich von Malaga); mlka, mlkå: **Malaka**, **Malacha** (Malaga an

---

207 Zur phönizischen Besiedlung Sardiniens vgl. Lipinski 1982, 393/394. Eine genaue Karte mit den 122 phönizischen Niederlassungen ebd. Fig. 285.

208 **„[nbn k mts]b tršš ngrš ha bšrdn šlm haš lmtsb am l ktn bn šbn ngd l pmj"**. Phönizische Inschrift aus Nora, Sardinien. KAI 46, 1/8. Krahmalkov 2000, 493. Zur Identifikation von Tarsis vgl. Lipinski 1982, 440-442. Zur Diskussion der Inschrift vgl. Barreca 1961. Feron 1966. Delcor 1968. Cross 1972. Peckham 1972. Moscati/Uberti 1975. Lipinski 1978.

209 Lipinski 1982, 232.

210 Zu den umfangreichen Handelsbeziehungen zwischen Phöniziern und Etruskern vgl. Lipinski 1982, 163/164.

der Südküste nahe Gibraltar): bšbj: **Besippo** (Baetica, Algeciras/Gibraltar); qrt: **Carteia** (Gadarranque, neben Algeciras/Gibraltar. Phön. Gründung 940 v. Chr.)

11.6.3 Spanien/Westküste, Portugal

Leider hat sich das historische Forschungsinteresse bisher nicht so stark auf die phönizische Besiedlung der spanischen und portugiesischen Atlantikküste gerichtet, obwohl die Handelsbeziehungen hier mindestens ebenso weit reichten, wie an der afrikanischen. Der archäologische Befund kann diese Lücke aber schließen[211]: Beginnend am Golf von Aleçiras mit der mittig angelegten Hafenstadt *Guadarranque* (röm. *Carteia*, phön. Gründung ***qrt*** um 940 v. Chr., direkt daneben das nur schriftl. überlieferte ***bšbj*** d.i. *Besippo*/Baetica) folgen Richtung Norden *Gadeira/Gadir/Cadiz*, *Castillo Don Bianca* (ws. röm. Kastell Ebora), leicht ins Inland versetzt *Mesas de Asta* (röm. *Hasta*), sodann *Sanlucar de Barrameda* (ws. röm. *Ebora*), *Huelva* (röm. *Onoba*) und *Aljaraque* (ws. röm. *Laepa*). Im heutigen Portugal schließen sich dann im äußersten Südwesten *Lagos*, ca. 60 km nördlich die Hafenstadt *Sines* und mittig zwischen Lissabon und Porto der Küstenort *Figuera da Foz*. Sicherlich hat es Richtung Norden noch eine Vielzahl unentdeckter Sicherungshäfen und Handelsniederlassungen gegeben, von denen vielleicht einige der vielen unidentifizierten Ortsnamen zeugen. Bei mehreren antiken Geographen ist belegt, dass der Seeweg von Gibraltar bis in Nordsee und Ostsee seit phönizischen Zeiten bekannt war. Ähnlich wie auf den Kanaren hielt sich auch bei den Kelten Frankreichs die Jahrhunderte alte Überlieferung, sie seien einst von einer Insel aus angegriffen worden, die später im Meer versank[212].

Eindeutig zuzuordnen ist bislang nur: ***gdr***, ***hgdr***, oder ***mbol agdr***, gemeint ist *Gader*, *Gadeira*, *Gadir*, *Gades* oder *Gadis*. Cadiz liegt an der Mündung des Guadalete und ist als tyrisch-phönizische Gründung ab etwa 1100 v. Chr. archäolgisch und historisch belegt; seine Bevölkerung verehrte die Lokalgottheit Milkastart[213]. Der Ortsname ist abgeleitet von ***gdr*** (Gadir) für ‚Burg', ‚Festung' oder ‚ummauerter Platz'. Es war also die Befestigung und Sicherung einer bereits bewohnten Küstensiedlung, die ihm den heute bekannten Namen gab. Dazu passt, dass das Wort ***båln*** (Belon, d.i. „Flüchtling") auf einer gadeirischen Münze wohl die ehemalige Ortsbezeichnung wiedergibt - offenbar handelte es sich zuvor um eine Ansiedlungt phönizischer Flüchtlinge besiedelt. Um 400 v. Chr. lautete der griechische Name für *Gadeira* ‚Eumelos', etwa zur gleichen Zeit erhielt der Ort das phönizische Münzrecht, wie der Zusatz ***mhls*** (Münzprägestätte) zeigt. Mit ***tršš*** wird *Tarsis, Tarshish, Tarschisch* bzw. *Tartessos* bezeichnet, eine ab 900 v. Chr. nachweisbare phönizische Gründung in der Nähe von Cadiz. Zuweilen wird ***tršš*** auch als Bezeichnung für ein eigenständiges Territorium nördlich von Cadiz oder

211 Vgl den Spanien-Artikel in Lipinski 1982, 161-163 sowie ebd. die Karte Fig. 130.

212 Timagenes Alexandrinus bei Ammianus Marcellinus XV 9. Müller (FrHistGr) 1849, 322/323.

213 ‚Milkastart' ist eine Hybridgottheit, gebildet aus dem Meeresschutzgott ‚Milkart/Melkart' und der Himmels- bzw. Liebesgöttin ‚Astarte'. Krahmalkov 2000, 137. Alle antiken Quellenangaben zu Gades bei Besnier 1914, 323.

sogar als Stadtgebiet von Cadiz verstanden. Offenbar handelt es sich um eine Gründung sardisch-phönizischer Flüchtlinge, wie eine in Sardinien aufgefundene Inschrift nahelegt (s. dort).

Wie in Marokko erfolgte die Inlandsbesiedlung auch hier von den Küstennorten aus flussaufwärts, was sich besonders gut am Guadalquivir zeigen lässt: Vom ehemals phönizischen Mündungsort *Sanluca de Barrameda* (ws. röm Ebora) folgten die phönizischen Gründungen *El Carambolo, Bencarron* (etwas abseits), *Sevilla* (röm. Hispal), *Carmona* (etwas abseits), *Setefilla, Cordoba* (röm. Corduba), *Linares* und *Castulo*. Allein die Uferbesiedelung des Guadalquivir reichte also aus, um per Floß oder Schiff bis nach Zentralspanien zu gelangen

11.7. Die Bildung von Herkunftsbezeichnungen

Als grammatische Besonderheit sei an dieser Stelle die Bildung von Herkunftsbezeichnungen (Ethnika) vorgezogen, obwohl sie eigentlich zum Thema ‚Deklinationen' (vgl. Teil 3) gehören. Die Sache ist aber leicht verständlich, so dass diese Sonderstellung nicht verwirrend wirken dürfte. Ein Beipiel: Um die Herkunft eines Menschen anzuzeigen, wird an den Ortsnamen **tsdn** (Sidon) ein **j** angehängt, so dass das Ethnikon *der Sidonier* (**tsdnj**, Sidoni) entsteht. Da alle weiblichen Worte auf **t** enden, heißt *die Sidonierin* dann **tsdn(j)t** (Sidonit). Mit einem angehängten **(j)m** entstehen dann die Mehrzahlformen **tsdnjm** (Sidonijim/Sidonim, *die Sidonier*,) bzw. **tsdnjm(j)t** (Sidonijimit/Sidonimt, *die Sidonierinnen*). Da das angehängte **j** aber ebenso als unbestimmter Artikel dient, stehen **tsdnj** und **tsdnjt** (*Sidoni* und *Sidonit*) auch für *ein Sidonier* bzw. *eine Sidonierin*.

Auf diese Weise werden dann auch die anderen Ortsnamen umgeformt[214], also *der Tyrer* (**tsrj/tsj**, Sori/Tsuri), *ein Tyrer* (**tsrj[j]**, Tsuri) und *die Tyrerin/eine Tyrerin* (**tsrjt**, Tsurit), *der Arvader* (**arwdj**, Aruadi), der *Mann aus Askalon* (**ašqlnj**, Aschkaloni), *der Kitier* (**ktj**, Kiti), der *Mann aus Akka* (**akj**, Aki), *die Paphier* (**ppjm**, Paphijim), *der Perser* (**prsj**, Parsi), *der Ägypter* (**mtsrj**, Matsiri) und *die Ägypterin* (**mtsrt**, Matsirit), *der Karthager* (**qrtchdštj**, Quartadaschti), **der Lykier** (**lwkj**, Luki), *der Kilikier* (**klkj**, Kiliki), der Sarde (**šrdn/srdna**, Serda), die Sardin (šrdnt), ein Sarde (**šrdnj**, Serdani), *die Libyer* (**lwbjm**, Lubijim), der *Mann aus Oea* (**wjaj**, Oiai), *der Musuläer* (**molj**, Muli/Mali), *der Idikräer* (**adqrj**, Adikri), der Alasier/Zypriote (**alšj[j]**, Alasi), die Alasierin (**alšjt**, Alasit) und *der Römer* (**ramj**, Rami). Hierzu sind auch Ausdrücke wie *der/dieser Sidonier* (**htsdnj**), *die Bürger von Thugga* (**bola tbgg**) oder *König von Kition* (**mlkktj**, mlktj) zu

214 Im Folgenden nur inschriftlich auftretende Formen.

zählen. Schließlich konnten Städtenamen auch als herkunftsbezogene Personennamen auftreten, wie etwa *der Kethier* (**ktm**, Ketham), *der Etrusker* (**trš**: Turs) oder *jemand aus Gat* (**gt**).

12. Lehnwörter aus dem Griechischen und Lateinischen

hšdrpn	Satrap
chzr (gr. asup)	Tasse
dnårja (lat. denarius)	Dinar
drkmn (gr. drachmon)	Drachme
drkn (gr. dareikon)	Dareike
kdd (gr. kados)	Gefäß
klb (gr. kloubos)	Korb
knprs (gr. kanephoros)	Korbträger
knr (gr. kinuras)	Leier
nbl (gr. nablas)	Harfe
åjdls (lat. aedilis)	Ädil
åkskdrå (lat. exedra)	Wohnzimmer
padj (lat. podium)	Podium, Rednerbühne
pkš (gr. pyxis)	Büchse
qådrjgå (lat. quadriga)	Quadriga
qwårŧh (lat. quart)	Viertel
qwåŧrbr (lat. quattuorvir)	Viermännerherrschaft
sjnŧr (lat. senator)	Senator
strja (gr. stater)	Gewicht ‚Stater‘
trpj (gr. tropaion)	Trophäe

13. Nicht identifizierte Wortfunde

13.1 Orte, Regionen und Inseln

ajkbtt/ajkrtt (Ort in Spanien oder „Insel von Kbtt/Krtt“); **ajlkn** (Ort *Ailoken oder „Insel von Lkn“); **ajnk** („Insel von NK“); **ajnå** („Insel von No); **ajtnm** („Insel von Tnm“); **bb/bbj** (Ort Bibi/Bibai); **bjla** (Ort *Bila in Nordafrika); **bålgzzr** (Ort Baal-Gasur, evtl. Gasior); **båljtn** (Baliton, evtl. Baal-Jiten oder Aserbeidschan am Kaspischen Meer); **bqs** (Bochus); **btgšm** (Bet-Gesem); **chrmnjm**, **chrmn jm** (Ort oder Region Chrmn: Hermonium bzw. Hermon-Jam, am Meer gelegen[215]); **chšbr** (Insel von Chschbr[216]), **gchŧ** (Gachat); **jnm** (Inimme); **kpdå** (nicht Solus auf Sizilien, d.i. kpra/kaphra. Evtl. Lepti Solus bei Tripolis); **lkn** (Ort Lachna); **måchdlå** (Ort *Machadlan); **mårb** (Marob); **mšlw** (Ort *Meschelon); **ålš** (Ort Alasch, Alas); **åzja** (Ort Usia); **wjåt** (Ort Oea); **qla** (Ort

---

215 KAI 51.2 Krahmalkov 2000, 209: „Vor Bodbaal, dem Gouverneur von Chrmn-am-Meer, und vor den Leuten von Chrmn-am-Meer“.

216 Neupunisch. Tomback 1978, 120.

*Kalo, Kula); **qrn/qrna** (Carne, Carnum, Qarnum, Qarnun, Karnos. Eine Hafenstadt); **sjs** (Ort Ugdulena); **šlbn/ašlbn** (Salviana. Ort in Nordafrika); **slkj** (Ort Sulci); **šmš** (Asamas. Gelegen am Atlantik); **šmšårkj** (Ort Schemscherki); **tmdåt** (Tamudu. Ort in Nordafrika); **aqnm** (Iknim in Nordafrika); **mqn** (Mique in Nordafrika); **mårnša** (Marnscha oder Magana, evtl. in Algerien) (insges. 33)

13.2 Berufe

all; mchq; ggå; gd; kps; krt; mdd.

13.3 Wörter ohne Anhaltspunkte

abnn; abrkt; ada, adj (Pl.) (iddo, idday); adbj; akdbn (akedban); anl; ann; ant; aårjs; ap/apnh; arblzr (arbelser); arʦm; ašdnbål; ašdnt; asåa; astnjs (evtl. gr. Endung -aios); ašʦp♂, ašʦptj♀; atm; atn (etan); atš; aʦbål; awj; awjabål (wibal); awnlpas; bjj; bka; bla; bålchnt; bså; bqšt; brn; brsd; bråš; brqn/brqnj; bša; gan; gdåt; gtg; gm; gnn; dbr; ddm; drdšm; drpšn; hmra; hr; hrbål; hšdn; zbg (zabog); zg/zgm; zzbl; zzj; znz; cham; chb; chj (haggai); chgt; chwa; chlps; chma/chmj; chåm; chpš; chr (hor/hur); chrkp; chrml; ŧbng; ŧbt; ŧpn; ŧršt; jla; jlgwn; jlgm; jmo; jmcht; jmrr; jsd; jårgm; jpabrd; jpta; jptka; jqʦ; jtj; klm; kmz; knzr; knmj; knsl; knpwn; knt; kpr; krwl; krjn; ktm; lbtn; madr; mdna; mhrjt; mzg; mchdš; mchz; mchtt; mʦa; mj; mkj; mlm (melem); mlåt (melot); mlmn (^milimon); mlpj; mpåm (mepom); mmh; mmʦ; mms; mn; mnd; mnj; mnšj (menessi); msa; mskl; mslwj♂, mslwt♀; msp; mspråd; mqla; mqlch; mqr; mrt; mšda; mtr/mtrm; nba (nubo); nbdšlm (nebodschelem); nbsk; ngm; nåmt; nårqša; sdl; sŧrds; sjg; slk; slm; snr; ssr (^sisera); srl; stks; åkj; åkn; ålš/ålšj♂, ålšt/ålštj♀; åmʦ/åmʦa; ånzr; åntw (ontu); ånn; åpp; årq; åršm♂, åršt♀; åšʦŧ (oschetste); pwan; pŧr; pŧš; påašjg; pådj; pår; ppn; pʦmn; prsj (parsai); prka; prm/prmn; pšr; ptra; qztj; qnma; qnʦr; qrqjn; qšcht; rš; ʦgågå; ʦgåš; ʦjz (zijes); ʦjch; ʦlt (tsalet); ʦnr; šann; šbg; šblt; šbå; šdbj; šŧldn; škpt; šlmt; šln; šmchjt/šmcht; šndga; šnk; špn; špnslm; šppa; špq; špt; šʦp/šʦpa♂, šʦpt♀, šʦpm; šqåa; šrbj; šrm; šrn; štbj; tara; tart; tbnt (tibnit); tgnʦ; tj; tla; tlbn; tnd; tnr; tpråt (tafrot); tpŧ; tpl/tpla/tpln; tplas; ttla (217).

14. Alphabetisches Wörterverzeichnis Deutsch-Phönizisch

Da das Interesse an einer Übertragung deutscher Texte ins Phönizische wohl eher gering ist, dient das folgende alphabetische Verzeichnis nur dem Überblick, welche deutschen Worte umgekehrt durch phönizische Ausdrücke wiedergegeben werden können. Insofern der genannten Fachliteraur auch alle Mehrfachdeutungen entnommen wurden, übersteigt die Anzahl von ca. 2560 Nennungen die Menge der ca. 2400 aufgefundenen phönizischen Wörter leicht. Die Tatsache, dass sich für ein deutsches Substantiv oder Verb oft mehrere phönizische Entsprechungen finden lassen, liegt dabei an der Kontextuierung: Die Konnotationen und Bedeutungsnuancierungen wechseln mit dem jeweiligen Zusammenhang. Wie im Hauptverzeichnis wurden zur Erleichterung der Übersicht die Eigennamen von Personen und Göttern sowie die Bezeichnungen von Ländern und Städten weggelassen. Zudem fehlen hier die im grammatischen Teil schnell nachschlagbaren Pronomen, Partikel, adverbialen Bestimmungen etc.

A: abbrennen (bår). abdecken (ksj, ʦmd, gnn). Abdeckung (einer Wunde) (mks). Abdeckung (mswjat, gnn, åŧpt). Abdruck (rqå). Abend (rwh). Abenddämmerung (ålʦ). abfahren (brch). Abflussrohr (tålt, tåljt). Abgabe (bʦå, jgn, ånš, mšat, nšat). abgeben (bʦå, šlk, jtn). abgeben, freiwillig gratis (chnm). Abgeordneter (nʦb). Abgeschiedene (rmas). abgezählt (aspdw). abgleichen (mat.) (šlm). abladen (jrd). abreisen (brch). abreißen (nså). Abscheulichkeit (tåbt). abschlagen (qʦj). abschneiden (nks, qʦj). Abschnitt (ŧma). Absicht (rch, råt). Absichten (gute) (chmdt). absteigen (jrd). Abstimmung (ndar, ndår, ndr). abtrennen (krt). abwenden, sich (sr). Abwesenheit (mchsr). abwiegen (šql). Ackerland (šd, šdh). Adliger („Herr“) (ådn, ådnj, hdw, ådw, chd). Aedil (mchz, åjdls). Affe (Meerkatze) (gf). Ähnlichkeit (mšl). Ähre (Korn) (abb). Ähren lesen (šrtj). Akroter (åŧrt). alles (kl). Alliierter (milit.) (åzr). alt (ålm). Altar (mwbt, mzbch). Alter (ein…erreichen) (pål). Alter (hohes) (šat). Alter (šånt, šånwt, šnwt, šnm, šnt). altertümlich (ålm). Ameise (nml). Amphore (nbl). Amt (mlakt, mlkt). amtieren (kn). Amtstitel ‚Bomelek‘ (Ortsvorsteher) (bmlk). Amtstitel ‚Kinnas‘ (von Bürovorstehern) (knšm). Amtstitel ‚Mosel‘ (Tribun, in Kition) (mšl). Amtstitel ‚Pr[d]krml‘ (Bezirksvorsteher) (pr[d]krml). anbauen (ʦrp). Anbeter (åbd). anbieten (hlk, kbl, šlk, ndr, nša, pʦa, ålj). Anbieter (mškl, prŧ, šlk). Anblick (ån). andächtig (qna). andauern (kn). ändern (årb). Anerkennung (in…) (ål). anfragen (bqš, tr). anführen (šql). Anführer (ngd, alp, htm/htmj, tm, tma, al). Anführer, Chef (rb, rb arʦ, ajl). Angebot (jša, mgn, nša, šat, mŧna, zbh). Angebotstisch (nʦb). Angelegenheiten (dbr). angemessen (sich…verhalten) (tmm). angenehm (jp, chmd, naa, nåm). Angst (båt). Angst (vor… einfrieren/erstarren) (qrš). ankommen (mʦa). Anlage (biol.) (chgr). Anlagen (architekt.) (mbnt). Anleitung (march). Anmut (nåm). Annehmlichkeit (mhåm). annektieren (jsp). anordnen (ård, ʦwj). Anordnung (eines Gottes) (mʦwt). anpflanzen (nʦå). Anrede „Herr“ (mqr, ogw, bål). Anrede „Herrin“ (bålt). anrufen (qr). Anschaffungen (pqt). anschirren (asr). Ansehen, das (šm, qmt, tad). anspannen (asr). anstellen (jdn.) (škn). anweisen (jdn.) (dbr). Anweisungen (ʦwt). Anzahl, große (rb). anzünden (bår, qdch). Apfel (tpch). Ära (kn). Arbeit (die…von) (pl). Arbeit (dl, mlakt, mlkt). Arbeit (eine…betreuen) (kås). Arbeit (eine…übernehmen) (kås). Arbeit (Früchte der…) (pr, prt). Arbeit (masa, mlakt, mlkt). Arbeit (sich einer…hingeben) (qdš). arbeiten (mlakt, mlkt). Arbeiter (allg.) (pål, tsba). Arbeiter (Stein, Metall, Holz) (chrš). Arbeitskraft (åbd). Architekt (pls). Areal (arts). ärgern (sich) (qtsp, adr). arm (dl, jsd). Arm, der (jd). Armband (mgš). Armee (mchnt, tsba). Armeeführer, oberster (rb mchnt). Armut (jsd). arrangieren (åzb, krt). Arzt (rpa, mrpa). Asche (arj, arjt, chrt, šnjt). Askon (dem Gott…[gewidmet]) (laskn). Astarte (der…zugehörig) (aštrwj). Atem (rch). Aufbewahrung (Lebensmittel) (tklt). aufdecken (architekt.) (tgl, glj). Aufenthalt (wjat). auffüllen (mla). Aufgabe (mlakt, mlkt, šlm). Aufgang (ål, mtsa, sls, åls). aufhängen (jdn.) (tlj, tslb). aufheben (knš, åms). aufhelfen (åd). aufhören (bqj, tms). Aufhören (zum…veranlassen) (tmm). aufräumen (tsll). aufreißen (med.) (prš). aufrichten (ein Gebäude) (ålj, ntsb, šm). aufrichten (jdn.) (åd). aufrichtig (tm). aufrufen (qra). Aufsässiger, Aufsässige (mlts, mltsm). Aufseher (årb, mškb, mpqd, mškb, pqrjt). Aufsicht (pqrjt). aufspießen (tslk). aufsteigen (Rauch) (ålj). aufstellen (etwas) (jtsb, jšr). aufstellen (Grabstein) (ŧna). Aufsteller (von Säulen etc.) (ål). auftauchen (geogr./milit.) (ålj). Aufträge (tswt). Aufträge erfüllen (åbd). auftreten (drk). aufwachen (år). aufzeichnen (ktb). Augen (ånm). Augen (die bösen…werfen) (ån). Augen, mit geöffneten (glån). Augen, offene (glån). ausdehnen (sich) (šlch). Auserlesenheit (rašt). Ausfahrt (mtsa). Ausgaben (tklt, ttsat, tåat). Ausgang (architekt.) (måa, mtsa). ausgezeichnet (alm). ausgleichen (mat.) (šlm chlpt). aushändigen (šlm chlpt). auskippen (årj). ausleeren (årj). ausliefern (chlts). auslöschen (mchj). auslösen (lqh). ausreichend (d). ausreißen (nså, lpp). Ausrichtung (architekt.) (kbrt). ausrotten (mchj, trq, qtsj). Ausrufer (qra). ausruhen (nch, škb). Ausrüstung (mndt). Aussätzige (mtsrå). Ausschau halten (bqš). äußerst (brbm). ausstatten (eine Stadt/Kolonie) (bnj). Austausch (årb). Austausch (in…für) (b). austreiben (dbr). ausüben (åms). Ausübung (pålt). auswählen (nša). Autorität ausüben (tcht). Autorität haben (mšpt).

B: Baal (angesichts des…) (pån bl). Baalskrieger (chltsbål, mhrbål). Bach (nhr). backen (apj). Balsam (bšm). Band (ps). Bande (agdd). Bandit (bål agddm). Bank (Möbel) (jšb). Barbier (glb). Barbier Gottes (glbalm). Barren (Währung) (mrqå). Bart (zqn). Basis (architekt.) (kn). Bau, befestigter (mtsr). Bauch (btn). bauen (bn, bnj, bna, bnat, bnt, mbnt, pål, bgh). Bauer (Landwirt) (mškb). Bauer der Steine (chbk sabk). Bauernhof (mgd). Bauholz (jår, åts). Bauleute (bgh). Baum (jår, jr). Baum (einen…fällen) (štl). Bäume, abgesägte (ašr). Baumeister (bna, bnj). Baumfäller (nšr). Baumrutsche (štl). Bausteine (bearbeitet) (abn, abw, åbn, åbw, hb, hbn, hbw). Beamter (ägyptischer) (ntsb). Beamter (hoher) (rzn). Beamter (mštr, šamd). bearbeiten (pål). beaufsichtigen (pqr, pqd, šmr, šmd). beauftragen (šlch). Bebauung (mqm, mqmm). Beben auslösen (rål, råš). Becken (sp). Bedacht (šbt). bedecken (architekt.) (tsmd, gnn). Bedellium (Pflanze) (bdlch). bedienen (åbd). Bediensteter eines Königs (åbd). beeinträchtigen (rgz, trgzn). beenden (bt, chtm). beerdigen (qbr, qjbr). Beerdigung (qbr). Befehl (mjåms, ph). befehlen (mšl, råts, jmlk, tswj, båbr). befestigen (kjw). befreien (šlk, chlts). Befriedigung (nåmt). befürchten (štå). Begabung (mtt). beglücken (jdn.) (gdd). beglückt sein (tslch). begnadigen (gmr, nša). begraben (jdn.) (qbr, qjbr). begraben sein (tswj). Begräbniskleidung (swt). begreifen, verstehen (tld). begründen (ådl). begünstigen (chnn). Begünstigung (chn). behalten (šmr). Behälter (qll). Behälter, großer („Container“) (man). behüten, beschützen (når, ntsr, šmr, tspj). Beigabe (mncht). beisetzen (qbr, qjbr, gål). Beitrag (finanzieller) (btså, mbtso, mša). beitragen (btså). beklagen (jll, mjll). Beklagenswerter, ein (chnl). Bekleidung (allg.) (kst). Bekleidung (Wand) (mswjat). Bekleidung aus Byssos (bs). bekommen (pq). belasten (beladen) (glgl). belästigen (åms). beleidigen (srch). belohnen (jdn.) (škr, šlm). bemerkenswert (ajl). benehmen, sich (hlk). benennen (knj). benötigen (chsr, mchsr).

Berater/-in (jåts). Berechner (mchšb, chšb). Bereich (geogr.) (mqm). Berge, Bergland (hr). bergen (spw). Berggrat (škm). Bergkopf, Kuppe (rš, raš). Bergmann (Determination ‚Schiff') (kr). Bericht erstatten (šbrt). berühmt sein (tar). Berühmtheit (tar). berühren (nnå). beschädigen (nzq). beschäftigen (jdn.) (škn, pål, mjpål). Beschlag (jaj). Beschluss (råt). beschriften (ktb). beschuldigen (ålts). beschützen (chtsr, šmr, ntsr). Beschwörung (lchšt). beseitigen (glj, trq). besiedeln (chtsr). besiegen (ånj, ntsch). Besitz (etwas in…nehmen) (pq). Besitz (mqn, mgn, mqwa). Besitz ergreifen (nchl). besitzen (båbr, bt, bnt, kn, qnj, dlj, mlk, kwm). Besitzer (bå, bl). Besitzer eines Krankenhauses (march). besorgt sein (årb). bestatten (qbr, qjbr, åbn). bestehen (darauf …etwas zu tun) (qm). bestehen (kn). bestimmen (kkw, smw, nktbt). bestimmt sein für jd. (ŧnn). bestrafen (špŧ, ågš). beten (qra). Betrag (mdt). Betreuer einer Arbeit (kås). Bettdecke (åŧpt). beunruhigen (rgz, trgzn). beurteilen (špŧ). Beute (mrkcht). Bevölkerung (lam, åm). bewachen (šmr, pqd). bewahren (etwas) (šmr). bewahren (jd. sicher …) (šlm chlpt). Bewahrung (jšå). bewegen (etwas) (sg, gly). beweinen (jll). Bewertung (årk, årkt). bewirken (pål). Bewohner (jšb). bezahlen (jdn.) (škr, mchj, šlk, jtn). Bezahlung (tsd). Beziehung (unbek. familiär) (chjm). Beziehung (verwandtschaftl.) (bål). Beziehungen (friedliche) (šlm). Bezirk (einer Stadt) (gbl, mqm, år, qart, qrt). Bezirk (plg). Bezirksvorsteher (Titel oder Funktion) (pr[d]krml). bezwingen (ntsch). Biene (dbr). Bild, Bildnis, Abbild, Abbildung (von Personen) (sml, tbnt). Bild, geschmolzenes (msk, mskt). Bild, verblassendes (chnwts). bildhauen (psl). Bildhauer (mchq). Billigung (mtsbm). binden (kpt, tsmd). Bitte (dbr). Bitte, ernsthafte (tchnt). bitten (arš, šal). Bittgebet (ql, tplt, tchnt). blättern (mglt). Blei (åprt). bleiben (jšb, bqj, šbw). Bleigewicht (åprt). Blick, flüchtiger (ån). blind (åwr). Blinder, die Blinde (åwr, åwrt). Blitz (brq, brqn). bloßlegen (årj). Blume (dd, ntst). Blut (dm, hdåm). Blüte (ntst, chrr, prch). Boden (glatter) (hrkt). Boden, auf dem (tcht). Boden, kultivierter (mzrå). Bodenbearbeitung (chrš). Bogen (qšt). Bogenschütze (chts). Bohne(n) (pr, pl). böse, boshaft (rå). Bosheit (rå, an). Böswilligkeit, das Böse (rå). Bote (hamlan, dr, mlak). Botschaft (Nachricht) (amr). Brandopfer (ein…darbringen) (ålj). Brandopfer, ganzes (ålt, kll). brechen (bei Holz) (chsp). brechen (dchj, dchch). brennen (qdch). Brettchen (båt). Bretter zusammenfügen (lchm). Bretterfüger (mlchm). Brief (spr). bringen (hlk, lqh, nša). Bronze (nchšt, chšt). Bronzebearbeitung (mšk). Brot (lchs, lchm, jpt, kmch, må). Brotkuchen (ågå). Brotlaib (chlt). Bruder (cht, ach, at). Bruderschaft (achjm, šåt). Brunnen (bar). Brust (arz, rchm). Brustpanzer (ŧrjn, ŧrjw). Buch (in ein…eingetragen werden) (ålj). Buch, Codex (ktbt, dlt). Buchhalter (staatlicher) (chšb, mchšb). Buchstabe des Alphabets (ktbt). buchstabieren (mnt). Bucht (mchz). Buchungen (mtrm). Bug (Vorderseite) (qbl). Bühne (pdj). Bund (alt). Bund, religiöser, ‚Mizreb'♂ (mrzch alm, mzrch). Buntwirker („von den Buntwirkern") (mhšns). Buntwirker (chšb). Burg (Festung) (åz). Burg (gdr, hrd). Burg (schützende Festung) (chmt). Bürger (mzrch). Bürger einer Stadt (ads, bål). Bürgerin einer Stadt (bålt). Bürgermeister (mchz). Bürgerrat (mzrch). Bürgerschaft (bålt). Bürgschaft (årb). Büro für öffentliche Arbeiten (årkt). Bürovorsteher (adr). Bursche (når).

C: Cella (tw, mqdš, dbr). Charme (lchšt). Chef (al, nš, adr). Chef von (rša). Cherub (geflügeltes Phantasietier) (krb). Chiton (ktn). Clubhaus einer Bruderschaft (btšåt).

D: Dach (gnn, åŧpt, mks, gg). dahingehen (alb). Dämon der Nacht (lljt). Dämon, saugender (mzh). danken (jdm.), Dank an (båbr). daraufrollen (glgl). darbieten (pgå). Darbringung (mlk, nša, šat, mŧna). Dareikos (pers. Währung) (drkn). Daric (pers. Münze) (drkw). darunter (tch). Datteln, getrocknete (tsmq). Dattelpalme (tomar, tmr).

Dattelzüchter (tmr). Decke (Innenraum) (mspn, mks, mksa). Decke (ktt, rbš, rbšj). Deckel (mks, ålt). Deckelbüchse (Pyxis) (pkš). defekt (dl). Deichselstange (tr). denken (amr). Denkmal (ein…errichten, aufrecht stellen, festsetzen) (ŧna). Denkmal (skrn, skr). Denkmal für einen guten Namen (šm). Denksäule, Denkstein (nzb, mʦbt skr, måbt). depressiv, niedergedrückt (dkj). dicht herum (chʦr). Dickicht (jår). dienen, zur Hand gehen (šmš). Diener (åbd). Diener (åmt, bd, åbd, åb, napš, når). Dienerin (am, mt, amt). Dienerin eines Gottes (amt). Dienst (als Sklave) (mpål). Dienst (im…eines Gottes) (bda). Dienst (im…eines Meisters/Herrn) (bda). Dienst (öffentlichen…leisten) (pål). Dienstältester (milit.) (chlʦ rb, rb). Dienstleistung (šrt). Dienstleistung, religiöse (mšr). Dienstpersonal (åm šrt). Dinar (röm. Währung) (dnårja). Ding (dbr). Distrikt (arʦ, plg). Dokument (ein…besiegeln) (chtm). Dokument (ktbt, spr). Dolmetscher (ptr). Dolmetscher (Textausleger) (pjtrå). Dolmetscher (Übersetzer) (mls, mlʦ). Domäne (gbrt). Dorf, Dorfschaft, Flecken (chwh, ksra, chåra). Dorngestrüpp (kd). Drachme (gr. Währung) (drkmn). Dreck (åpr, åprt). Duft (rch). Dummkopf (nbl). Dunkelheit (khn, chšk). dünn (qŧn). durchbohren (chll). Durchführung (pålt). Durchgang (måbr). durchstechen (chll). dürfen (tåʦmt).

E: Ebene (åmq). ebene/geebnete Region (šd). edel sein (ånš, ndb). Ehefrau, Gattin (ašt). Ehemann, Gatte (bål, aš). Ehre (kbd, jkbd). ehren (krn, hdw, kbd). ehrlich (kn, måšrt). Ehrlichkeit (kt). Eiche (anw, jnn). Eid (alt, šbåt). eifrig, dienstbeflissen (qna). Eigentum (mlkt, tar, mqn, mgn, mqwa). Eigentümer (bå, bl). eindringen (geogr./milit.) (ålj). Einfahrt (mba). einfältig (pta). Einfassung (qr, måq). Eingang (mba). Eingeborener (aš). Eingeweide (qʦrt). eingravieren (ršm). einkreisen (milit.) (sbb). Einladung (pŧrt). einmeißeln (ktb). Einnahmen aus Geldstrafen (nš). Einnehmen aus Geldstrafen (åpj). einritzen (ršm). einschränken (kpt). einschreiben (sich) (ršm). einsetzen (jdn.) (pål). einsperren (sgr). einstellen (jdn.) (škr). eintreten (in einen Raum) (b-, tban). einverstanden (chlpt). einwickeln (åŧp). Einwohner (aš, jšb). Eisen (bdwl, brzl). Eisengießer (brzl, ask šbrzl). Elefant (kjšr). Elfenbein (šn, pl). Eltern (qnm). empfangen (ld). empfehlen (jdn.) (jtn). Ende (qåt). Enkel (Sohn des Sohnes) (bn bn). Enkelin (Tochter der Tochter) (bt bt). entdecken (glj, tgl). entfernen (etwas) (åms, sr). entfernen, sich (šbt, chsp, npq, gly). Entgelt (dnr). entkräften (aml). Entlassung (pŧrt). entschädigen (šlm chlpt). entscheiden (tkd, tmm). Entschluss (råt). entsenden (hlk). entzünden (qdch). Epoche, Zeitalter (dr, kn). erarbeiten (pål). Erbarmen (šlm). Erbauer (bgh). erben (nchl). Erbschaft (Anteil an einer…) (mgšt). Erdbeben (råš). Erde (geograph.) (arʦ, ard, tbl). erfinden (qnj). ergreifen (lkd, tmk). erhaben (räuml.) (rm). erhalten (bekommen) (lqh, pq, npq). Erhaltung (jšå). erheben (nša). erhöhen (jdn.) (åltʦ). erhöht werden (jll). erhören (šma, šmo, ågh). erinnern, behalten, merken (zkr, skr). Erinnerung (skrw, skr, zkr). erklären, klären (prš, ånš). Erklärung (dbr). erkundigen (sich) (tr). erlangen (bekommen) (pq). Erlaubnis (p, pj). erlösen (pdj, plŧ, pls). ernennen (knj). erneuern (architekt.) (chdš). Ernte (qʦr). ernten (mlg). erobern (ånj). Eroberung (lkd). erreichen, erlangen (pwq, pål). errichten (Grabstein) (ŧna). errichten (jʦb, nch, nʦb, šm). erschaffen (kreat.) (qn, qna, qnj, šm). erschöpft sein (npl). erschüttern (geolog.) (rål, råš). Erstgeborener (Übergabe des…) (šlm hrašt). ersticken (chsm). Erstlinge (qdmt). erübrigen (gmr). erwachen (år). erwägen (chšb). Erwecker (mqn). Erwerb (mqwa). erwerben (etwas) (qnj, mʦa, krj, pål). erwürgen (chnq). Erzählungen (sprm). Erzschmelze, Rennofen (mʦrp). essen (lchm, akl). Essig (chmd). etabliert werden (kn). Ewigkeit (ålm, ʦls). Ewigkeit, in (lålm). exekutieren (vgl. töten) (krt). Exil (glj). existieren (kn, kwn).

F: Fachvorgesetzter (prk). Fahne (npj). Falke (bjk, hår, nts). Falle (šp, mlqch). Familie (azrt, ahl, špch, bt, tar, dr). Familie (eine…gründen) (bnj). Familienchronik (ktbt dbr hbt). Familienclan (dr, zrch, špch). Familienstamm (šrš). Fang (lkd). fangen (lqch, šp). Fangnetz (Fischerei) (mlqch). Fangnetz (Vögel) (šn). Federvieh (tså). fehlen (chsr, mchsr). Feige, Feigen (tjn, tjw). fein (dq, dqt). fein sein (ånš). Feind (ab, zr, mlts). Feind (einen…vernichten) (šbr). Feinmehl (ŧrt). Feld (šd, šdh). Feldfrüchte, Feldprodukte (åbr). Feldheer (mchnt bšd). Feldlager (mchnt). Fell (år, årt, zbch). Fels, Felsen (chn, tsr). Felsen (in…ritzen) (nqb). Felskopf (rš, raš, ršj). Fenster (mchzt). fertigstellen (gmr, klj). Fessel (kch). Fest der Priester/einer Gilde (mrzch). Festland (swb). festlegen (schriftlich) (št). festlich (chgj). feststehen (kn). Festung (åz). Festung (schützende) (chmt). Fett (hlb, chlb, pdr). fettig (mch, tbrt). Feuer (arj, aš, lhbt). Feuermacher (mqdch). Feuerung, Feuerstelle (mkår). Fichte, Fichten (bš, bšm). Figur, Gestalt, Körper (menschl.) (krš). finden (pq, bqš, pwq). Firmament, Himmelsgewölbe (šmm, swb). Fisch (br). Fischer (Netzfischer) (chrm). Fischer (ŧbå). Fläche (ps). Flachs (pšt). Flamme (lhbåt). Flamme (lhbt, rhb, ršp). Flanke (jd). Fledermaus (åtlbt). flehen (pgå, qnjr). Fleisch (šar, bšr). Fleischer (ŧkt, ŧbh). Fleischstücke (jtslt). fliegen (brch). fliehen, flüchten (tbrch, ns). fliesen (rbd). Floh (pråš). Flöte spielen (chll). Flötist (mchll). Flotte (an). Fluch (qbt). fluchen (qbb). Flüchtling (bålns). Flügel (tsg, tså). Flurstück (šd). Fluss (mlcht, mgd). Flussbett (tålt). Flussland (a, msktz). Flussland (dieses ganze) (kl hmsktz). Flusstal (åmq). formen (psl). fortsetzen (št). Fortsetzung (åqb). Forum (chz, mchzt). fragen (arš, šal). Frau (adt, ašt). Frau (junge), Jungfrau (ålmt). Frau (zur Frau nehmen) (nša). Frauenstatue (ašt). freigeben (glj). freigelassen (tsjdn). freilegen (årj). freiwillig gratis abgeben (chnm). fremd (zd). fressen (lchm). Freude (chpts, chšq, jåzr). Freund (ah, ch, achj, alp, chbr). Freundin (aht, cht). Freundschaft (dåt). Frieden (šlm, ncht, šrm). Frieden (um…bitten) (šrm). Friedensopfer (šlm). friedlich sein (nch). frisch sein (lms). fromm (chsjd, tsdq, qdš, qna). Front (eines Gebäudes) (pnm). Frosch (krr). Früchte (prt). Früchte, erste (qdmt). Frühling, Frühjahr (ån). Fuhrmann (schb). Fülle (špåt, šbå). füllen (mla). Fundament (rqa). Furcht (dn, rgå). furchteinflößend (nštå). fürchten (chrdt). fürchten (etwas) (štå, ad, gr). Furchtsamer, ein (gr). Fürst (šr). Füße (påm, påmm). Füßen (zu…von) (tcht). Fußschemel (kbs). Fußsoldat (mrgl). Futter (bll).

G: Gabe (mtn, mtnt, mtt, mtwt, mkcht, gn, mgn, naša). Gang (architekt.) (lsr, drk, sll, mslt, nalk, måbr). Gang (Mitglied einer…) (bål agddm). Gans (trp). ganz (šlm). Ganzopfer (bšr, kll, ålt). Garantie (årb). Gardinenschutz (Gardine als Schutz) (prr). Garnison (asr, mtsb). Garten (gw, gn, tsmch). Gärtner (tsmch). Gast (des Palastes) (grhkl). Gast (gr, grm, hlk). Gastfreund (chbr, hlk). Gastfreundschaft (hlkt, hlqt). Gastgeber für Reisende (maspt). Gastwirt (ljn). Gatter (chrz, ggp). Gebäude (allg.) (mbnt, mqm, mqmm). Gebäude (ein zerstörtes…restaurieren) (krm). Gebäude (Haus) (bt). Gebäude (Landhaus, Bauernhof) (mgd). Gebäude (turmartig) (mgdl). Gebäude aus behauenem Stein (gzt). Gebäudeart (unbek.) (mqr). Gebeine (åtsm, åtsmm). geben (jtn, ntn, tntw, mgn). geben wollen (zukünftig geben) (ntw). Gebet (tplt). Gebiet (plg). Gebiet jenseits des Flusses (åbr). Gebiet (adjw, arts, plg, mqm). Gebiet (entferntes) (qtst, qtsjt). Gebiet (ethnisches) (šd). Gebirge (Berge, Bergland) (hr). Gebrauch (akl). Gedächtnis (skrw, skr, zkr). gedeihen, florieren (šlm). Gedenkangebot (zkrn). Gedenken (skrw). Gedenksäule, Gedenkstein (nzb, mtsbt skr, måbt). Gedenkstätte (skrn). Gedenkstein (abn, chn). Gedenktafel (Bronze) (dlt). Geduld (ark rch). geeignet (jpa). gefährlich (nštå). gefällig sein (nåm). Gefangener (jtr, šb). Gefängnis (klb, šår). Gefäß, großes (qll). Gefäßdeckel (mks, ålt). Geflügel (allg.) (tspr). Geflügelarten (div.) (qdmt, agnn/ågnn, arr). Gefolgsmann (åbd). Gefühle (npš). Gegend (mqm). Gegenwart (in…von) (pchnt). Gegossenes (nsbt). Gehege (sjg).

Geheiß (auf jds. ...) (båbr). gehen (hlk, tdrkn). gehorchen (šmå). gehören (kn, kwn). Geiß (åz, åt). Geist (menschl.) (rch, lb). Geist, eine Art (glm). Geister (rpj, rpam). Geländer (måq). Geld (sich...teilen) (šbt). Geld (Silbergeld) (ksp). Geld (tar). Geld ausgeben (jʦa, klj). Geld holen/abheben (nša). Geld opfern (mnj). Geld zählen (chšb). Geldausgabe (klt, tklt). Geldstrafe (ånš). Geldstrafen (aus...einnehmen) (åpj). Geldstrafen (Einahmen aus) (nš). Geldstück (unbek.) (pa). Geldverlust (rcht). Gelenk (mech.) (šlb). Geliebte (mchbt). geloben (ndr). Gelöbnis (dbr, naša). Gelübde (ein...erfüllen) (pgå, åpʦ, šlm). Gelübde (mša, ndr). Gemach (Zimmer) (chdk). gemacht aus (b). gemahlen (pulverisiert) (dq). Gemeinde (gmt). gemeinsam (qnz, qnza, qnzm). Gemeinschaft (der...dienen) (šrt). Gemeinschaft (gw, šåt). Gemeinwesen (åm, mt, åw). Gemüse[art] (šem). genau (aspdw). genau bemessen (mrt). Genehmigung (mjnb, mʦbm, mjʦb). Genehmigung (mündliche) (p, pj). geneigt sein (dll). General, Anführer (Titel „Rab“) (rb). General, dritter (rb šlš, rbå šlšj). General, erster (der Armee) (rb tcht rb mchnt). General, zweiter (rb šnj, rb šn, šn). Genossenschaft (jchs). Genugtuung (nåmt). Genuss (nåm). Gerät (allg.) (kr). gerecht (ʦdq, jšr). gerecht führen (einen Staat) (jšr). gerecht leben (tmm). Gerechtigkeit (ådq, ʦdq). Gerede, müßiges (bddr). Gericht (Hof des...) (chʦr). Gerichtswesen (ʦdq). gering (ʦår). Geröll (krkr). Geruch (rch). Gesamtbetrag (tm). Gesamtheit (kl, tm, tma). Geschäftsmann (mkrå). Geschenk (ein...präsentieren) (årb). Geschenk (j, brk, mtn, mšat). Geschichte (dbr). Geschichten (sprm). Geschmack (nåm). geschnappt werden (im Spiel) (gzl). gesegnet (brk, tbrk, mrr). Gesegneter (brjk). gesetzt (gesetzte Frist) (ŧnt). Gesicht, Angesicht (pl, pgs, nn, pn, pnm). Gesinnung (rch, råt). Gestalt (allg.) (tad). Gestalt, Körper, Figur (menschl.) (krš). Gestell (eines Hauses) (tålbt). gesund (brå, bråj). Gesundheit (bra, brba, brjk, årkm, šlm). Getreide (dgn, šbå). Getreidebrei zum opfern (bll). Getreidemüller (slt). getrennt sein (bdd). Gewahrsam (chrz). Gewalt (åz). Gewand (rotes...der Astarte-Statuen) (šnt). Gewand (swj, swjt, swt). Gewicht (allg.) (mšql). Gewicht (Münzgewicht 'Talent') (krr). Gewichte oder Münzwerte (div.) (Abk.) (kr, qr, agrt, prʦ, qpa, qʦr). Gewichtseinheit (allg.) (ŧbå). Gewichtszeichen (Abk.) (p, q). Gewinn (pqt). gewinnen (bʦå, nʦch). Gewürz (rqch, bšm). Gewürze mischen (rqch). Gewürzmischer (rqch, mrqch). Giebelaufsatz (åtrt). Gießer (nsk, ksn). Gießerei (bt tnr). Gipfel, Spitze (rš, raš, ršj). Glanz (Kupfererz, Zinn) (zhr). Glas (zbr). glorifizieren (dl). Glück (ašrb, chʦj, mzl, nåm, gd). Glück (sei glücklich!) (gdd). glücklich (brk, gådj, gdd). Gnade (durch die ...von) (åbr). Gnade (šlm). Gnade, göttliche (chn). gnädig (er ist gnädig) (hn, chn). gnädig sein (chnn, gmr, nša). Gold (chrg, chrʦ, hrʦ, ktm). Gold, pures (hrʦ mtm). Golem (eine Art Geist) (glm). Gott (als Begriff) (al, aln). Gott (Anrede „Baal“) (bål, bålj). Gott (Anrede „unser Herr“) (bjln, rbn). Gott (Anrede „unser Vater“) (abn). Gott (einem...dienen) (åbd). Gott (einem...dienen) (šrt). Gott (einen...anbeten) (gr). Gott (jd., der zu...gebracht wurde) (nšalm). Gott (von...erbitten) (arš, aršå). Gott anrufen (qra). Gott gab (aljtn). Gott lebt (jš). Gott vertrauen (Namensteil) (åms). Gott, „Herr“ (als Anrede) (adn, aršp). Götter (die geheiligten...) (alm zbchm). Götterfamilie (Pantheon) (dr bn alm). Gottes Stimme („seine Stimme“) (qlå, qwla). Gottesanbeter, Gottesanbeterin (gr). Gottesfreund (ahåln). Gottessohn (Titel) (bn, bnalm). Gottesverehrer (åbd). gottgefällig (qdš, qjdš). Gottheit einer Person/Stadt (allg.) (bål). Göttin (als Begriff) (alt). Göttin (Anrede und relig. Titel „Herrin“, „Dame“) (rbt, adt). göttlich (bra). göttlicher Verwandter (åm). Gouverneur (mšpt, skn). Grab (ein im...Schlafender) (jšw). Grab (mškb, bt, åprt, qbr, qbjr, mqm). Grabbeigabe (krch). graben (kra, krj). Graben, der (šak, šgr, chj, tålt). Grabgewölbe (klt). Grabkammer (chdr, chdr bt ålm). Grabmal (br, btålm). Grabmonument (br, btålm, sjwåt, ʦjwån). Grabstein (abn). Gras (chʦr). grasen (råj). Grat (eines Hügels/Berges) (škm). gratis (freiwillig ...abgeben) (chnm). Gräuel (tåbt). Graveur (chqq, mchq, bra, chrt, krt). gravieren (nqb). Gravur (chrå, ps, ptch). Grenze (einer Stadt) (gbl). Grenzen (qʦjt, qtst). Grenzstein (abn, mtsb, mtsbt). groß (mächtig) sein, groß werden (adr). Großtat (åtsmt). Großvater (abadr). großzügig sein (ndb). Großzügigkeit (chn). Grotte (nq). Gruft (bar). gründen (architekt.) (jšr, nch, pål, bnj). Gründung (architekt.) (rqa). Gruppe (chbårt). Gruppe (krimin.) (agdd). Gruppenleiter (raš, rb). grüßen (jdn.) (šlm). Gunst (chn, tchkt).Gunst, meine (chnj). günstig (nåm). Gurke (qša). Gürtel (azr). Gussmetall (nsbt). gut (ja, jšr, tsdq, jp, chmd, nåm, nås). gut (sich …verhalten) (tmm). gut sein (ånš, tmm, nåm). Gutes (nåm).

H: haben (dlj, mlk, kwm, jkn, kn). Habicht (tsts).Habichtskraut (stjl aš šdh). Hafen (Bucht) (chz, mchzt).Hafenbecken (sp). Halm (qna). halten (tmk, tsbt). Haltung (nbš). Hammer (pts). Hand (kp, jd). Handarbeit (påltjdm). Handelsbeziehung (hbr). Handfläche (kp). handgefertigt (amt). Handgemachtes, etwas (rchm, šchm). Händler (mkr, schr). Handlung (dbr, pålt, masa). Handlung, religiöse (mtswt). Handwerk(skunst) (chrš, hrš). Handwerker (amn, wrjs, chrš). Handwerksmeister (bål hrš; bålchrš). Hängegefäß, bauchiges (kdd). hängen (tlj, tslb). Harfe (nbl). Harmonie (tmt). Hass (šnat). Hast (mhr). hasten (mhr). Hauch (rch). Haupt (rš, raš). Hauptstadt, Metropole (ktrt). Haus (bt). Haut, Häute (Leder) (åd, ådt, år, årt, zbch). Hautschwellung (chdrt). Hebamme (åwrt). heben (nša, knš, åms). Heck (Rückseite) (tshr, tsd). Heer (åm, am mchnt, db, arar, jrjr). heilen, kurieren (rpa, asj). heilig (qdš, qjdš, naqjdš). Heiligtum (qdš/kdš, mqdš, mjqdš, mmqm, måqam, ašrt). Heim (Haus) (bt). heiraten (nša). Heldentat (åtsmt). helfen (er wird helfen) (åzr, jåzr). Helfende (åwrt). Helfer (åzr). Hengst (abr, jbr). herausziehen (nså). Herberge (eine…anbieten) (arh). Herbst (qtsr, npl). Herde (bqr, mqna, mqwa). hereinkommen (b-). Herkunft (gute) (jpmtst). Herr (ådan). Herr (göttlicher) (bål). Herr, Herrin (rb). Herren (Abk.) (r). herrlich (adr). Herrschaft (auch: Regel) (ršat). Herrschaft (mrt, mlk[j]t). Herrschaft der Fünfzig (haš chmšm). Herrschaft der Vier (qwåtrbr). Herrschaft der Zehn (åsr hmšlm). herrschen (mšl, råts, jmlk). Herrschende (mšlm). Herrscher, Machthaber (rzn). herstellen (pål). Hersteller (chrš).Herstellung (jtsr). herumlaufen (hlk). herunterbringen (jrd). herunterdrücken (dchj, dchch). herunterkommen (jrd). hervorragend (nåm). Hervorragende, das (nåm). Herz (lb). Heuschrecke (jlq). Hilfe (åzr, jåzr, måzrt, awbt). Himmel (šmš). hinausgehen (jtsa). hinstellen (šm). Hinterlassenschaft (agat). hinunter (tcht). hinwegraffen (gwl). hinzufügen (jsp). Hirsch (ajl, ajr, jjr). Hirschbock (ajr, jjr). Hirschkalb (tsrb). hoch (räuml.) (rm). hochheben (nša). Hof (-anlage) (chtsr). Hofbedienter (srs). Höhe (ål). Höhle (nq, mgrt). Hohlraum (nq). Holz (åts, jår, jr). Holz (in…hauen) (psl). Holzarten (div.) (brj, šjr, mr). Holzbehauer (chchršm šjr). Holzfäller (krt, grr). holzig (åts). Holzkohle (pchs). Holzschneider (chrš šjr). Honig (npt). hören (jmå, jšmå, tšma, šmå). Horn (von Tieren), Geweih (qrn, qrw). Hund (klb). Hund Gottes (gehorsamer Anbeter) (klb). Hunger (ll). hüten (šmr, šmd).

I: Imperator (mjnkd). Imperium (mšpts). Infanterist (mrgl). Information (amr). inhaftieren (sgr). Inland (kein Seegebiet) (šd). Insasse (mwrt). Inschrift (ps, ptch, spr). Insel (aj). intakt (šlm). Intelligenz (bnt, lb, chkmt). Jagd (tsd). Jagdhund (klb). Jahr (št, šgt, jhr). Jahre (šånt, šånwt, šnwt, šnm, šnt). Jahresname ‚Miggin' (mjgn). Jahreszeit (åt). jeder (kl). Jedermann (ads). jemand (ajš). jubeln (ålts). Jugend (ålm, nchr, jld, nårm). Justiz (tsdq). Käfig (klb). Kaiser (mjnkd). Kalb (ågl). Kalkstein (åjn). Kamerad (rå). Kammer (ålt). Kampf (milit.) (mlchmt). kämpfen (lchm). Kanal (chj, tålt). Kap (rš, raš, ršj). Kapitän der Flotte (rb an hlk qr). Kapitulation (šlm). Karren (åglt, mrkbt). Kaserne (tpg). Kassierer (mchšb, chšb). Kästchen (šwr). Kasten (bnn, šwkr). Kasten, verschließbar (šgr). kaufen (ankaufen) (lqh, qnj, mtsa, krj). Kaufleute (mtrm). Kaufmann (mkr, schr, shb, schb). Kaufmannschaft (schrt). Kaufpreis (mhr). kehrt machen (šwbb). Keil (šcht). Kelch (Goblet) (qbå). kentern (hpk). Kerker (kri, krn). Kerzenhalter (brš). Kerzenleuchter (nr). Kette (chrz). Keule (biol.) (šlb, ašlb, tsd). Keule (milit.) (tsmd). Kind (ein...zeugen) (jld). Kind (gd, gdj, gda). Kinder gebären (qnj). Kiste (arn). Kiste, verschließbare (šgr). klagen (jll, mjll). Klang (ql). Kleidungsstücke (allg. Garderobe) (swjat). Kleidungsstücke (div.) (mpt, kdmr, swt). klein (qtn). Kleinkind (ål). Kleinvieh (tsan). klopfen (påm). klug (mhr). Knebel (kch). Knecht (åmt). Knochen (åtsm, åtsmm). Knochenbehälter (maspt). Knüppel (tsmd). knurren (ln). Koch (tbch). Köcher (atspt, šk). Kohlesteine (Braun-/Steinkohle) (pchm). Kohlewanne, Kohletopf (mchtt). Kollege (chbr). Kolonie (mtsb). Kolonnade (šrdt, strt). Komer-Priester (kmr). komfortabel (nchm). Kommandant (allg.) (htm/htmj, tm, tma, drk). Kommandant (Flotte) (tma an). Kommandant (Heer) (tma mchnt). Kommando (Befehl) (mjåms). kommen (jba, ata, mtsa, b-).komplett (šlm). konfiszieren (gzl). König („mächtiger Mann“) (aš adr). König (bål, mlk, adn). Königin (mlk[j]t). königliche Autorität (mšpts). königliche Herkunft (Person) (mmlkt). königliche Hoheit (gm). königlicher Bediensteter (åbd). Königreich (mlk[j]t). Königsgabe, Geschenk (mnht). Königshaus, Dynastie (btab, btadn). Königshauses (♀Angehörige des ...) (mlkjt). Königsspross (zdå). Königswürde (mlk, mlk[j]t). Königtum (mlk[j]t). Konkubine (tsrt). können (lat). Konstruktion, kreisförmige (mågl). Konsulat (kntswlåt). Kontrolleur (chzn). Kopf (politischer), Politiker (rš). Kopf (rš, raš). Kopfbedeckung (mraš). Kopfhaar (šår, šårt). Korb (klb, kwlb, tna). Korbträger (knprs). Koriander (gd). Kornähre (abb). Körner (Getreide) (dgn). Körper, Figur, Gestalt (menschl.) (krš). Körperschaft/Verein, städtisch (chsgm). Körperteil (hbšj). korpulent (brå, bråj). Korrektor/-in (qrjn, qrjnt). Kosten (auf seine eigenen...) (btm). kosten (etwas) (b). Kosten, die (tklt, ttsat, tmn, tmm). kostenlos (chnm). Kothon (ktn). Kraft (åz, chjl, åw, rjål, jd, gbrt, krch). Kraftfülle (tåtsmt). Kranke (AllgPl.) (mtsrå). Kranz (åmrt, åtra, trt, åtrt). kränzen (åtr, åtr, ktr). Krater/Mischkrug (mrqa). kratzen (grd). Kratzer (mgrd). Kraut, Kräuter (chtsr, mchtsrt, šchm). Kreis (gnn). kreisförmige Konstruktion (mågl). kremieren (arj). Kreuzkümmel (kmn). Krieg (mlchmt). Krieg gegen jdn. führen (agd). Krieger (åm, am mchnt, gbr). Krieger, vollgerüsteter (Hoplit) (chlts). Kriegsflotte (mchnt an). Kriminelle(r) (rq). Krone (åmrt, åtra, trt, åtrt). krönen (åtr, åtr, ktr). Kröte (qrr). Krug (qll, zbr). Krug, großer (nbl). Kuh (alpn). Küken (gzl). Kultfest (rzch). Kultfunktionär (mqm). Kultgerät (zur Opferhandlung) (arzm). Kultgerät ‚heiliges Aser‘ (ašr qdš). Kultgerät aus Edelmetall ‚Ephod‘ (pdt). Kultgeräte (div.) (unbek.) (chlpt, chnwts, tkt). kultivieren (tsrp). Kultsieb (mkbrt). Kummer (mtsrm). Kündigungsschreiben (spr nqt). Kundschafter (mrgl). Künstler (amn, chrš). Kunstwerk, Kunststück (åtsmt). Kupfer (nhš, nchš). Kupfererz (zhr). Kupferschmied (msk). Kurier (mlak).

L: laden (åms). Lage (šbt). Lager (ein...aufschlagen) (chnj). Lager, Camp (chgj, mchgt, mchnt). Lager, Lagerraum (b, mazn). Lagerhaus, Depot (mpqd). lagern (chnj). lagern (Lebensmittel) (kl). Lagerraum in einem Depot (slmt). Lagerstätte (mškb, mšbb). Lakai (mrgl). Lamm (š, amr, kbš). Lammopfer (mlu amr). Lampe (eine...anzünden) (qdch). Lampe (hbš, nr). Land (adjw, arts, admt, šd, ard, tbl). Land (im Land) (barach). Land (Zuteilung von) (grl). Land abgeben (jtn). Land am Meer (aj). Land besiedeln (chtsr). Land kaufen (krj). Land, fernes (aj). Land, gesätes (mzrå). Ländern (in den) (barach). Landhaus (mgd). Landsleute (bnam). Landtruppen (mchnt bšd). Landzunge (rš, raš, ršj). lang, sehr (msrwå). Länge (einer Strecke) (påm). Länge (einer Zeit) (ark). langmütig (arkrnch). Lanze (mrch). Lapis-Lazuli (aqna). Lauf („stadion“) (mrts). laut (lmdt). Leben (das) (chj, chjt, mchj, chjm, nchjm). Leben (ein langes ...) (åjm). Leben (in meinem ...) (chj). Leben (jdn. am...erhalten) (chwj). leben (kn, chga). leben (lang leben) (chjj, chwj). leben (weiterleben) (chjj, chwj). Leben (zum...erwecken) (jšb).

Lebende (chj, chjm, nchjm). lebendig (chj). Lebensende (mt). Lebenszeit (jm♂, jmt♀, åjå, åt). leer sein (rq). legal (tsdq). legen (šm, šjm). legitim (tsdq). Lehrer/-in (šna/šnat, rb). Leib (eigener Leib) (šar). Leibesfrucht (Nachkomme) (pr). Leichentuch (qšn). Leier (knr). Leinen (ägyptisches aus ‚Byssos‘) (bå, bs, bwts). Leinen (bwts, bts, pšt). Leinenbespannung (mswt). Leistungen (pålt). leiten (šql). Leiter (Sprossenleiter) (ål). Leiter (Vorgesetzter) (slm). Leiter einer (Berufs-)Gruppe (raš, rb). Leiter einer Hundertschaft (milt.) (chlts rb, rb). Leitersprossen (šlb). Leitungsgremium, oberstes (adrm, rašm). Lektor (qra). Lektor-Priester (Magier) (hrtsmn, qra). Lende (šlb, ašlb, tsd). Leopard (nmr). lesen (qra). Leumund (šm). Leute (adm, admm, bnadm, åm, bålt). Licht (ar, mchzt, nr). Lichtanzünder (mqdch). Liebe, die (chmd, chmdt, chbb). lieben (adb, mchb, chmd, chmdt, chbb). lieblich (naa, nås). Lieferant (šlk, prt). liefern (šlk, šlm chlpt). Liege (msb). liegen (škb, npl). Liste (ps, pås). Listenmanager (pqd). Litra („Pfund“) (ltr). Litra/Pfund, einhundert (ltrm mat). Liturgie, religiöse (mlak, mlkt, mšr). Lob (šbåt). lobpreisen (gdl). Loch (šak). Locke (tl). Lokalgottheit (eine…einführen) (jšb). Lokalgottheit eines Landes/einer Dynastie (bålbt). Lokalgouverneur (rb, rb arts). Los (das…werfen) (nchl). löschen (jmch). loskaufen (lqh). loslassen (chlts, hlk). Lösung (råt). Löwe (rjål, lba, ar, arw, jr). Löwenjunges, -welpe (gr, kpr). Löwenstatue (arw). loyal sein, Loyalität (åms). Lüge (ågš). lügen (bdd). Lügner, großer (mgdl åqš). luxuriös (nchm).

M: machen (pål, št, qnj, åšj, pål). Macher (Unternehmer) (pål). Macht (mšlt, gbrt, krch, åz, tåtsmt). Machtbereich (gbrt, mšpts). mächtig (amd, kkr, åzm, rm, åtsmt, tåsmt, åz, adr). Machttat (tåtsmt). Mädchen (tslmt). mager (dl, qtna). Magie (mit…binden) (ntk). Magier (chbr). Magistrat (Suffet, Suffeten) (špt, šwpt). Majestät (gm). man (ajš). Mandat (mšlt). Mandelbaum (šqd). Mandeln (šqd). Mangel (mchsr, ll). mangelhaft sein (chsd). Mann (as, aš, gbd, mtw, gbr, ads, ajš). Mann (junger kräftiger) (gbr). Mannschaft (aš). Manufaktur (påltjdm). Marine (mchnt an). Markt (chz, mchzt). Marmor (rchmt). marschieren (hlk). Mastbaum, Mast (trn). Mätresse (tsrt). Matrose (drk, mlch). Mauer (am Tempel) (chts). Mauer (aus behauenen Steinen) (gzt). Mauer (Befestigungs-) (chpjt). Mauer (chgr, qr). Mauer (umschließende) (gdr). Maul (pj). Maulkorb (mchs, mchsm). Maurer (chbk sabk, bk). Maus (åhbr, åkbr). Mausoleum (npš, napš). Meer, die See (jm, jms, js). Meerenge (Tor des Meeres) (dl). Meilenstein (abn). Meinung (mjtb). Meister (rb, jmnj). Meister der Verdrehung (mgdl åqš). Meister einer Kunst/Dienstleistung (bål). melden (ršm). Meldung (šbrt). Melk-Opfer für Baal-Hammon (mlk bål). Melk-Opfer für eine Person (mlk adm). Melk-Opfer zur Geburt (Lamm) (mlk amr). Menge, Quantität (mšch, mst). Mensch, frommer (chsd). Mensch, Menschen (adm, admm, gbr, bnadm). Meskal/Miskal (mšql, mšqal). messen (mdd). Messer (šcht). Messung (mdt). Metall (nskt, mskt). Metall gießen (nsk). Metallbeschlag (mht). Metallgegenstand (einen…werfen) (jtsq). Metallgießer (nsk, ksn). Metallguss (nskt). Metallplatte mit Stempel (Währung) (mrqå). Metallstatue (nskt). Metalltasse, Metallkrug (nbl). Metzger (tkt, tbh). Miene (pn, pnm). Milch (hlb, chlb). Miliz (mštsrt, tsba). Milizionär (mštsr). Milkot-Opfer für Baal (mlkt bål). Mine (mkh, mn). Ministrant (når). Mischfutter (bll). Mischgefäß, Mischkrug (gaw, agw hz, mrqa, msd). Mitarbeiter im Büro (chbr). mitbringen (b-). Mitgefühl zeigen (chs). Mitglied (in einer Organisation) (aš, chbr). Mitglied des Heeres (einfacher Soldat) (aš mchnt). Mitte (gw, mtrt, mtkt). Mittelsmann (šbw, srsr). mitten, mittig, inmitten (td, gw). Moment, Mal (påmat). Monat (allg.) (rt, jrch). Monatsnamen (prts, chjr/ajr, mrzch, krr, zjb, pålt, zbch ššm, zbch šmš, atnm/atnjm, bl, mrba/mrpa/mrpam, mtn, mpå). Mond (allg.) (jrch). Mond (Neumond) (chdš). Mond (Vollmond) (ksa). Monument (ein…errichten, aufrecht stellen, festsetzen) (tna). Morgen, früher (qdmt). Morgendämmerung (šchr). Mosel (Tribun, Amtstitel in

Kition) (mšl). Most (trš). Mund (ph, p, pj). Mundschutz (mchs, mchsm). mundtot (jd.…machen) (chsm). Münze (kndr). Münze (Prägung auf einer…) (btn). Münze, klein (qr). Münzen prägen/schlagen (mpåm, hlm). Münzgewicht ‚Talent' (krr). Münzprägestätte (mhlm, mhls). Münzstück („Viertel") (rbå). Münzwerte oder Gewichte (div.) (Abk.) (qr, agrt, prts, qpa, qtsr, kr). Musikinstrument (nth). Mutter (am). Mutterland (arts). Mutterstadt (einer Person/Kolonie) (am). Myrrhe (mr, tmrdr).

N: nachdenken (amr). nachfragen (drš). Nachkomme („Leibesfrucht") (pr). Nachkomme (Sprössling) (tsmch). Nachkomme(n) (zrå, jld, dr, zdå, bšar, bšr). nachsichtig (chn). Nacht (ll). Nachwuchs (s. Nachkommen). Nagel (smr). nageln (smr). nähen (lchm). Name (allg. Eigenname) (nptchn). Name, guter Name (šm). Name (im…von) (bd). Narr (nbl). Nation (lam, åm). Natur (atwmtå). Naturalopfer für einen Gott (mnch). Nautiker (chbl). Nebenfrau (tsrt). nehmen (etw. annehmen) (lqh). nehmen (lkt, lkd, tmk, lqch, nša). nett (ja). Netz (šn). Netz (s.u. Fangnetz. Netzfischer (chrm). neugeboren (chdš). Neumond (zu…geboren) (bnchdš). niedergedrückt (depressiv) (dkj). Niedergelegtes (auf dem Altar) (mncht). niederlassen (sich) (škn). niederschreiben (št). niedrig (tåt, tcht). Nivellierer (pls). Norden (tspw, tspn, tspl). nördlich (pnj). Not (mtsrm). Nutzen (pqt).

O: oben (skw). Oberhaupt (rb). Oberpriester (rb). Oberschenkel (jtslt). Oberster (Leitungsperson) (rb). Obhut (mårb). Objekt (dbr). obliegend (ål). Obst (prt). Obst pflücken (mlg). Obstlager, Obstvorrat (kmst). Ochse (alp). Ochsengespann (smdt). Ofen (trr). offenbaren (glj). öffentlich (ån aš, ånm). Öffentlichkeit (bålt). Öffentlichkeit (in der…) (ån aš, ånm). Offizier (mštr, šlš). öffnen (pth). Öffnung (ptch). Öl (pdr, šmn). Oliven (zt, dt). Olivenbaum (zt). Onkel (åm). Opfer (als…darbringen) (qrb). Opfer (ein…Rauch werden lassen) (qtr). Opfer (heiliges Geburtsopfer) (azrm). Opfer (nša, šat, mtna, zbh, zab, kån). Opfer (Rest eines…) (ahd). Opfer, freiwilliges (šlm). Opfer, periodisches (zbch jmm). Opferaltar (mzbch). Opferbrot (chlt). Opferer (ålzbh, zbh, tbh, tbch). Opfergabe (allg.) (mšat, mkcht, naša, mtn, zbh). Opfergabe für einen speziellen Gott (mncht). Opfermahl (mrwt). opfern (zbch, zbg, pgå, zbh, nsk, plt, åms, qdb). Opferpriester (zbch). Opferstücke (tbdt). Opfertier (Fuß eines…) (påm). Opfertier (Rippe eines…) (ašlb). Opfertier (unbek.) (qdmt). Opfertier, zerlegtes (tswåt). Opfertier-Teil(e) (tbrt, jtslt). Opfertisch (ntsb). Orakel (mgšt). ordnen (adr, tswj, åzb). Ort (heiliger) (kdš, qdš, qdš, mjqdš). Ort (tar, ašr, mqm, måqam, mtsqas). Örtlichkeit (mqm). Ortschaft (chwh, åm, kpr). Ortsvorsteher (Bomelek) (bmlk). Osten (mtsa).

P: Palast, befestigter (mšmr). Palastgast (grhkl). Palme (tomar, tmr). Pantheon, Götterfamilie (dr bn alm). Panther (nmr). Panzerung (mgn). Papyrus (dmå). Parfum (bšm, zn, šåt). Parfumeur (rqa, rqh). Partner (chbr). Partner, ausländischer (chbr). Pass (nrb). Passant (hlk). passend (jaj, jp). Passhöhe (måbr). passieren (vorbeigehen) (åbr). Peitsche (asbr, jsbr). Peitschenschnur (krt). Peitschenstab (jtmj). perfekt (tmm). Person (napš). Person, ärmliche/unbedeutende/wertlose (mskn, rq). Person, man selbst (qkm). Person, persönlich (npš). Personal (åm, åmt, aš). Personen (adm, admm, bnadm, åm). Pfad (lsr, drk, sll, mslt, nalk). pfählen (tslk). Pfeife blasen (chll). Pfeil (chd, chts).Pfeiler (ašt). Pfeiler (Säule) (tspl). Pfeilspitze, -blatt (chts). Pferd (ss). Pferderasse (unbek.) (gw). Pflanze (chtsr, mtså, šch, tsmch). pflanzen (ntså). Pflanzung, Pflanzungen (mtså, mttss). pflastern (rbd). Pflege (mårb). pflügen (chrš). Pförtner (prk, šår, mšårt). planen (chšb). Platte (Stein) (ps, pss). Plattform, Plateau (påm). Platz (an seinem…) (tcht). Platz (Sitzplatz) (jšb). Platz oben, Top (mål). Platz, hoher (padj, mrm). platzieren (škn, št, šm). Platzieren (zum…veranlassen) (št). plaudern (bd). Plünderer (kbs). plündern (kbs). Podium (padj, pdj). Portico (årpt, årpat, mpqd). Portion (nqšm). Portraitbüste (mšpnm). Postament (nš). Pottasche (chrʦ). Präfekt (nš, adr). Prägung (auf einer Münze) (bŧn). predigen (ndr). Predigt (ndr). Preis (tmn, tmm, mšat). Preis (zu einem … von) (b). preisen (nša). preisgeben (sgr). prellen (med.) (šp). Priester (tmgha, khn, håkn). Priestergewand (md). Priesterin, Tochter des Priesters (khnt). Prinzeps (šr). Prinzipal (rš).Produkt (påljt). Prophet, Mann Gottes (ašalm, chz). Proselyt (gr, grm). Provinz (eines Landes) (arʦt). pulverisiert (dq, dqt). Puma (lba). Purpur, phönixfarben (rbt). Pyxis (Deckelbüchse) (pkš).

Q: Quadrans (Vierteldinar) (kndrs). Qualität, beste (rašt, ršt). Quästor (chšb). quetschen (med.) (šp).

R: Rad (glgl). Ramme (jbl). rammen (ajl, jbl). Rand (qʦjt, qʦt). Rang (mdt). rasieren (glb). Rasiermesser (mglb). rauben (gzl, gnb, nša). Räucheraltar (lbnt). räuchern (Opfer) (qnr). Rebhuhn (qq). Rechnung (qra). Rechnungsführer (mchšb). recht geleitet (mhšårt). rechtfertigen (ådl). rechtmäßig (ʦdq). rechtschaffen (måšrt, ʦdq). Rechtschaffenheit (ʦdq). redlich (tm). regieren (jmlk, mlk, mšl, rzn, mlr). Regierung (mlk, mlk[j]t, mpqd). Regierungsbehörde (mšlt). Regierungsbezirk (plg). Regierungsperiode (jm). Region (abgelegene) (qʦt, qʦjt). Region (arʦ). Region (geebnete, ebene) (šd). Regionalgouverneur (rb arʦ). registrieren (ršm). Reiche, der (åšd). reichlich (brbm). Reichtum (mmn, rwch, hwn, chl, špåt). Reihe (chrz). Rein, pur (ŧar, ŧhr, zka, mtm). reinigen (kpr, ʦll). Reise (drk). reisen (hlk). Reisender (hlk). Reiter (prš). religiös (qdš). Reling (måq). Rennfahrer (srsr). renovieren (chdš). reparieren (gnn). Reservoir (åqr). residieren (kn). Respekt (kbd, jkbd). respektieren (kbd). Rest (achrj). restaurieren (architekt.) (chdš). Restaurierung (chwj). restlich (jtr). retten (chlʦ, pdj, plŧ, pls, šlk). rezitieren (nšb). richten (špŧ). Richter (Suffet, Suffeten) (špt, šwpŧ). richtig, korrekt (jp, chlpt). Richtung (kbr). Riegel (knrj). Rind (alpn). Rippe (ašlb, qʦrt). ritzen (in Felsen) (nqb). Rohbau (tålbt). Röhre (tålt, tåljt). rollen (mglt). Rosinen (ʦmq). rot (chmr). Rücken (ʦhr, ʦd). Rückseite (Heck) (ʦhr, ʦd). rücksichtsvoll sein (chs). Ruf (ein guter…) (šm nås). Ruf (šm). rufen (qr, qra). Ruhe (für…sorgen) (rch). Ruhe (mkcht, nhch, ncht, šbt).Ruhe (zur…legen) (åbn). ruhen (nwch). Ruheort (mkcht). Ruhestätte (mškb, mšbb, nhch). Ruhm (šbåt, tar). rühmen (nša). Ruine, Ruinen (tjl, mplt). ruinieren (nks). Rundhafen/Kothon (ktn). Rundmauer (chgr).

S: Sache (dbr). Sack (šaq, gwn, krš, thbšt). Saft (trš). sagen (amr, amd, dbr). sägen (grr, wj, nšr). sagen (jdm. etwas) (dbr). Sägewerker (grr). Salbe (rqch, bšm, zn, šåt). Salben mischen (rqch, ldp). Salbenmischer (rqch, mrqch). Saline (mmlh). Salz (mlch). Salz (nach…graben) (mmlht). Salzarbeiter, Salzsieder (mlch, mmlch). Salzlösung (mmlh). Salzwerke (mmlcht). Same, Samen (wrå, zdå, zrå). sammeln (asp). sammeln (Früchte) (arj). Sammelort, -platz (maspt). Sammler (knš). Sammlung (naspt, masp, zrch). Sanab (snb). Sandale (sdl). sanft (ålš, tmk). Sänger (šrm). Sarg (chlt). Sarg (Kasten/Kiste) (arn). Sarkophag (chlt, chrs arnt). Sarkophagdeckel (ålt). sauber (ŧhr, nqj). Säugling (allg.) (ål). Säugling (männlicher) (jld). Säule (åmd, ašt). Säulenbasis (jsd, mkn). Säulenhalle (årpt, årpat, mpqd, šrdt, strt). Säulenkapitell (raš, ktårt). Säulenschaft (bʦn). schaben (grd). Schaber (mgrd). Schädel (raš). Schaf (š, ʦan). Schafbock (jbl, ajl). Schafherde (ådr). Schafhirt, Schäfer (rå, råj). Schafscherer (gz).

Schaft (trn, tr). Schakal (tn). Schale (sp). Schall (ql). Schatten (rmas, ršp, rpj, rpam). Schatz (bwk). Schätzung (årk, årkt). Schatzwart (mchšb). schauen (jbqš). Schekel (Maß im Opferwesen) (šql, nʦp). Schelle schlagen (tpp). Schellenschläger (mtpp). Schenkel (aʦl, kbrt, šlb, ašlb, ʦd). schenken (mgn, ŧna). Scherbe (chrš, årš, hrs). scheren (glm). Scherer (glm). Scherer (Schafe) (gz). Schicksal, Los (chlq). Schiff (Arche) (arn). Schiff (Barke) (ŧrt). Schiff (Frachtschiff) (br). Schiff (Handelsschiff) (gwl). Schiff (Kanu) (krsj). Schiff (Kutter) (kmrj).Schiffe (allg.) (an). Schiffsarten (div.) (kr, krr, sll, mslt). Schild, der (mgn). Schildträger (šlš). Schilf, Reet (qna). Schilfrohr (qn). Schilfrohrpfeife (qn). Schilfrohrstift (qn). Schlacht (milit.) (mlchmt). Schlacht (in die…gehen) (jʦa). schlachten (ŧbch). Schlachter (ŧbch). Schlachtfeld (milit.) (šd). Schlachtplatz (mŧbch). Schlachtstätte (mnbch, nbch). Schlachttisch (mʦbch). Schlaf (šw). schlafen (nkdd). schlagen (hlm, šcht, mchj). Schlange (tnjw). schlank (qŧna). schlecht (rå). schlecht machen (srch). Schleier (swj, swjt). schleppen (schb). Schlepper (Spediteur) (grr). Schlepper (Träger) (schb). Schleuderer (ql, qlå). Schleudermacher (ql). schließen (nål). Schlucht (åmq). schmelzen (nsr, nsk). Schmelzofen (tnr). schmücken (åtr, šql). Schmutz (åpr, åprt). Schnauber, Pruster (Seeungeheuer) (nchr). Schnauze (mchs, mchsm). Schnee (sar, šrk). schnell (mhr). Schnitzerei (chrå). Schnur (chrz, ptr). schön (špr). schonen (gmr). Schöpfer (des Landes) (qn, qna, qnj, qw, qwarg). Schöpfer der Erde/Welt (al qn arʦ). Schöpfrinne (mšab, šab). Schössling (ʦmch). Schrecken (båt). schreiben (spr, ktb). Schreiben, das (mktb, ktbt). Schreiber (spr, šåŧr, ŧpr, šamd). Schreibtafel (dlt). Schreiner (mlchm, ngr). Schrift (die) (tar). Schriftstück (mktb, ktbt). Schritt („Fuß") (påm, påmm). Schuldenerlass (nqt). Schüsseln (div.) (abst, agn, sp, gln). Schutz (chrz, mʦrt, mgn). Schutz anbieten (arh). schützen (ksj, spw, når, gnn). Schützling (gr). Schutzwehr (mšmr). schwach/weich werden (aml, laj). schwächen (aml). Schwert (hrb, hrp). Schwester (acht). schwinden (alb). See (Binnensee) (ša). Seegebiet (im Meer) (jm). Seele (lb, npš). Seelenfrieden (ncht lb). Seemann (Matrose) (chbl). Seemann (Nautiker) (mlch). Seereise (drk). Seetruppen (mchnt an). Seeungeheuer (Schnauber, Pruster) (nchr). segeln (hlk, ålj). Segen (brkt, brk, jbrk). segnen (brk, tbrk, mrr). sehen (chzj). Seher, der (chz, ʦpa, mgšt). Sehvermögen (raj). Seiler (mtrm). sein (jkn, kjw, kn, kwn, hga). Seite (aʦl, kbrt, jd). Sektion (ŧma). selbst (man selbst, das Selbst) (šar). selig (brk). Senator (raš, sjnŧr). Senatorenstreifen, Purpur (ʦpat). Senatorentunika (ʦpat). senden (šlch). Sesam (ššmn). Sessel (jšb). setzen (št). setzen (gål, šm, šjm, št). sich beeilen (mhr). sicher sein (btch). Sicherheit (für…sorgen) (rch). Sicherung (mʦrt). Sicht (ån). siedeln (ein Volk deportieren/umsiedeln) (jrd). siedeln (Menschen <u>an</u>siedeln) (jšb, nʦb). siedeln (Menschen <u>um</u>siedeln) (jšb, jrd). Siegel (chtm). Siegelhalter (chtm). Siegelring (chtm). Sieger (al, aj, glb). Siegeszeichen (trpj). Silber (ksch, ksp, ss). singen (šr). sinken (herabsinken) (chrm). Sinn (rch). Situation (šbt). Sitz (Thron) (ksa, ksa az, jšb). sitzen (jšb). Skelett (åʦm, åʦmm). Sklave (åbd, šph, ʦdn). Sklave (als…einem Herrn dienen) (åbd). Sklave, befreiter (ašʦdn). Sklavenhalter (adn). Sklavin (am, mt, amt). Skorpion (nrj). Skulptur, Plastik (chrʦjt, chrŧ). Smaragd (brqwj). Sockel (architekt.) (kn). Sockel einer Statue (mkn). Sohn (b, bn, br, når). Sohn (einziger) (bnjchd). Sohn (erstgeb.) (bkr, bn bkr, rašt/ršt). Sohn (junger) (jld). Sohn (rechtmäßiger) (ʦmch ʦdq). Sohn des (bm, n, nb). Sohnschaft (bnm). Soldat, einfacher (aš mchnt). Soldaten (einen…ausrüsten) (chlʦ). Söldner gewinnen (škr). Sommer (qʦ). Sonne (die…von) (š-).Sonne (šmš). Sonnenaufgang (Osten) (mʦ[a]-[h]šmš, jʦa). Sonnenaufgang (von…an) (l m mʦ šmš). Sonnenuntergang (Westen) (mba [h]šmš). Souverän, der (bål). Sozialdienst (mšrt). Spalte (in einem Schriftdokument) (dlt). spalten (png). Spediteur (Schlepper) (grr). Speerspitze, Speerblatt (chʦå). Speicher (åqr). speichern (Lebensmittel) (kl). Speise (ʦd). Spezialopfer (Komer-Opfer) (kmr). spielen (gzl). Spindel („mit Spindeln") (dl plkm). Spindel (plk). spinnen (mwh). Spinnerei (mŧwa).

Spitzhackenträger (klb). splittern (chsp). Sprache (db, dbr). sprachlos (alm). sprechen (amr, amd, dbr). Sprecher (dbrm). springen (mrqd). Sprossen einer Leiter (šlb). Sprossenleiter (ål). Sprössling (Nachkomme) (tsmch). Sprung (rqr). Staat (arts). Staatsgebiet, Territorium (šd). Stab (chtr, mkr). Stadt (kpr). Stadtgottheit (alnm bålm). Stadtgottheit, oberste (rb). Stadttor (šår). Stall (tchb). Stamm (des Baumes) (šrš). Stamm (guter; fam.) (jpmtst). Stammesvertreter, lautstarker (nsa). stampfen (drk). Standbild (tslm). Stange (chtr, tr). Stangen (šr). stark (åz, azz, gšr). Stärke (chjl, åw, rjål, jd, åz). Stater (strja). Stätte (mqm, måqam, mtsqas, tar, ašr). Statthalter (skn). Statue (Frauen) (ašt). Statue (Löwen) (arw). Statue (nsbt, mš, sml, maš, tslm, chnwt, jtsq). Statue aus Metallguss (nskt). Statue von (maš). Staub (åpr, åprt). stehlen (ggb, gzl, gnb). Stein (aus...aushauen) (chtb). Stein (in...schlagen) (psl). Stein (unbehauen) (tsr). Steinbaumeister (bn šabn). Steinblock, behauener (pslt). Steinblöcke behauen (chtsb). Steinbruch (mchtsb). Steine brechen (chtsb). Steinhauer (chtb). Steinhaufen (krkr). Steinmetz (chqq, mchq, bra, chrt, krt). Steinplatte (ps, pss). Steinsäule, behauene (pslt). Steinstatue (qtsb). Steintafel mit Inschrift (lch). Steinzaun (mit Tor) (gpp). Stele (abn, gåb, mktsbt, ntsb, tstt). Stele (aufgestellte) (mtsna, mtna). Stele (aus Stein) (ps, pss). Stele (eine...aufstellen, errichten) (št, bnj, šm). Stele (Grenzstein) (mtsb, mtsbt). Stele (privat gestiftet) (mtt, mtnt). Stelle (geogr.) (tar, ašr, mqm/moqam, mtsqas). Stelle (zuständige) (tna). stellen (škn). Stellung, soziale (nbš, mdt). Stempel (auf einem Siegelring) (tbåt). Stempel (rqå). stempeln (Münze/Siegel) (tbå). Stengel (qna). sterben (mt, skj, mwt). Stern, Sterne (kkb, kkbm al). Steuer, Taxe (årkt,ånš, båt, mkst). Steuereinnahmen (ånš). Steuereintreiber (gš). Sticker, Stickerin (rqm, rqmt). Stiel (qna). Stielbecher (Goblet) (qbå). Stiftung (mtt, mtnt, mtwt). still (alm). Stimme (ql, qwl). Stock (dodd, šbd, šrš, qna, šrš). Stoffverband (swt). stören (rgz, trgzn, åkr). stoßen (auf etwas) (pq). stoßen (gegen etwas) (ajl, jbl). Strafe (eine...auferlegen) (bså). Straße, Fahrbahn (drk, chts, mslh, knr, kr). Straßeningenieur (pls). Straßenkehrer (schb). strecken (sich er...) (šlch). Streifen (ps). Streiter (arar, jrjr). Streitwagen (hethitischer) (tprt). Streitwagen (mrkbt, rkb). Streitwagen (Vierspänner) (qådrjgå). Streitwagen (Zweispänner) (åglt). Streitwagen-Teile (div. unbek.) (ådr, bt, mšj, hb, kt, tchr). Striegel (mgrd). Strom (jbr). Stuckateur, Gipser (mtch). Stuhlmacher (mksa). stumm (alm). stützen (tmk). suchen (bqš, šåj). südlich, unterhalb (geogr.) (tcht). Suffet (oberster Beamter/Richter) (špt). Suffet, Suffeten (špt, šwpt). Suffeten (Magistrat) (špt). Suffeten-Büro (špt, šwpt). Sühneopfer (štspa). Summe (mšch, tm). sündigen (åms).

T: tadeln (ålts). Tafel (Stein) (ps, pss). Tafel mit Inschrift (gs). Täfelchen (båt). Täfelung (mspw). Tag (jm). Tag, Tage (jm). Tagesbeginn (šchr). Tagesende (ålts). Tal (gh, gj, åmq). Talent (Münzgewicht) (åmq, mtt, krr). Tanz (rqr). tanzen (mrqd). Tänzer (dpk). Tarif (båt). Tasse (chzr, gln). Tat, bedeutende (tåtsmt). Tat, Tatsache (masa). Tat, verdienstvolle (mtswt). Taten (pålt). Taten, gute (nåm). tauglich (jpa). Tauschgeld (mhr). Tauschhandel, Tauschgeschäft (jtn, chlpt). Techniker (pls). Teich (phrt, sp). Teil (nqšm). teilen (sich Geld...) (šbt). teilen (sich mit jdn. etwas...) (nša). teilen (spalten) (png). Teilopfer (ein...darbringen) (ålj). Tempel (mqm, bt, chjt, måwn, ašrt). Tempel (Schutzbereich im Tempelbezirk) (šmrt). Tempel (Zimmer im Tempelbereich) (lškt). Tempelberg (hralm). Tempeldiener, junger (når). Tempelfunktionär (sgn). Tempelgast (grhkl). Tempelinnenhof (chtsr, chtsrt). Tempelinnenraum (Cella) (tw, mqdš, dbr). Tempel-Liturgie, heilige (mlakt qdšt). Tempelpersonal, weibliches (ašt). Tempel-Schatzkammer (mazn). Tempelsteuer (årkt). Tempeltor (šår). Tempo (påm). Terrain, ummauertes (gdr). Territorium (eines Stadtstaats) (gblm). Territorium vergrößern (rchb). Terror (chrdt). Textbehälter (maspt). Thron (innehaben) (jšb). Thron (ksa, ksa az, jšb). Thronanwärter (legitimer) (bn sdq). Thronfolger (legaler) (tsmch tsdq). Tiara (aufrechte) (ktrt). Tiaraträger (part). Tier (chj, chjt). Tier (ein…opfern) (zbch). Tischler (ngr). Tischlerprodukt (Kästchen?) (šwr). Tischlerprodukt (unbek.) (mšd). Tochter (bt, båt). Tod (jdn. vor dem…retten) (gzl). Tod, göttlicher (alnm rpam). Todesgott (alnm rpam). Ton (auf…schreiben) (chtt). Ton (etwas aus…formen (jtsr). Ton (Geräusch) (ql). Tongefäße (div.) (dqr, dqrt, lgm, lp, mjpcht, mmla). Tonscherbe (chrš, årš, hrs, zrå, mchsp). Töpfer (jtsr). Töpferladen (mchsp). Töpferware(n) (chrš, årš, hrs, pår). Tor (šår). Torflügel (dlt, dlht). töricht (nbl). Torwächter (prk, šår, mšårt). tot (gestorben) (mt). Tote (msk). töten (qtsj, šhro, nks, krt). Totengeister (rpj, rpam). Toter (mt). Tradition, alte Praxis (qdm). Traganth-Gummi (nkat). tragen (åbd, kša). Träger (Schlepper) (schb). Tragstange (nb). Tränkrinne (mšab, šab). transportieren (åms, nša). Transportkiste, große („Container") (dd). träumen (chlm). treffen, sich (nnå). Treppe (ål, slm, sls, åls). treten (drk). treu ergeben (tcht). Tribun (mšl). Tribut (mšat, šrmt, ånš). trinken (štj). Trinkgefäß (Schale, Tasse, Kelch) (qš). triumphieren (ålts). Trockenschuppen (chrb). Trommel schlagen (tpp). Trommel, große (grgnt). Trommelschläger, Trommler (mtpp). Trophäe (trpj). Tröster (Titel von Gottheiten) (mnchm). Trümmer (in…liegen) (npl). Trümmer (mplt). Trupp (milit.) (gdd). Truppengattung (mg). Tuch (šwr). tüchtig (mhr). tun (åbd, pål, št, åšj, bss). Tunika (ktn). Tür (tra, dl, dlt, dlht). Turban, hoher (ktrt). Turm (mktr, mpqd). turmartiges Gebäude (mgdl). Türöffnung (ptch). Türpfosten (mzzt). Türschloss (mnål).

U: überdachen (tsmd, gnn). Überfluss (šbå). übergeben (etwas) (mgn). übergießen (bll). überholen (erneuern) (chwj). überliefern (sgr). Übermaß (bdjw). übernehmen, etwas (bss). Überreste, verbrannte (chrt, šnjt, arjt). überschreiten (ålh). übersetzen (prš). übrig (jtr). umkippen (dchj, dchch, hpk). umkippen (etwas) (kpp). ummauerte Anlage (måtsrt). Ummauerung (gdr). Umrundung (mågl). umschließen (chtsr). umwerfen (kpp). unerheblich (tsår). unfertig (dl). Ungerechtigkeit (an). Unglück (mtsrm). unter (tch). unterbrechen (åkr). Unterbrecher (jdch). unterdrücken (qtsj). Untergang (mt, mba). untergehen (jrd, šbt). Unternehmer (pål). unterstellen (jdm. etwas) (chšb). unterstützen (åms, åzr, smk, tkl, tmk). Unterstützung (åzr). Unterwelt („die Kammern") (chdrt). Unterwelt (åprt). Unterwerfung (šlm). Unwahrheit (ågš). Urne (mchsp, måšn, chtsb).

V: Vasall (bd, åbd, åb). Vater (dn, åb, ab, abj). Vaterschaft (abt). Verabscheuung (tåbt). Verächter (mlts). verantwortlich für (b, ål). Verantwortung/Obhut (in jds. …) (bda). verärgert sein (qtsp, adr). Verband (med.) (mks). verbergen (åtsr, ksj). verbinden (med.) (tsmd). verbinden (zusammenbinden) (åmt). Verbindungsstück (šlb). Verbrechen (rå). verbrennen (arj, åšw). Verbrüderung (achjm). Verbund (Verband, Verein) (jmkr, ljt). verderben (nks). Verdienst (masa). Verdienst, persönliches (mas). verdorren (aml). verdrängen (grš). veredeln (tsrp). Verehrer (åbd) Vereinbarung (eine…einhalten) (qm). verfertigen (pål). Verfügung (zur…stellen) (tna). vergeben (kpr, nša, mslch). vergelten (mat.) (šlm). vergessen (nšj). Vergnügen (chpts, chšq, jåzr, mnåm). vergrößern (ein Gebäude) (dchj, dchch). Vergütung, genaue (chlpt). verhalten (sich angemessen…) (tmm). verhalten (sich gut…) (tmm). verhalten, sich (hlk). verherrlichen (ålts). Verkauf (zum…anbieten) (mkr). verkaufen (mkr, qnj). Verkäufer (mkr). verknüpfen (åmt). verlängern (tark). Verlangtes tun (åbd). verlassen (hlk, jtsa). verleihen (jtw). verletzen (jdn.) (schl). Verleumdung (krjw). verloren gehen (rch). Verlust (rcht). Vermesser (mdd). Vermessung (mdt). Vermittler (šbw, srsr). Vermögen (Können) (lat). Vermögen (mat.) (pr/prt, anm, mzl, mmn, gd, mlkt, tar, pqt, chl).

vernageln (smr). vernichten (šbt, šcht, klj). verpacken (åŧp). verpflichten (sich….etwas zu tun) (prt). verpflichtet sein (etwas zu tun) (kn). verputzen (ŧch, mʦch). Verputzer (mŧch, mʦch). versammeln (asp). Versammlung (allg.) (naspt, masp, zrch, mzrch, mpchrt). Versammlung (Kaste, Clan) (dr). Verschleiß (b). verschließen (nål). Verschnittener (srs). verschonen (chnn). verschönern (šql). verschweigen (ksj, åŧp). verschwenden (brch). Versprechen, das (dbr). Versteck, Schlupfwinkel (mstrm). verstehen (jdå, nkr, dåt, qra). Verstorbener, Verstorbene (mt, mjŧm). verstummen (djs). Vertrag (brt). vertrauen (jdn.) (btch). vertreiben (grš). Vertreter (nʦb). Vertretung (in…für) (ål). verurteilen (špŧ). Vervollständigung (tklt, tklat, tqlht). verwaist (jtm). verwalten (pqd). Verwalter (hbrk, årb). Verwaltung (mšlt, mpqd). Verwaltungsbeamter (mjšʦr, mpqd). Verwandter (šar). Verwandtschaft (s. auch Familie). Verwandtschaft (šr, tar). verweilen (jšb, bqj, šbw). verweilen lassen (šrj). verwunden (prš). verwünschen (qbb). Verwünschung (qbt). Verzauberung (lchšt). verzeihen (kpr, šlk, mslch). Verzinsung (trbt šqlt). Vieh (bqr). Viehbestand (mqn, mqnt). Viehherden (arm an…) (dl). Viehzüchter (bårr). viel, viele (šga). viele (rb).Vielen, die (rb). Visionär (chz). Vögel (im Tempel rufende) (arr). Vogel (ʦjpr, ʦpr). Vogel auf Säule (åpt). Vogelarten (div.) (chwt, ʦmd, chzt, ššp). Vögelchen (gzl). Volk (åm, mt, åw). vollführen (pål). vollkommen (tm, tmt, tmm). vor (pchnt). vorantreiben (dbr). Vorarbeiter (kås). Vorauszahlung (ådw). vorbeigehen (passieren) (åbr). Vorderseite (architekt.) (pnm). Vorderseite (qbl). Vorfahre, Vorfahren (ab, abt). Vorfall, Ereignis (påm). Vorgebirge (rš, raš, ršj). Vorhang (swj, swjt). Vorhergehender, Vorgänger (mta, lpnj). Vornehmster (rb). Vorposten (mʦb). Vorratskammer (ådr, chdrt tklt). Vorratstopf (urnenartiger) (mchsp). vorrücken (milit.) (hlk). vorschreiben (nktbt). Vorstoß (ådw). vorteilhaft (mhšårt, jšr, måšrt). vorziehen, favorisieren (jdn.) (tchkt). Votivopfer (ʦwåt).

W: Wachsamkeit (šmrt, mšmr). Wächter, Wachtposten (šmr). Wachtpriester (ʦp). Wadi (nhr). Waffe (azr). Waffenruhe (šrm). Wagen (åglt). Wagenbauer (chrš åglt). Wagenlenker (div.) (schb, kt, ktn, kd, kdn). wählen (arš, ldr, ndr, nša). wahrhaftig (kn). Wahrhaftigkeit (kt). Währung (einer Region) (ŧbå). Währung: Barren (mrqå). Währung: gestempelte Metallplatte (mrqå). Währung: griechische (Drachme) (drkmn). Währung: Münze (kndr). Währung: persische (Dareikos) (drkn). Währung: persische (Münze ‚Daric‘) (drkw). Währung: römische (Dinar) (dnårja). Währung: Viertelmünze (Silber) (Abk.) (zr). Waise (jtm). Wald (jår, åʦ). Wall (åz, ŧnnt, trrt, trtt). Wand (qr). Waren (landwirtschaftliche…verkaufen) (ptch). Warentisch (nʦb). Wäscher, Walker (kbs). Wasser (ms, mm, mjw). Wasserfass (kd). Wasserlauf (tålt). Wasserleitung (šllch). Wasserquelle (mqr, gl, åw). weben (arg). Weber, Wirker (arg, rqm). Webstück (šwr). wecken (jqʦ). Wedel (šrpt). Weg (lsr, drk, sll, mslt, nalk). weg-, davontragen (nša, åms). wegbewegen (etwas) (sg). Weggefährte (rå). weggehen (begründet) (hlk). weglaufen (hnr). wegschaffen (åms, sr). wegtragen (kša). wegwischen (mchj, kpr). Weide, Weideplatz, Weideland (kr). weiden (roj). weihen (ndr, qdš, jqdš). weihen (sich jdm.) (kšr). Weihestätte (Altarraum) (qdš, mqdš, mjqdš, mmqm, måqam). Weihgabe (šat, mŧna). Weihrauch (lbnt, qŧrt). Wein (jn). Wein (Rotwein) (chmr, chmr jn). Wein aus Tyros (trš). Weinberg (krm, låštrt). weinen (bkj). Weinfass (gt). Weinmost (trš). Weinsorten (div.) (dmåʦ, åʦ). Weintrauben (ånb). Weisheit (chkmt). weiß (lbw). weit, entfernt (rchq). weitermachen (åms, jsp). Weizen (chʦm, dgn). Welt (arʦ, ard, tbl). wenden (sbb). wenig (ʦår). Werk (allg.) (masa, mlakt, mlkt). Werk/Werke (fertig) (pålt, påljt). Werkstück, Produkt (pålt, påljt). wert sein (etwas) (b). wertlos sein (rq). Wertschätzung (qmt). Westen (mba). Wettläufer (srsr). Widder (jbl, ajl). Widder, junger (ʦrbj, ʦrb ajl). widmen (ndr, qdš, jqdš). widmen (sich jdm.) (krm). wiederherstellen (chwj). Wiesel (chld). Wild (ʦd). Wildfleisch, Wildpret (ʦd). Wildopfer (ʦd).

Wildschwein (ånzr). Wildvogel (tsts). Wille (tsbw). Willen (um jds....) (båbr). willkommen heißen (rch). Wind (rch). wissen (jdå, nkr, dåt). Witwe (almt). Wohlstand (mat.) (nåm, jrch, rwch). Wohlstand (Wohlbefinden) (šlm). wohnen (jšb, šrh, šbt, šrj). Wohnort, Wohnung (wjat, šbt, mšb). Wohnzimmer (åkskdrå, aksndra). wollen (arš). Wort (allg.) (p, amr, db). Wort (Aussage) (dbr). Wort (Gelübde) (ml). Wunde (eine...schließen) (mlchm). Wunder (pla). Wunsch (aršt). wünschen (chmd, chšq). wünschenswert (chmd). Würdenträger (mpt). Wurzel (šrš). Wüste (chrb).

Z: zahlen (šlk, jtn). Zahlung (in...nehmen für) (ål). Zahlung (tsd). Zahlung, fällige (mšat). Zahn (hnr). Zange (mlqchm). Zauber (lchšt). Zauber (mit...binden) (ntk). Zauberer (chbr). Zauberspruch (mnt). Zaumzeug (hnr). Zaun (chrz, ggp). Zeder, Zedernholz (aw, w). zeigen (vorzeigen) (jtn). Zeit (åt, dr). Zeit (in vergangener...) (båt tmt). Zeit verlängern (ark). Zeit, lange (ark). Zeitalter, Epoche (kn, dr). Zeitpunkt (påm). Zeitraum (åt, dr). Zelt (chnt). Zeltstadt, Zeltdorf (chwt). Zepter (chtsr, chtr).zerbrechen (gwš, šbr). zerreißen (lpp). zerschlagen (šbr, šcht). zerstören (åkr, jšcht, šcht, abd, gmr, klj). Zerstörer (mlts). Zicklein (š). Ziege (åz, åt). ziehen (schb). Zimmer (ålt). Zimmer (Gemach) (chdk). Zimmerer (chchršm šjr, chrš šjr). Zimmermann (kps). Zinn (zhr). Zinsen (trbt šqlt). Zisterne (sp, btsar). zittern (chrdt). Zollbeamter (mks). zudecken (architekt.) (tsmd, gnn). zueignen (jchš). Zugehörigkeit, soziale/berufliche (mškb). zuhören (šmå). zulegen (dazulegen) (ålj). Zunft (šåt). Zunge (lsn, lšw). zurückbleiben (bqj). zurückhalten (åtsr). zurückkehren (sbb). Zurückweisung (ptrt). zurückzahlen, vollständig (šlm chlpt). zusammenbinden (agd). zusammenfassen (knš). zusammenkommen (agd). Zusammenrufer (knš, knša, knšj). Zutritt (den...begrenzen) (chgr). zuwenden (sich jdm.) (krm). Zwiebel (bsl, btsl). Zwilling (tam). Zwirnerei (mtwa). Zwischenablage (båt). Zwischenspeicher (mstr).

15. Exkurs: Sind die skandinavischen Runen ursprünglich phönizisch?

Vor dem Hintergrund der vielfachen Hinweise auf vorderasiatische Handels- und Kulturkontakte mit den Völkern der Nord- und Ostseeküsten[217] sowie der nachweislichen Wirkung des Phönizischen auf die Sprachen ihrer jeweiligen Handelspartner liegt eine ähnliche Entwicklung für Skandinavien nahe[218]. Dies speziell für die Entstehung des einzigen bekannten Schriftzeichensatzes aus dieser Region, des Runenalphabets[219], das sich auffälligerweise nur geraden Strichen bedient, also rein geometrisch aufgebaut ist. Genannt wird es nach seinen ersten sechs Symbolen f-u-th-a-r-k, **futhark**, tritt

217 Früheste Seehandels-Kontakte zwischen Vorderasien und Skandinavien liegen bei den vielen Nordfahrten der Phönizier auf der Hand. Henning 1944. Dies wird in der Fachliteratur auch immer wieder gezeigt, so etwa hinsichtlich des frühen Mittelmeer-Schiffbaus bei Lethbridge (1952, 8. 92ff.) und Barnett (1958, 228), hinsichtlich skandinavischer Felsritzungen etwa bei Althin (1945, 55/56), Aartun (1994) und Braunmüller (1998) oder für allgemeine Kulturkontakte etwa bei Schauer (1985), Thrane (1990) und Burkert (1997).

218 So gesehen etwa von Thiolett 2005, 41. Vgl. dazu auch Jensen 1969. Ward 1968. Brunnens 1979. Coessen 1986. Baurain et al. 1991.

219 Allg. zu Runen auch Moltke 1985. Aartura 1994. Birkmann 1995. Bang 1997. Braunmüller 1998. Düwel 2001. Heizmann 2004. Venemann 2006. Zu englischen Runen: Page 1999.

um 200 n. Chr. vorwiegend in Dänemark auf und verschwindet um 750 wieder. Aus den insgesamt 550 Jahren seiner Nutzung sind nur 360 Textsteine bekannt, also 1,5 Inschriften pro Jahr mit zumeist christlicher Inhaltsprägung[220]. Die Formnähe der Runensymbole zur phönizischen Schrift ist mehrfach herausgestellt worden[221], außerdem ist das *futhark* ebenfalls eine Buchstabenschrift und beinahe alle Runen weisen bestimmte Wortbedeutungen auf (Akrophonie), wie dies unter den prähistorischen Sprachen ansonsten nur beim Phönizischen auffindbar ist[222].

Vennemann hat sich der Mühe eines detaillierten Vergleichs unterzogen und ist zum Schluss gekommen, für die Runen habe am ehesten die syrische Kilamuwa-Inschrift aus dem 9. Jhdt. v. Chr. Pate gestanden[223]. Demzufolge sei das Phönizische gegen Ende des 6. Jhdts. v. Chr. durch die Nordsee-Erkundung des karthagischen Seefahrers Himilco nach Skandinavien gelangt[224].

Dagegen sprechen allerdings drei Überlegungen a) Warum wurde nicht direkt das punische Alpabet übernommen? b) Warum finden sich seit der skandinavischen Bronzezeit 1800 v. Chr. auf den unzähligen Felsritzungen (hällristningar) keine Runen? c) Warum fand trotz der auf den Ritzungen sichtbaren Beherrschbarkeit von Rundgravuren eine geometrische Umsetzung und Adaptation statt? d) Wie erklärt sich die große Überlieferungslücke zwischen der Erstentstehung der phönizischen Referenzbuchstaben und ihrem Erstauftreten als Runen? Zieht man zu einem detaillierten Vergleich die angehängten Tafeln zur phönizischen Schriftentwicklung heran, so ergibt sich ein Bild, aus dem diese Fragen beantwortbar sind:

---

220 Heizmann 2004, 12.

221 Eine detaillierte Auflistung der frappanten Ähnlichkeiten und völligen Überschneidungen beider Alphabete pro Buchstabe siehe bei Vennemann 2006, 381-422. Die Skandinavier weisen gleichen Zeichen allerdings andere Lautwerte zu als etwa die Griechen; auch gibt es eine eigene Festlegung der Buchstabenfolge, nach den ersten sechs Runen futhark genannt.

222 Vennemann 2006, 382. Allg. zu skandinavischen Runen vgl. Moltke 1985. Birkmann 1995. Page 1999. Düwel 2001.

223 Die Inschrift des Königs Kilamuwa von Samal/Zincirli aus dem Jahr 825 v. Chr. (Staatsmuseum Berlin). Erstmals vorgeschlagen von Vennemann (2006, 388). Vgl. insbes. Collins (1971), Lipinski (1982 Fig. 382), Müller (1985, 639) und Donner (2002, 5). In der Kilamuwa-Inschrift treten neben den Blockbuchstaben erstmals einzenle Kursivzeichen auf.

224 Henning 1944, I 13. Vennemann 2006, 371. 374. 377. Vgl. Bang 1997, 4-5. Die älteren Vertreter dieser These siehe bei Jensen 1969, 557.

fehu-Rune 1, Lautwert ‚**f**', („Vieh") (ᚠ). Abyb./Aphön. (*alf*) (ᚠ) um 800 v. Chr.

fehu-Rune 2, Lautwert ‚**f**', („Vieh") (ᚠ). Wphön. (*alf*) (ᚠ) 4.-3. Jhdt. Chr.

uruz-Rune, Lautwert ‚**u**' („Auerochse") (ᚢ). Abyb./Aphö. (*giml*) (ᚢ) um 1000 v. Chr.

purisaz-Rune 1, Lautw. ‚**th**' od. ‚**p**' („Riese") (ᚦ). Abyb./Aphö. (*delt*) (ᚦ) um 900 v. Chr.

purisaz-Rune 2, Lautwert ‚**th**' oder ‚**p**' („Riese") (ᚦ). Pun. (*delt* horizontal gespiegelt) (ᚦ) 3.-2. Jhdt. v. Chr.

ansuz-Rune, Lautwert ‚**a**' (kein Begriff) (ᚨ). Pun. (*he* horizontal gespiegelt) (ᚨ) El Hofra 2.-1. Jhdt. v. Chr

raido-Rune, Lautwert ‚**r**' („Fahrt, Ritt, Wagen") (ᚱ). Pun. (*he* horizontal gespiegelt) (ᚱ) 2. Jhdt. v. Chr.

kaunan-Rune, Lautwert ‚**k**' („Geschwür, Krankheit") (ᚲ). Abyb./Aphö. (*lamd*) (ᚲ) um 950 v. Chr.

gebo-Rune 1, Lautwert ‚**g**' („Gabe") (ᚷ). Abyb./Aphö. (*tau*) (ᚷ) um 1000 v. Chr

gebo-Rune 2, Lautwert ‚**ng**' („Gabe") (ᛜ). Abyb./Aphö. (*ain*) (ᛜ) 1200 v. Chr.

wunjo-Rune, Lautwerte ‚**w**', ‚**u**' („Wonne") (ᚹ). Abyb./Aphö. (*ros* horizontal gespiegelt) (ᚹ) 1200 v. Chr.

haglaz-Rune, Lautwert ‚**ch**' („Hagel") (ᚺ). Pun. (*zai*) (ᚺ) 4. Jhdt v. Chr.

naudiz-Rune, Lautwert ‚**n**' („Schicksal") (ᚾ). Abyb./Aphö. (*tau* horizontal gespiegelt) (ᚾ) 1200 v. Chr.

isaz-Rune, Lautwert ‚**i**' (kein Begriff) (ᛁ). Pun. (*nun*) (ᛁ) El Hofra 2.-1. Jhdt. v. Chr.

isaz-Rune, Lautwert ‚**ij**' (kein Begriff) (ᛇ). Abyb./Aphö. (*nun*) (ᛇ) 1200 v. Chr.

jeran-Rune, Lautwert ‚**j**' (kein Begriff) (ᛃ). Npun. (*tet*) (ᛃ) 100 v. Chr.

perpo-Rune, Lautwert ‚**p(f)**' („Fruchtbaum") (ᛈ). Abyb./Aphö. (*alf*) (ᛈ) um 1000 v. Chr.

algiz-Rune 1, Lautwert stimmhaftes ‚**z**' („Elch") (ᛉ). Pun. (*šin*) (ᛉ) 2. Jhdt. v. Chr.

algiz-Rune 2, Lautwert stimmh. ‚**z**' („Elch") (ᛉ). Abyb./Aphö. (*šin*) (ᛉ) 1200 v. Jhdt. v. Chr. oder (*yod*) (ᛉ) 625 v. Chr.

sowilo-Rune 1, Lautwert ‚**sch**' („Sonne") (ᛊ). Abyb./Aphö. (*mem*) (𐤌) um 1000 v. Chr.

sowilo-Rune 2 Lautwert ‚**sch**' („Sonne") (ᛊ). Abyb./Aphö. (*nun*) (𐤍) 1200 v. Chr.

tiwaz-Rune, Lautwert ‚**t**' („Tyr", „Himmelsgott") (ᛏ). Keine echte Entsprechung, am ehesten Wphö (*tau*) (𐤕) 6. Jhdt. v. Chr.

berkanan-Rune 1, Lautwert ‚**b**' („Birke") (ᛒ). Wphö. (*semk*) (𐤎) 4.-3. Jhdt. v. Chr.

berkanan-Rune 2, Lautwert ‚**b**' („Birke") (ᛒ). Ergänzung des Abyb./Aphö. (*bet*) (𐤁) um 1000 v. Chr. oder Entwicklung aus Wphö. (*qof*) (𐤒) 6. Jhdt. v. Chr.

ehwaz-Rune 1, Lautw. ‚**e**' (kein Begriff) (∩). Pun. (*zai*) (∩) oder *šin* (∩) beide 2. Jhdt. v. Chr.

ehwaz-Rune 2, Lautwert ‚**e**' (kein Begriff) (ᛖ). Abyb./Aphö. (*šin* vertikal gespiegelt) (W) 1200 v. Chr. oder Pun. (*zai*) (𐤆) 3.-2. Jhdt. v. Chr.

mannaz-Rune, Lautwert ‚**m**' („Mensch") (ᛗ). Kursiv-Phönizisch (*qof*) (𐤒) Sidon 5.-4. Jhdt. v. Chr.

laguz-Rune, Lautw. ‚**l**' („Wasser") (∧). Pun. (*gaml* horiz. gesp.) (∧) 6. Jhdt. v. Chr.

ingwaz-Rune, Lautwert. ‚**a**' („Fruchtbarkeitsgott") (□). Abyb./Aphö. (*ain*) geometrische Umsetzung von (o) um 1000 v. Chr.

opalan-Rune, Lautwert ‚**o**' („Erbe") (ᛟ). Npun. (*het*) geometrische Umsetzung von (𐤇) ca. 5. Jhdt. v. Chr.

dagaz-Rune, Lautwert ‚**d**' („Tag") (ᛞ). Vage aus Kursiv-Phönizisch (mem) (𐤌) ca. 5. Jhdt. v. Chr.

Abb. 32: Runen und ihre phönizischen Entsprechungen (Abyb./Aphö. = Altbybyblisch und Altphönizisch, Wphön. = Westphönizisch, Pun. = Punisch, Npun. = Neupunisch).

Die Zusammenstellung bedarf einer kleinen statistischen Auswertung: Zugrunde gelegt wurden 31 in der Fachiteratur üblicherweise herangezogene Runenzeichen, wobei der Vergleich 36 phönizische Entsprechungen ergab (5 Doppelmöglichkeiten). Gesucht wurde nach dem jeweils frühesten Auftreten einer gleichen oder doch sehr ähnlichen Form. Demnach lehnt sich der weitaus größte Anteil der Runen (15 + 1 evtl.) eng an altbyblische bzw. altphönizische Schriftzeichen (12. Jhdt. - 7. Jhdt. v. Chr.) an, allein zwölf von ihnen an die allerälteste Schriftentwicklung zwischen 1200 und 1000 v. Chr. Die übrigen Runen gleichen dann denjenigen altphönizischen Zeichen, die in der Levante erst um 950, 900 und 800 v. Chr. auftreten. Ein weiterer, allerdings chronologisch breit gestreuter Anteil (14 + 2 + 2) von Runen geht auf spätere Zeiten zurück, auf die punische Schriftentwicklung (6. Jhdt. v. - 2. Jhdt. n. Chr. mit insges. 9 Symbolen) und die westphönizische Schriftentwicklung (4. - 3. Jhdt. v. Chr. mit insges. 5 Zeichen). Zusätzlich sind zwei Eventualitäten und zwei Anlehnungen an Kursivbuchstaben berücksichtigt. Faktisch kommen also zwischen dem 6. und 3. Jhdt. v. Chr. nur vier phönizische Buchstaben pro Jahrhundert als Runenmodelle in Frage. Aus der neupunischen Schriftentwicklung (2. Jhdt. v.- 1. Jhdt. n. Chr.) entstammen dann nur noch zwei Runen[225].

Aufgrund der Fülle phönizischer Buchstabenvarianten ist dieses Ergebnis möglicherweise nur zufällig. Es lässt sich daraus aber auch schließen, dass das phönizische Alphabet bereits seit seiner Entstehung in Skandinavien bekannt war. Berücksichtigt man darüberhinaus die Streuung späterer Referenzzeichen, so ist an den Nordseeküsten sogar die weitere phönizische Schriftentwicklung wahrgenommen und rezipiert worden. Dies bestätigt sich wohl darin, dass das um 200 n. Chr. aussterbende Neuphönizische diese Entwicklung nicht trägt, eine Annahme, die ja angesichts des gleichzeitigen Auftretens von Runensteinen nahe gelegen hätte. Tatsächlich waren die meisten der gezeigten phönizischen Referenzvarianten zu dieser Zeit seit Jahrhunderten vergessen und entsprechend kein neupunischer Schriftbestand.

Demzufolge muss es bereits um 1100 v. Chr. oder früher Kulturkontakte zwischen Phöniziern und Skandinaviern gegeben haben, was sich sehr gut in die historische Überlieferung fügt. Denn genau im genannten Jahrhundert wird von Tyrus aus das an der spanischen Atlantikküste gelegene Gadeira/Cadiz gegründet bzw. erstmals befestigt. Es ist längst belegt, dass insbesondere von hier aus seit frühester Zeit Handel in die Nordsee betrieben wurde.

---

225 Vennemann 2006, 378. 387. Damit ist die Ähnlichkeit aller Runen mit den phönizischen Buchstaben weitaus größer als die zur griechischen/etruskischen oder lateinischen Schrift. Warum auch hätten die Skandinavier die beiden bis ins 2. Jhdt. gängen Schriftmodelle in altertümliche Stabzeichen umsetzen sollen? Beim Lateinischen hätte zwecks besserer Nutzung der römischen Handelskontakte sogar eine komplette Übernahme nahe gelegen.

Wie die Lautzuweisungen der beiden Alphabete zeigen, übernahmen die Skandinavier zwar die phönizischen Symbole, ordneten ihnen aber andere Lautwerte zu[226]. Demnach hatten sie die Zeichen zwar gesehen, kannten aber weder ihre Bedeutung noch ihre Aussprache. Folglich notierten sie ihre eigene Sprache zwar mit phönizischen Buchstaben, entwickelten dabei aber eine Schriftsprache mit eigenen Lautungen und Bedeutungen. Auch wenn es sich um die gleichen Symbole handelte - die Skandinavier sprachen und schrieben kein Phönizisch.

Warum aber wurde die auffällige ‚geometrische' Adaptationsform gewählt? Nach den gängigen Erklärungen sind die Zeichen über lange Zeit ausschließlich in Rinden- oder Aststücke geritzt worden, wobei Holzmaserung und Materialgröße das Schnitzen von Rundungen erschwerte. Wenn die phönizische Schrift allerdings tatsächlich in der III. Periode der skandinavischen Bronzezeit (1300-1100 v. Chr.) übernommen wurde, ergibt sich eine plausiblere Erklärung. Genau dieser Zeitraum gilt als Epoche des geometrischen Kunststils, in der alle auffindbaren Felsritzungen plötzlich ohne Rundungen auskommen. Später treten sie dann verstärkt wieder auf[227]. Immerhin ein weiteres starkes Indiz für einen ersten Kulturkontakt um 1100 v. Chr. oder früher.

Und wie kam es zur vergleichsweise riesigen Überlieferungslücke zwischen dieser Zeit und dem ersten Auftreten der Runensteine? Dieses Problem ist nur spekulativ lösbar: Wenn es nicht am vergänglichen Material der Textträger lag, könnten die alten phönizischen Zeichen und die neue skandinavische Schriftsprache lange Zeit Geheimwissen einer Priester- oder Herrschaftskaste gewesen sein[228]. Vielleicht glaubten die Skandinavier deshalb an eine göttliche Herkunft der Runen. Die Tatsache, dass die Runensteine beinahe allesamt einen christlichen Hintergrund aufweisen, macht sogar diese These plausibel.

---

226 Ähnlich gesehen bei Burkert (1997) und Vennemann (2006, 374), die allerdings beide davon ausgehen, dass eine der frühen skandinavischen Sprachen mit den fremden Buchstaben notiert wurde, ähnlich wie das Etruskische mit dem griechischen Alphabet.

227 Almgren 1987, 25-27.

228 Vielleicht darf man darin die von Bang (1997, 6) und Vennemann (2006, 373. 375) bemängelte fehlende Begründung für das späte Auftreten der Runenschrift sehen.

Teil 3

Kurzgrammatik

1. Einleitung

Was an dieser Stelle als ‚Grammatik' geboten wird, erhebt nur den Anspruch, Laien für die phönizische Sprache zu interessieren. Ohne eine Heranziehung der aktuellen Fach- und Standardwerke muss eine solche Autodidaxie zwangsläufig bei einem allgemeinen Überblick verbleiben, der keinesfalls dazu verhilft, phönizische Inschriften übersetzen zu können. Die lückenhafte Überlieferung macht die Erstellung einer durchgängigen phönizischen Grammatik problematisch[229]: Ganz anders als in anderen alten Sprachen sind viele der wahrscheinlichen und zu vermutenden Verbal- und Nominalflexionen nicht schriftlich überliefert und müssen deswegen rekonstruiert werden. Entsprechend ist im Folgenden immer davon auszugehen, dass die aufgezeigten Formen einer realen inschriftlichen Überlieferung entsprechen oder von den genannten Fachautoren nach den Regeln der Kunst ergänzt wurden[230].

2. Das Nomen (Hauptwort, Substantiv) und sein Zubehör

2.1 Die Deklination

Bedeutende Anteile einer jeden Sprache machen die Hauptwörter aus, die Nomen bzw. Substantive. Je nach Gebrauch im Satz stehen sie als Subjekt oder Objekt und werden entsprechend verändert, dekliniert[231]. Die meisten Sprachen bieten dazu vier generelle Möglichkeiten, die man auch als ‚Fälle' bezeichnet: den 1. Fall (Nominativ) mit der Kontrollfrage **wer?**, den 2. Fall (Genitiv) mit der Frage **wessen?**, den 3. Fall (Dativ) mit der Frage **wem?** und den 4. Fall mit der Kontrollfrage **wen?** Alle vier Fälle gibt es sowohl in der Einzahl (Singular, Sg.) als auch in der Mehrzahl (Plural, Pl.). Für das Nomen ‚Schiff' ergeben sich beipielsweise folgende Variationen:

Nominativ: **Wer** liegt im Hafen? **Das Schiff** oder **die Schiffe.**
Genitiv: **Wessen** Segel sieht man? Die Segel **des Schiffs** oder **der Schiffe**.
Dativ: **Wem** gehört das Schiff? **Dem** Kapitän.
Akkusativ: **Wen** sieht man am Horizont? **Das Schiff** oder **die Schiffe**.

229 Vgl. Schröder 1979, 75ff. Allg. zur Formenlehre Friedrich/Röllig 1999, 63-74.

230 Vorgenommen im immer wieder überarbeiteten Standardwerk von Friedrich/Röllig 1999, das zur Erweiterung und Vertiefung der hier dargestellten Zusammenhänge dringend empfohlen wird. Dort auch Angaben zu Syntax (188-221) und Satzbau (222-232), ebenso wie bei Harris 1936, 65 oder Krahmalkov 2001, 290-299.

231 Allg. zu Nomen vgl. Harris 1936, 57-58. Friedrich/Röllig 1999, 143-151, zu ihrer Ableitung Schröder 1979, 167-169 und zu Kasusverhältnissen Schröder 1979, 177-183. Krahmalkov 2001, 120-143.

Es ändert sich somit die Endung des Nomens/Substantivs mitsamt dem vorangestellten Artikel (der, die, das). Die meisten Sprachen kennen auf dem Höhepunkt ihrer Entwicklung mehrere Deklinationen, bei denen sich die angehängten Endungen am Wortstamm bzw. dem ursprünglichem Auslaut des Wortes oder nach dem Geschlecht (zumeist nur männlich und weiblich, im Deutschen auch sächlich) ausrichten[232].

Das Phönizische hat nur eine einzige Deklination, die sich neben Singular und Plural noch in männlich (♂) und weiblich (♀) aufgliedert. Das Kennzeichen für den Plural ist zumeist ein angehängtes -**m**, weibliche Nomen und Verben enden oftmals auf -**t**[233]. Das sehr frühe Phönizisch kennt als Ergänzung zu Singular und Plural noch den Dual, der für paarige Bezeichnungen auftritt, also etwa Hände, Füße, Augen oder Hörner. Allerdings wurde der Dual seit dem 6. vorchristlichen Jahrhundert nicht mehr genutzt. Eine an das obige Deklinations-Schema angelehnte Tabelle sieht - hier am Beispiel des phönizischen Nomens *Hund* (**klb**) - dann folgendermaßen aus[234]:

	Singular		Plural		Dual	
	männlich	weiblich	männlich	weiblich	männlich	weiblich
Nom.	kalbu	kalbatu	kalbuma	kalbatu	kalbama	kalbatama
Gen.	kalbi	kalbati	kalbima	kalbati	kalbema	kalbatema
Dat.	(Genitiv mit mittig eigefügtem ‚l')					
Akk.	kalba	kalbata	kalbima	kalbati	kalbema	kalbatema

Denkt man sich die - etymologisch rekonstruierten – Vokale weg, ergeben sich als Schriftbild im Singular nur **klb** und **klbt**, im Plural nur **klbm** und **klbt** sowie im Dual nur **klbm** und **klbtm**. Sobald die Schriftüberlieferung also völlig ohne Vokale arbeitet, sind die Übertragungsmöglichkeiten ein- und dergleichen Buchstabenkombination mannigfaltig. Wohl aus diesem Grund hat das Punische mehr Vokale hinzugefügt. In der weiteren Sprachentwicklung wurden die weiblichen Endungen im Singular auf ein **-t** bzw.

232 Allg. zu Deklinationen vgl. Harris 1936, 58-62. Zur Stellung der Nomen als Objekte vgl. Krahmalkov 2001, 68-75.
233 Zur Kennzeichnung weiblicher Nomen vgl. Schröder 1979, 169-177.
234 Rekonstruiertes Beispiel nach Friedrich/Röllig 1999, 145.

-at, im Plural auf ein **-at** bzw. **-ut** und im Dual auf ein **-atem** verkürzt. Bei den männlichen Endungen blieb der Singular bestehen, der Plural wies nur noch ein **-im** und der Dual ein **-em** als Endungen auf:

	Singular		Plural		Dual	
	männlich	weiblich	männlich	weiblich	männlich	weiblich
Nom.	kalbu	kalbat	kalbim	kalbot	kalbem	kalbatem
Gen.	kalbi	kalbat	kalbim	kalbot	kalbem	kalbatem
Dat.	(Genitiv mit mittig eigefügtem ‚l')					
Akk.	kalba	kalbat	kalbim	kalbot	kalbem	kalbatem

In dieser vereinfachten Form hieße die Lautierung von ‚die Hündin' (mit Ausnahme des Dativs) dann in allen Fällen des Singulars *kalbat*, in allen des Plurals *kalbot*, würde aber durchgängig **klbṯ**, geschrieben. Für einen interaktiven Dialog waren demzufolge Vokalisierung und Betonung von entscheidender Bedeutung.

Zur Kasusbildung der einzelnen Fälle gibt es zusätzliche Informationen: Während der Nominativ ausschließlich reguär gebildet wird, können Genitive auch mit einem **š** eingeleitet, indirekt mit dem Präfix **šl-** (beides: von) gebildet oder mit dem Relativpronomen **m** bzw. **maš** (der, die, das) umschrieben werden. „Der Bart des Meisters" (**zqn**: Bart, **bål**: Meister) hieße dann zwar regulär **zqn bålbj**, könnte demnach aber auch mit **zqn š bål** bzw. **zqn šlbål** (beides: „Der Bart von dem Meister") oder auch mit **zqn mbål** bzw. **zqn mašbål** („Der Bart, den der Meister" trägt) übersetzt werden. Bei der Bildung des Dativs wird die reguläre Genitiv-Form mit einem vorn angefügten oder mittig eingesetzten **l** ergänzt, beim Hundebeispiel also **lklbj** oder **kllbj** (Sg. ♂: dem Hund). Auf die einleitenden Präpositionen **aji** bzw. **ajt**, **at** oder später nur auf das Präfix **t-** (alles: von) folgt immer der Akkusativ, zudem tritt vereinzelt die Akkusativendung **-am** auf[235]. Für die überlieferte Dualform firmiert das überlieferte Beispiel **balqrnm** (*balkarn***em**), das dann als „Baal mit den zwei Hörnern" übersetzt wird[236].

235 Krahmalkov 2001, 289. Allg. zum Akkusativ und zu den Akkusativpartikeln vgl. Friedrich/Röllig 1999, 184, 196ff. Krahmalkov 2001, 281-285 und speziell Hoftijzer 1983.
236 CIL VIII 24113,2. Friedrich/Röllig 1999, 53. 148.

Da die überlieferten Nomen außer **zāi**, **tēt** und **pē** auf alle Buchstaben des phönizischen Alphabets enden können, wird die Praktikabiltät insbesondere der vereinfachten Deklination deutlich: Sowohl an stimmlose als auch an nachklingende Endkonsonanten wurden vokalisierte Endungen angehängt bzw. gesprochen, bei eventueller Doppelung eines Vokals einer von ihnen ‚verschluckt'. Also für ‚Burg' (jeweils ♂ und ♀) im Nominativ **gdr** (*gadir*) und **gdrt** (*gadirat*), Genitiv **gdrm** (*gadirim*) und **gdrt** (*gadirot*), im Dativ **lgdrm** (*lgadirim*) und **lgdrt** (*lgadirot*) bzw. die genannten Umschreibungen und im Akkusativ **gdrm** (*gadirem*) und **gdrtm** (*gadiratem/gadirtem*). Oder für **achj** (Freund) die Nominativ-Reihe **acht** (achat, Freundin), **achjm** (achim, Freunde) und **achjt** (achijot, Freudinnen).

Nach diesem Schema erklären sich u.a. die überlieferten Pluralbildungen von **åd** ♀ (Haut) zu **ådt** (odat), **ss** (Pferd) zu **ssm** (sussim) oder **al/aln** (Gott) zu **alnm** (alonim). Wenn Vokalisation und Betonung keine Auskunft über die gemeinte Bedeutung gaben, dann der Syntax und Semantik. Bei allen Beispielen zeigt sich aber auch, dass die korrekte Lautung bzw. Vokalisierung kaum zum besseren Verständnis des Phönizischen beiträgt bzw. sich die eindeutigeren Umformungen immer an den überlieferten Konsonantenfolgen festmachen.

2.2 Die Artikel bzw. Determinativartikel

Wie gezeigt, hat das phönizische Nomen/Substantiv keinen eigenen Artikel, der dessen Geschlechtsbestimmung anzeigt[237]. Folglich gibt es die männliche, weibliche und sächliche Kennzeichnung mit eigenständigen Worten (der, die, das) nur in der deutschen Übersetzung. Da im Phönizischen durch die Endungen jedoch immer eine weibliche oder männliche Geschlechtsbezogenheit vorliegt, wird mit der Hinzufügung eines Artikels eine Determination, eine besondere Hervorgehobenheit hinzugefügt. „Der Mann" ist damit im Phönizischen gleichbedeutend mit „dieser Mann". Insofern sind hinzugefügte Artikel immer determinativ zu verstehen; im Phönizischen wird die Hervorhebung (dieser, diese, dieses) mit dem vorn angesetzten Partikel **h-** ausgedrückt, also beim Nomen **aš** (Mann) **h̲aš** (der/dieser Mann). **h-** steht also für *der, die, das* und für *dieser, diese, dieses*. Zudem gibt es noch die deiktischen, Deklarationssätze einleitenden Hinweisartikel **hn** (hier ist) und **hlm** (hier sind). Für ‚das' treten aber auch **hjz** und **st** auf. Aus der Vielzahl der überlieferten Beispiele mit vorangesetztem **h-** dürfen hier

237 Zum Artikel vgl. Harris 1936, 55-56. Schröder 1979, 160-162. Friedrich/Röllig 1999, 70-72. Krahmalkov 2001, 85-92.

folgende erwähnt sein: **h̲gaw** (das/dieses Mischgefäß), **h̲zbch** (das/dieses Opfer), **h̲ksp** (das/dieses Silbergeld) oder **h̲mqnt** (die/diese Herde). Im Plural ebenso: **h̲jšbm** (die/diese Sessel) oder **h̲nskm** (die/diese Gießer).

Es finden sich aber auch abweichende Formen mit einem vorangesetzten **a**, **ain** oder **w** (das vorangestellte **h-** entfällt dann) sowie die Möglichkeit eines nachfolgenden **az** oder angehängten -**z** (beide: dieser, diese, dieses), um das vorangestellte **h-** nochmals zu verstärken. Einige Beispiele aus der Vielzahl der Überlieferungen: **a̲tbch** (der/dieser Koch), **a̲chrg** (das/dieses Gold), **a̲åprt** (das/dieses Blei), **å̲mmqm** (der/dieser Ort); **w̲zbch** (und das/dieses Opfer), **wåmz̲** (und das/dieses Volk), **ksa a̲z̲** (der/dieser Thron), **h̲qrtz̲** (die/diese Stadt) oder **h̲šårz̲** (das/dieses Tempeltor).

2.3 Die Pronomen (Beiwörter, Fürwörter)

2.3.1 Personalpronomen

Ebenfalls dekliniert werden die Personalpronomen (besitzanzeigenden Fürwörter)[238], sofern sie im Satz als eigenständige Substantive spezifische Flexionen erfordern, also *Ich*, *Meiner*, *Mir*, *Mich* / *Du*, *Deiner*, *Dir*, *Dich* etc.[239]. Das Phönizische hat für die Nominative der Personalpronomina eigene Wörter: **amt**, **alk** (ich ♀♂), **an** (ich ♂), **ank** (ich, nur in verblosen Sätzen), **at** (du ♂♀, auch als Imperativ), **ha** (er, sie, es), **hat** (er, byblisch-archaische Form), **anchn** (wir), **hmt** (sie, variabel einsetzbar), **atm** (du, Allgemeinplural). Für die Bildung des Genitivs und Akkusativs gibt es spezielle Partikel bzw. Zusätze (s. Deklinationen)[240]. So etwa wird für *sein, seiner, seine* ein **-ijn** angehängt.

	Nominativ (eigene Wörter)		
Sg.	Ich (**ank**, anoki)	Du (**at**, atta)	Er/Sie/Es (**ha/hu**, hua)
Pl.	Wir (**anchu**, anahun)	Ihr (nicht belegt)	Sie (**hmt**, humatu)
	Genitiv (Suffixe)		
Sg.	Meiner (♂-**i/-ia**. ♀-ni)	Deiner (♂-**ka**. ♀-**ki**)	Sein/Ihr/Sein (♂-*hu*. ♀-**na**)
Pl.	Unser (♂-**nu**. ♀-**nu**)	Ihrer (♂-**kumu**. ♀--)	Ihr (♂-**humu**, ♀-**hima**)
	Dativ (nicht belegt)		
	Akkusativ (identisch mit Genitiv, wird an die Verben angehängt)		

238 Allg. zu Pronomen vgl. Friedrich/Röllig 1999, 143-151. Zu Personalpronomen Harris 1936, 47-53. Krahmalkov 2001, 38-50 und speziell zu Possessivpronomen Krahmalkov 2001, 50-68. 112-114.
239 Friedrich/Röllig 1999, 63-65. Schröder 1979, S 143-158.
240 Pronominal- und Possessivsuffixe s. bei Friedrich/Röllig 1999, 65-67. 152-160.

2.3.2 Demonstrativpronomen

Die Demonstrativpronomen (Zeigewörter) im Singular ♂ und ♀ sind folgende: **al** (diese); **ast** (dieser); **s**, **st** (dieser, diese, dieses); **z**, **az** (das hier); **az** (dies, das) sowie **zn** ♂ bzw. **za** ♀ (dies, dieser, diese)[241].

2.3.3 Interrogativpronomen

Als Interrogativpronomen (Fragewörter) sind **m** (was?); **mj** (wer?) und **aš** (wer? welche?) überliefert[242].

2.3.4 Determinativpronomen

Die Determinativpronomen (bestimmende Fürwörter) **š-** (von), **aš/ša** (das, aus, von, in) und **hmt** (jene) nehmen einen vorhergehenden Satzteil auf oder verweisen auf einen folgenden, also etwa: „Er lebte in demjenigen Palast, den er gebaut hatte" (**š bn)** oder „Er handelte mit jenen Münzen, die aus Silber sind" (**š lksp**)[243]. Im Deutschen gilt das Determinativpronomen als stilistisch sperrig und wird deshalb eher als Relativpronomen wiedergegeben.

2.3.5 Relativpronomen

Das Relativpronomen leitet einen vom Hauptsatz abhängigen Nebensatz ein und bezieht sich dabei auf eines der im Hauptsatz genannten Substantive[244]. Das Phönizische kennt **a** (der, die, das/dieser, diese, dieses), dann das gleichbedeutende Präfix **h-** (hier nicht determinativ), dann **ha** (er/sie = der/die Vorgenannte), **m** (was, das dem), **maš** (was, welche), **mj** (er ... der) und das byblisch-archaische Präfix **z-** (die, das).

2.3.6 Indefinitpronomen

Die Indefinitpronomen (unbestimmten Fürwörter) stehen für nicht näher bezeichnete Gegenstände oder Person, sie können wie ein Artikel, als Nomen, adverbial oder adjektivisch eingesetzt werden[245]. Im Phönizischen finden sich **achd**♂, **acht**♀ (eine/r, jede/r, jedermann), **aš** ♂ (jeder, jedermann), **blaš** (keine, keiner, niemand), **dos** (etwas, irgendetwas), **kl** (alle, alles, jeder, jedes, irgendein), **kl adm** (alle, jeder), **kl mnm**

---

241 Harris 1936, 53. Schröder 1979, 158-160. Friedrich/Röllig 1999, 67-70. Krahmalkov 2001, 75-84.
242 Harris 1936, 55. Schröder 1979, 166. Friedrich/Röllig 1999, 72. Krahmalkov 2001, 108-112.
243 Friedrich/Röllig 1999, 72-74. Krahmalkov 2001, 103-107.
244 Harris 1936, 54. Schröder 1979, 162-166. Friedrich/Röllig 1999, 72-74. Krahmalkov 2001, 93-102.
245 Harris 1936, 55. Schröder 1979, 166. Friedrich/Röllig 1999, 72-74.

bzw. **klmnm** (alles), **m** (irgendein), **mj** (jeder); **mnm** (etwas, was auch immer? Irgendetwas), **qkmj** (jemand, irgendwer, wer auch immer?) und **qnm** (werimmer, woimmer etc.; auch als variables Reflexivpronomen)

2.4 Adjektive

Adjektive bestimmten, wie die Subjekte und Objekte (Nomen) genau geartet sind (Wieworte)[246]. Beispiel: „Der großartige Tempel Baals". An dieser Stelle seien nur diejenigen Adjektive zusammengestellt, die leicht mit anderen Kurzwörtern verwechselbar sind; die Vielzahl der übrigen Adjektive findet sich vorn im Hauptverzeichnis.

azrm	wenig	mjṫb	am besten
chdš	neu	ål	größer als
drj	andauernd, immer	qtw	klein
jchd	nur, einzig	rb	viel
jptch	offen	rk	lang, groß
kbr	groß, großartig	ʦår	klein
kll	gesamt, ganz		

2.5 Präpositionen

Eine Präposition zeigt an, wie sich ein Nomen zu einem anderen verhält (auf, in, im, unter, seit, gegen)[247]. Beispiel: „Das Schiff lag **im** Hafen". Insofern können auch manche der o.g. Adverbien präpositional eingesetzt sein.

ab, åb	auf, gegen	b	in, auf, während (temp.)
ak	nämlich	b	von, unter, mit
al	zu, so weit, entspricht	b	wegen, aus
atpn	vor, in Anwesenheit von	bdsl	über, im Gegensatz zu
aʦl	angrenzend	bgw	inmitten, innen
aʦl	neben, nebenbei	blt	nur
b	im, in, auf, von	dl	ohne
b	unter (räumlich)	bmtkt	zwischen

246 Krahmalkov 2001, 143-148.
247 Harris 1936, 62. Schröder 1979, 212-218. Friedrich/Röllig 1999, 177-187. Krahmalkov 2001, 227-258.

bn	in, zwischen	mw	von
jtstatan	dasselbe	nzjb	dasselbe
km	wie	åd at	so weit, bis zu
kmå	wie, wann	åd	so weit, bis zu
l-	für, im Namen von	ål	auf; bei, entlang, gegen
l-	zu (nicht örtl.); aus, von (örtl.)	ål	um … Willen, von, zu, bis
l-	von (Ersatzgenitiv)	ål	zusammen mit
lb-	für, zu, nach	ål pn	vor, zu
ll-	für	aš	vor
l	für, seit, an, von, wie	ålt	auf, darauf, aus, über
lmb-	in, während, von, von … bis	ålt	hinein, neben
lmn	von, aus	ålt	obliegend
lån	in den Augen von, seitens	ålt	verantwortlich für
lpj	gemäß, durch, wegen	ålt	zugunsten von
lpn	in Anwesenheit von	ålt pn	zusätzlich zu
lpn	vor jemandem	åmt	neben
måla	über	pkt	gegen, entgegen
md	durch	pnt	vor, bis zu
mn	von, aus	tcht	unter

3. Die Verben (Handlungswörter) und ihr Zubehör

Verben sind im weitesten Sinne diejenigen Wörter, die eine Handlung ausdrücken[248]. Im Deutschen werden sie zumeist als Infinitive notiert, also beispielsweise *gehen*, *bauen*, *trinken, kaufen*, *verhandeln* etc. Zugrunde liegt aber immer ein Wortstamm, aus dem die Infinitive und die Flexionen für die Zeiten gebildet werden. Auch die phönizische Zeitenbildung - hier gleichen sich viele ältere und neuere Sprachen ebenfalls - ist ohne Verben und daran angefügte personale Vorsilben (Präfixe) bzw. Endungen (Suffixe) undenkbar. Wie im Lateinischen bezieht sich das Verb damit einerseits auf die im Satz handelnde(n) Person(en) oder die darin erwähnten Gegenstände, fügt andererseits aber auch die Zeit hinzu, in der die Person handelte oder eine Sache geschah

248 Vgl. Harris 1936, 43-46. Schröder 1979, 189-195, Übersicht über alle vorkommenden Verbalformen Schröder 1979, 195ff., schwache und starke Verben Friedrich/Röllig 1999, 95-122.

(Konjugation)[249]. Folglich gibt es für die einzelnen Personenformen in Einzahl (Singular) und Mehrzahl (Plural) und für die Zeiten entsprechende Prä- und Suffixe.

3.1 Verbalstämme

„Das phönizische Verb besitzt drei Modi, den Indikativ, den Konjunktiv und den Imperativ“[250]. „Dazu kann es in vier Aktionsformen auftreten, aktiv (transitiv und intransitiv), passiv, statisch und reflexiv“. „Zeitlich gesehen kann das Verb imperfektivisch und perfektivisch eingesetzt werden, daraus ergeben sich sechs Zeitnuancen: *Präsens* [andauernde Gegenwart], *Imperfekt* [vollendete Gegenwart], *Futur I* [bevorstehende Zukunft], *Perfekt* [andauernde und vollendete Vergangenheit] und *Plusquamperfekt* [Vorvergangenheit]“[251].

Viele Verben können auf einen von sechs Wortstämmen zurückgeführt werden, den **Qal,** den **Nifal**, den **Piel** (mit Pual), den **Jifil** (mit Jofal), den **Jitpael** und den **Jifatal**[252]. Diese - manchmal mit Auslassungszeichen verschriftlichten (etwa: k-l-m) - Wortstämme werden in den Wortverzeichnissen wie Infinitive notiert und sind auf neun Arten veränderbar: durch Suffixe (Anhänge oder Einschübe), durch Präfixe (Vorsilben der Form A, B und C), durch Bildung aktiver oder passiver Partizipien sowie absoluter oder konstruierter Infinitive[253].

Die gezeigten Buchstabenfolgen umgeben den Wortstamm, wobei man zwischen dem Grundstamm **Qal**, dem reflexiv-passivischen **Nifal** mit vorgesetztem **nj-** im Perfekt, dem Intensiv-Faktitivstamm **Piel** und dem Kausativstamm unterscheidet, der durch ein angehängtes -**jqtl** (Jiktil) gekennzeichnet wird. Der Qal gilt als ‚starkes Verb‘ und ist – wie das Hauptverzeichnis zeigt – mit 210 Nennungen die am häufigsten auftretende

---

249 Allgemein zu Konjugationen Friedrich/Röllig 1999, 74-76.

250 Krahmalkov 2001, 151. Zugezählt werden hier auch Subformen des Konjunktivs: der Optativ, der Jussiv und der Kohortativ. Verbalstämme vgl. Krahmalkov 2001, 154-157.

251 Krahmalkov 2001, 151.

252 Harris 1936, 41-42. Krahmalkov 2001, 151: „a) **Qal** (qatol, qatal), der sogenannte ‚einfache‘ Stamm, er selbst eine aktive Form und eine innere passive Form hat. b) **Nifal** (nipal, niqtal), das äußere Passiv des Qal. c) **Piel** (qittel), der sogenannte ‚intensive‘ Stamm und seine innere Passivform **Pual** (quttal). d) **Jifil** (Ifil, ypil, jiktil), der sogenannte ‚ursächliche‘ Stamm und seine innere passive Form Jofal. e) **Jitpael** (hitpael, ytpeel, ytqettel, yqtiel), die sogenannte ‚reflexive‘ Form und f) Jifatal (ypatal, iftal), der Intransitiv des Qal, dieser Stamm kommt nur im Byblischen Phönizisch vor“. Mit ‚Byblischem Phönizisch‘ ist der älteste der überlieferten phönizischen Frühdialekte aus Byblos gemeint. Zu den genannten Wortstämmen vgl. auch Friedrich/Röllig 1999, 77-86 (Qal), 87 (Nifal), 88-89 (Piel und Pual), 92-94 (Jifil und Jufal).

253 Krahmalkov 2001, 151: „Each system posesses all of the following nine Forms: a) Suffixing Form (*quatol*), b) Prefixing Form A (Old Canaanite *yaqtulu*), c) Prefixing Form B (Old Canaanite *yaqtu*), d) Prefixing Form C (Old Cannanite *yaqtula*), e) Active Participle, f) Passive Partciple, g) Imperative, h) Infinitive Absolute, i) Infinitve Construct“. Zu Infinitiven vgl. Schröder 1979, 208-210, Friedrich/Röllig 1999, 83/84. Krahmalkov 2001, 202-214.

Stammform, danach folgen der Piel (38), der Jifil (33), der Nifal (6), der Jitpael (3) und der Jofal (2). Da auch der Konjunktiv selten vorkommt, werden im Folgenden nur die Qal-Konjugationen im Indikativ aufgegriffen.

3.2 Zeiten und Konjugationen

Wie gezeigt, weist das Phönizische nur zwei Generaltempora (Zeiten) auf: die unvollendete und die vollendete Vergangenheit (Imperfekt und Perfekt)[254]. Nicht überliefert sind damit die aus vielen anderen Hochsprachen bekannten Zeitbildungen für das Präsens (Gegenwart), das Plusquamperfekt (Vorvergangenheit) und für die beiden Zukunftssetzungen (Futur I und Futur II). Insbesondere das Fehlen der meisten Präsensformen erscheint zunächst erstaunlich, erklärt sich aber sofort aus der epigraphischen Überlieferung: Inschriften berichten zumeist von bereits vollführten Handlungen, selten davon, was jemand im Augenblick tut und nur manchmal, was jemand irgendwann einmal zu tun beabsichtigt. Insofern wird das Präfix **m** bzw. **mj**, das sowohl für laufende und geplante Handlungen als auch für deren Ergebnis steht, gern eingesetzt.

In anderen Sprachen tritt zu dieser aktivisch aufgefassten Weltsicht noch das Passiv (die Leideform) hinzu; Berichte über etwas, das mit jemandem geschah bzw. geschehen war, ohne dass dieser den Verlauf hätte beeinflussen oder rückgängig machen können. Als Beispiel sei hier *ich siegte* (Imperfekt Aktiv) und *ich habe gesiegt* (Perfekt Aktiv) gegen *ich wurde besiegt* (Imperfekt Passiv) oder *Ich bin besiegt worden* (Perfekt Passiv) gestellt. So wird leicht nachvollziehbar, warum Aktivformen in prähistorischen Inschriften sehr viel häufiger auftreten als Passiva; Tatenberichte (Regesten) waren für die Nachwelt besser geeignet als das Eingeständnis, einem Geschehen hilflos ausgeliefert gewesen zu sein - es sei denn, man verstand sein Schicksal als Ausdruck göttlichen Willens. Als deutsches Beispiel einer vollständigen Konjugation im *Imperfekt Aktiv* mag hier die Reihung

ich segelte, **du** segeltest, **er/sie/es** segelte (Singular)

wir segelten, **ihr** segeltet, **sie** segelten (Plural)

---

254 Generell zur Zeitenbildung Harris 1936, 39-41. Zur Bildung des Imperfekts vgl. Harris 1936, 40-41. Schröder 1979, 205-207, zur Bildung des Imperfekts aus den verschiedenen Wortstämmen vgl. Friedrich/Röllig 1999, 80-82 (Qal), 87 (Nifal), 88-89 (Piel und Pual), 92-94 (Jifil und Jufal). Zur Bildung des Perfekts vgl. allg. Harris 1936, 39-40. Schröder 1979, 195-205. Zur Bildung des Perfekts aus den verschiedenen Wortstämmen vgl. Friedrich/Röllig 1999, 77-80 (Qal), 87 (Nifal), 88-89 (Piel und Pual), 92-94 (Jifil und Jufal). Zu Form, Zeit, Aspekt, Person und Geschlecht vgl. Krahmalkov 2001, 151-154. 158.

gelten. Im Phönizischen kommt als Besonderheit die Unterscheidung zwischen männlichen und weiblichen Wortbildungen hinzu, so dass beide Zeiten doppelt auftreten können. Die Konjugation lässt sich am besten tabellarisch zeigen, indem man die überlieferten Prä- und Suffixe in das aufgezeigte Schema einfügt:

	Imperfekt aktiv			Perfekt aktiv	
Singular	m	w		m	w
1. ich	`...	t...i/t...ina		...ti	... ti
2. du	t...	t...		...ta	... t(i)
3. er ...	i...	t...		—	...at/...a
Plural					
1. wir	n...	n...		...nu	... nu
2. ihr	t...u/t...una	t...na		—	—
3. sie	i...u/i...una	t...na		...u	...u/...na

Die Punkte stehen für die Stellung des Verbs, der Haken bezeichnet einen gehauchten a-Anlaut

Die Grammatik-Lehrbücher bieten hierzu immer wieder Beispielbildungen zu den Verben ‚sein/existieren' (**kn**)[255] und - anläßlich der vielfachen religiösen Inschriften - ‚segnen' (**brk**)[256], da deren Flexionen beinahe vollständig überliefert sind. Präsens-Formen treten nur selten auf, so etwa **aš** (es gibt), **åwa** (er lebt) oder **jš** (Gott lebt). Zukünftiges wird vorwiegend durch Erwartungen oder Vorhaben ausgedrückt, wie beispielsweise **jšmåa** (sie mögen hören) oder **ntw** (geben wollen). Formen des Qal-Imperativs[257] können **amr** (sprich!) oder **at** (Du!♀♂) sein. Als Infinitiv zum Verb ‚bauen' (**bn**) sei hier **lbnat** (zu bauen) oder auch **ålj** (angeben zu lassen, Jifil) erwähnt.

3.2.1 Überlieferte Zeitformen (Auswahl nach FE)

Aktivformen. *Präsens*: **bn** (ich baue auf), **jabd** (er/sie stirbt), **jba** (sie/wir kommen), **dårkn** (wir treten ein), **ašm** (ich höre). *Imperfekt*: **jpd** (wir/sie kamen), **kann** (er/sie war). *Futur I*: **adrk** (ich werde eintreten), **tchw** (du wirst leben), **tptch** (du wirst öffnen),

255 Harris 1936, 41-43. Friedrich/Röllig 1999, 106-107.
256 Friedrich/Röllig 1999, 90-98, 123ff.
257 Allgemein zu Imperativen vgl. Schröder 1979, 207-208. Krahmalkov 2001, 195-197. Speziell zum Qal-Imperativ Friedrich/Röllig 1999, 83.

tšt (sie werden setzen), **ttj** (es wird geben). *Perfekt*: **abrcht** (ich habe angegeben), **bdr**, **nådår** (er/sie hat angeboten), **nålt** (ich habe abgesperrt), **jba** (sie sind gekommen), **åms** (er ist aufgestanden, Nifal). *Plusquamperfekt*: **chz** (er/sie hatte gesehen), **kn** (er/sie hatte).

Passivformen: *Infinitiv Präsens*: **rgz** (störend sein, Jifil), **jšt** (errichtet werden), **jqtsn** (entfernt, gelöscht werden), **håla** (angeboten werden), **qbr**, **jqbr** (begraben werden, Nifal), **pål** (gemacht werden, Nifal), **qrb** (angeboten werden, Jitpael), **hpk** (umgedreht werden, Jifital), **jzq** (verletzt werden), **mchj** (geschlagen werden), **lqch** (angehoben werden). *Imperfekt*: **htqdš** (er wurde geweiht), **nbna** (sie wurden gebaut), **nbnå** (es wurde erbaut), **nlqcha** (sie wurden angeboten). *Futur I*: **ntn** (es wird gegeben werden). Bisher keine Beispiele für *Perfekt*, *Plusquamperfekt* und *Futur II*.

Reflexivformen: **zkr** (ich erinnere mich), **brka** (ich segnete ihn), **bchrka**, bårka (er/sie segnete ihn), **tsr** (du wirst dich trennen), **tpq** (du wirst es finden).

Imperative: **chzj** (siehe!), **lkt** (gehen Sie von …!), **ptch** (sei offen!), **qtstnm** (lösche/unterdrücke sie!), **šbtnm** (setze/siedle ihn!).

3.3 Partizipien

Das Partizip ist eine Verbform, die die Gleichzeitigkeit einer Handlung ausdrückt[258]. Beispiel: Die Königin befiehlt **liegend**. Sie befiehlt und liegt also gleichzeitig. Insofern es sich um eine hervorhebende Erklärung (Proklamation) des Verbs handelt, wird hier auch von einem ‚proklamatorischen Partizip' gesprochen, das im Phönizischen zumeist durch ein vorgesetztes **l-** gekennzeichnet ist (**škb** = liegen, ruhen. **l̲škb** = liegend, ruhend)[259]. FE gibt aber auch folgende Beispielformen an: **bn** (wieder aufgebaut), **bårk** (gesegnet), **jštå** (gefürchtet), **mwtsl** (gereinigt), **mtsna**, **mtsåa** (anbietend), **mtsnam** (bezeichnet), **jamr** (besagte)

3.4 Adverbien (Umstandswörter)

Adverbien beziehen sich auf das Verb und bestimmen dieses näher. Sie können jedoch auch Informationen über Substantive oder Adjektive geben[260]. Zumeist werden

258 Schröder 1979, 208-210. Krahmalkov 2001, 197-202.
259 Zur differierenden Bildung des Partizips bei den verschiedenen Wortstämmen vgl. etwa Friedrich/Röllig 1999, 84-86 (Qal), 87 (Nifal), 88-89 (Piel und Pual) sowie 92-94 (Jifil und Jufal).
260 Harris 1936, 62. Schröder 1979, 210-211. Friedrich/Röllig 1999, 177-187. Krahmalkov 2001, 259-266.

Lokal-, Temporal-, Modal-, Kausal-, Frage-, Relativ- und Pronominal-Adverbien unterschieden.

3.4.1 Modaladverbien

Das Modaladverb bestimmt die Art und Weise einer Handlung oder von etwas[261]. Beispiel: „Die zehn Herrscher regierten bekanntlich grausam". Im Deutschen sind dies Adverbien wie etwa: *anders, äußerst, beinahe, bekanntlich, ebenfalls, fast, folgendermaßen, ganz, genauso, genug, gern, hoffentlich, kaum, leider, möglicherweise, sehr, so, vielleicht, wirklich* etc.

adln	mit	zr	andere
achdj	zusammen	ʦplj	vermutlich
am	wie für	k	ähnlich, gleichwie
an	ohne	kl	ganz
aps	nur	kll	völlig, vollständig
at	zusammen mit, mit	km	so zu, auch
aʦl	neben, nebenbei	knk	aus (gemacht aus)
bda	von, im Besitz von	lchd	allein
blt	nur, alleine, ausschließlich	måls	vielleicht
brašt	erstklassig	ål	darüber hinaus, zusätzlich
brbm	überaus, sehr viel	ålt	hinzu
brbm	höchst, viele	åd	zudem, weiterhin
dʦ	anders, im Gegenteil	åd	außerdem
hmt	vielleicht	šgjt	viele

3.4.2 Temporaladverbien

Das Temporaladverb bestimmt den ungefähren Zeitpunkt einer Handlung[262]. Beispiel: „Damals wurde noch viel getöpfert". Im Deutschen finden sich dazu etwa: *anfangs, augenblicklich, bald, damals, danach, dann, demnächst, eben, endlich, gerade, gestern, heute, heutzutage, inzwischen, jetzt, mittlerweile, nie, niemals, nun, schließlich,*

261 Krahmalkov 2001, 259-260.
262 Krahmalkov 2001, 263-266.

seitdem, sofort, später, vorerst, vorgestern, vorhin, zuerst, zuletzt etc. Im Phönizischen gibt es dazu:

az	dann	lpnz	in der Vergangenheit
achr	danach	lpnm	vorhin, vor, früher
achr	nach, dann, anderweitig	lpnjm	ehemals
alm	für immer	mtm	je, jemals
ån	jetzt	åg	noch
kån	jetzt	åd	noch einmal
kl håt	immer	åd alm kqdm	seit … ununterbrochen
lålm	für immer, ständig	åd ålm	immer, ständig
lpn	vor, vorher	åd påmt brbm	jederzeit, oft
lpnj	vorgängig, ehemalig	pnm	früher, eher
lpnj	zuerst, vorher		
lpnz	vorher, früher		

3.4.3 Lokaladverbien

Das Lokaladverb bezeichnet die räumliche Zuordnung oder Ausrichtung einer Tätigkeit[263]. Beispiel: „Die Soldaten marschierten <u>bergauf</u>“. Im Deutschen üblich sind: *dort, draußen, oben, rechts, überall, hierher, dorthin, weg, bergauf, aufwärts, abwärts* etc.

achr	dahinter	kn	hierher
achr	nach, hin	kt	hier
aj	wo	lmmål mtt	von oben nach unten
b	in, an, bei	lmmåla	von oben
bnt	vor	lmål	oben, darüber
hn	hier	lmŧ	unter, unterhalb
hn	hierher	lphj	vorn befindlich
hnkt	hier	lpw	vor
zn♂, za♀	das dort/drüben	mm	hinab
k	hier	mʦa, mŧ	nach unten
ka	hier	mw	von (… bis)

263 Krahmalkov 2001, 260-263.

mål	nach oben	pgt, pkt	vor
mta	unter	šm	daselbst
ngd	gegenüber	šm	dort
ål	oben	šm	da drüben
ål pn	gegenüber	tacht, tcht	unter
ålt	hinein		

3.4.4 Kausaladverbien

Mit dem Kausaladverb wird die Ursache, die Folge oder der Zweck einer Tätigkeit näher bestimmt. Beispiel: „Ich baue ein Haus. Deswegen muss ich Material kaufen". Im Deutschen sind dies u.a. die Adverbien: *daher, darum, deswegen, weswegen, nämlich* etc., im Phönizischen sind **bd** (durch) und **bar/båar** (also) überliefert

3.4.5 Interrogativadverbien

Das Interrogativadverb (Frageadverb) fragt nach der Dauer, dem Ziel oder der Ursache einer Tätigkeit. Beispiel: „Wie lange mußt Du täglich arbeiten?" Im Deutschen kommen hier folgende Adverbien in Frage: *wann, wie lange, wie oft, warum, weshalb, weswegen, wieso, wie, wo, wohin, woher, worüber, wofür, wonach* etc. Im Phönizischen findet sich nur **aš** (wo? würde das?).

3.4.6 Relativadverbien

Das Relativadverb leitet einen Satz ein, dessen Aussage sich auf den Inhalt eines anderen Satzteils zurückbezieht. Beispiel: „Ich wohne dort, wo sich einstmals ein Wald befand". Typische Relativadverbien der deutschen Sprache sind etwa: *wo, woher, wohin, woran, wie, warum, weshalb, weswegen*. Im Phönizischen kommen hier **baš** (wo), **km** (ebenso) und **km aš** (genauso wie) in Frage

3.4.7 Pronominaladverbien

Das Pronomonaladverb leitet ein Begründung für Aussagen ein, etwa: *dafür, hierfür, wofür, damit, hiermit, womit, darauf, darum, worin, worüber*. Im Phönizischen werden zu diesem Zweck **kmt** (deshalb, aus diesem Grund, folglich), **kn** (also, daher) und **ål kn** (deshalb, aus diesem Grund) eingesetzt.

3.4.8 Negationsadverbien

Das Negationsadverb ist eine Verneinungsform, etwa: *nicht, nie, niemals, keine* etc. Im Phönizischen werden **aj** (nicht; nein, es gibt kein), **bl** (nicht, niemals, gibt es nicht), **abl/ajbl** (nicht), **la** (nicht) und **art** (kein) eingesetzt.

4. Konjunktionen

Konjunktionen sind Bindewörter, die Satzglieder (Haupt- und Nebensätze) miteinander verknüpfen und in inhaltlichen Bezug setzen[264]. Im Deutschen sind das etwa: *aber, denn, oder, und, darum, weil* etc.

aw	oder	k-	weil
al	wenn, obwohl	k-	‚dass
am	oder	k	weil, wie
am	wenn, aber, obwohl	kh, nkå	weil
am	entweder … oder	km aš	wann, wann immer
amap	sogar wenn	km š	wenn
ap	und, auch	km	wie, genauso wie
ap	darüberhinaus	lamr	‚dass
ap	ebenfalls	lkn	damit
apam	auch wenn	lm	damit nicht
aps	aber, jedoch	lmn…wod	von … bis
bar	also	lmn…wåd	sowohl … als auch
bj	ohne	lmn…wåd	und … und
dl	ebensogut wie	mj	wer auch immer
dl	und, auch	åd aš	wenn
dl	zusammen mit	åd	bis, bis um
w	und	p	also, und
w-	und, ja, oder, aber		

264 Harris 1936, 64. Schröder 1979, 218-220. Friedrich/Röllig 1999, 177-187. Krahmalkov 2001, 266-273.

5. Interjektionen

Interjektionen sind Einwürfe oder kommentatorische Zwischenrufe, zumeist in wörtlicher Rede oder in Texten, in denen der Verfasser sich als handelnde Person zu erkennen gibt[265]. Im Deutschen bekannt sind etwa: *hallo! heda! hey! aha! gut! hm, naja, nein, nun, okay, richtig, tja, Donnerwetter! Gesundheit! meine Güte! Mensch! verdammt!* etc. Im Phönizischen bekannt sind z.B. **k** (fürwahr!), **al** (nicht! nein!), das bekräftigende **l** (oh!) und das bestätigende **ha** (schön!). Vielleicht darf man hier **lamr**, das Einführungswort für die direkte Rede, mit hinzurechnen.

6. Partikel

Zum scnelleren Verständnis phönizischer Sprache sei an dieser Stelle eine kurze Sammlung von Partikeln angefügt, wie sie in der Fachliteratur immer wieder beschrieben werden. Partikel sind vorn oder hinten an das Wort angefügte Buchstaben oder Silben (Präfixe/Suffixe), die dem Wort selbst einen spezifischen Ausdruck verleihen[266].

h-	der, die, das (determ.)	l-	von (Präposition als Ersatzgenitiv)
h-	dieser, diese, dieses (determ.)	l	Wunschpartikel
h-	der/die/das (Relativpronomen	lb-	für, zu, nach (Präposition)
hnk	hier (Demonstrativpartikel)	ll-	für (Präposition)
w(-)	und, ja, oder, aber (Konjunktion)	lmb-	in, während, von (Präposition)
z-	die; dies; das (Relativpronomen)	lmb-	von … bis (Präposition)
k-	‚dass / weil (Konjunktion)	na	Bittpartikel
l-	für, im Namen von (Präposition)	š-	von (Determinativpronomen)
l-	proklamatorisches Partizip		

7. Überlieferte Satzfloskeln (Auswahl)

adln (mit mir), **gjbrtm** (seine Macht), **jdbrnk** (sie wird es dir sagen), **jknšlm** (jakunšalom, es wird Frieden geben), **maš** (alles, was sie …), **mhrjtn** (der Soldat hat gegeben), **mntsbt** (wach von), **pomj** (meine Füße)

---

265 Friedrich/Röllig 1999, 177-187.

266 Vgl. dazu ausführlich Krahmalkov 2001: **w** als Satzmarkierer (273), Partikel der Antizipation (276), der Existenz (276), der Negation (277-281), der Präsentation (285-287), der Zitation (287) sowie die hinweisende Endung auf **-a** (289). Zu den verschiedenen Einsatzmöglichketen von Suffixen und Präfixen s. Krahmalkov 2001, 50ff. 159-195.

Anhang

1. Sprachproben, Inschriften und Übersetzungen

Neben den nachfolgend genannten, offiziellen Inschriften-Sammlungen bieten auch die verschiedenen Lehrbücher Abschriften, Sprachproben und Übersetzungen ausgewählter epigraphischer Hinterlassenschaften.

In dieser Beziehung ist insbesondere Schröder (1979, 223-284) erwähnenswert. Im Tafelanhang bietet er die Inschrift Esmun-Ezers (Taf. I), die 2. Sidonische Königsinschrift (Taf. II), die 1. Inschrift von Umm el Awamid (Taf. III), die dreisprachige Inschrift aus Sardinien (Taf. IV), Inschriften aus Zypern (Kition und Lapethos, Taf. V), die 36. Inschrift aus Kition (Taf. VI), Inschriften aus Malta und Athen (Taf. VII) sowie die 4. und 5. Inschrift aus Athen (Taf. VIII), Opfertafeln von Marseille und Karthago (Taf. IX), zwei dreisprachige Inschriften und eine weitere Inschrift aus dem sardischen Tharra (Taf. Xa), die Inschrift auf einer kleinen Bronzestatue unbek. Herkunft aus dem naturhistorischen Museum Madrid (Taf. Xb), verschiedene Grab- und Votivinschriften aus Karthago und Constantine (Taf. XI), die Aufschriften von neun karthagischen Votivsteinen (Taf. XII, XIII, die Aufschriften von acht Votivinschriften aus Karthago und Constantine (Taf. XIV), sechs neupunische Inschriften (Taf. XV) und elf neupunische Votivinschriften (Taf. XVI), zwölf neupunische Grabinschriften (Taf. XVII), sowie die Zeichnungen von 44 phönizischen Münzen (Taf. XVII).

Vgl. dazu auch die Zusammenstellung phönizischer Inschriften bei Harris (1936, 157-163), die Sammlung neupunischer Inschriften bei Bisi (1976), die Kilamuwa-Inschrift aus Zincirli bei Collins (1971), die - wohl gefälschte - südamerikanische Parahyba-Inschrift bei Joffily (1972) sowie natürlich die verschiedenen Corpi.

2. Tafeln zur Entwicklung des Alphabets nach Friedrich/Röllig

ALTBYBLISCH UND ALTPHÖNIZISCH

	Pfeilspitzen 12.-11. Jh v Chr	Ahirom um 1000 v Chr	Bronzespatel um 950 v Chr	Jehimilk um 950 v Chr	Abiba'l um 925 v Chr	Eliba'l um 900 v Chr	Šipitba'l I / ʿAbdo um 880 v Chr	Zypern KAI 30 9 Jh v Chr	Limassol KAI 31 um 750 v Chr	Kilamuwa um 825 v Chr	Hasan-Beyli um 715 v Chr	Karatepe um 700 v Chr	Cebel Ires Dagi um 625 v Chr	Ur KAI 29 7 Jh v Chr
a														
b														
g														
d														
h														
w														
z														
ch														
ṭ														
j														
k														
l														
m														
n														
s														
å														
p														
ṣ														
q														
r														
š														
t														
	1	2	3	4	5	6	7	8	9	10	11	12	13	14

Abb. 33: Das altbyblische und altphönizische Alphabet (Friedrich/Röllig 1999 Taf. 1)

PHÖNIZISCH IM WESTEN UND IN ÄGYPTEN

	Nora Ende 9 Jh v Chr	Hisp 14 8 Jh v Chr	Goldmedaillon 8 Jh v Chr	Malta KAI 61 7 Jh v Chr	CIS 5684 Ende 7 Jh v Chr	Sulci CIS 147 6 Jh v Chr	Motya 6 Jh v Chr	Pyrgi um 500 v Chr	Abu Simbel um 590 v Chr	Isis Mus Kairo um 550 v Chr	BASOR 290-91 119 5 Jh v Chr	Harpokrates British Mus 4 Jh v Chr	Harpokrates Madrid 4-3 Jh v Chr	Abydos 4-3 Jh v Chr	Memphis 4-3 Jh v Chr
a															
b															
g															
d															
h															
w															
z															
ch															
ṭ															
j															
k															
l															
m															
n															
s															
å															
p															
ṣ															
q															
r															
š															
t															
	1	2	3	4	5	6	7	8	9	10	11	12	13	14	15

Abb. 34: Das phönizische Alphabet in Ägypten und im westlichen Mittelmeerraum (Friedrich/Röllig 1999 Taf. 2)

PUNISCH

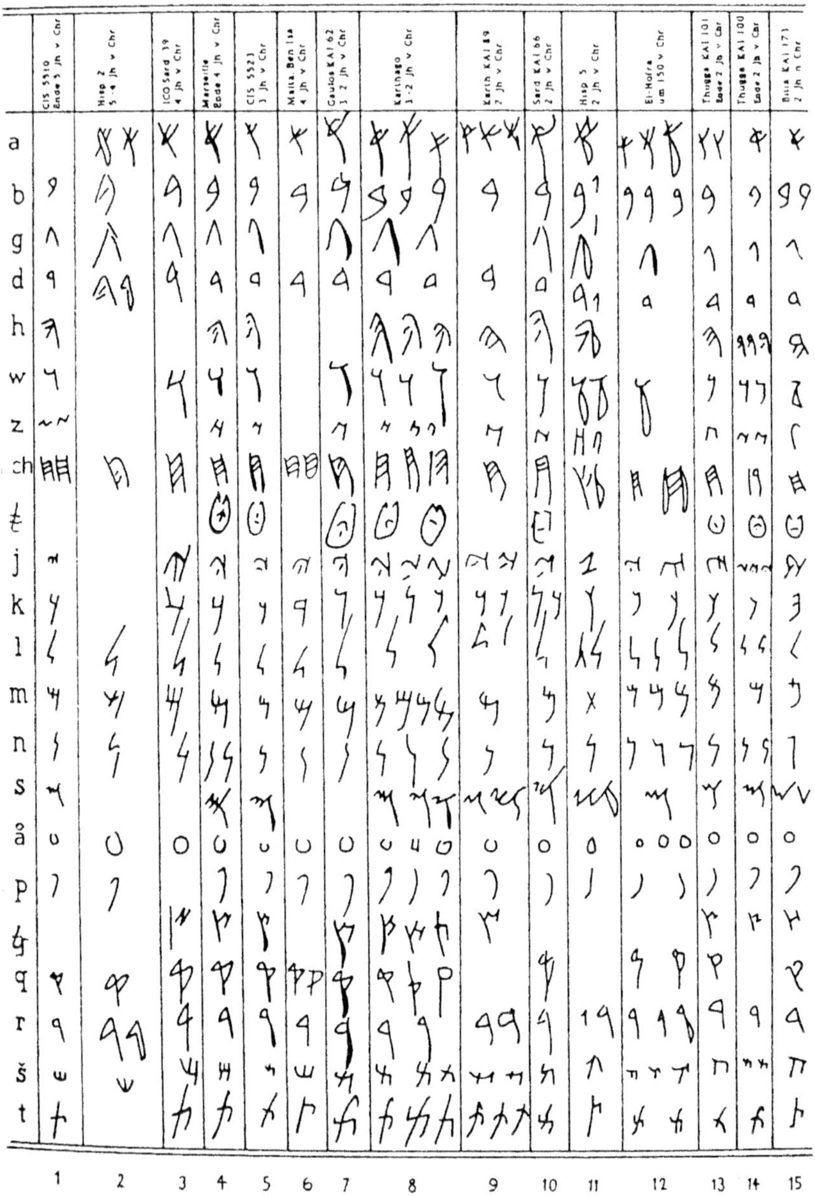

	CIS 5510 Ende 5 Jh v Chr	Hisp 2 5-4 Jh v Chr	ICO Sard 39 4 Jh v Chr	Marseille Ende 4 Jh v Chr	CIS 5523 3 Jh v Chr	Malta, Ben Isa 4 Jh v Chr	Gaulos KAI 62 3-2 Jh v Chr	Karthago 3-2 Jh v Chr	Karth KAI 89 7 Jh v Chr	Sard KAI 66 2 Jh v Chr	Hisp 5 2 Jh v Chr	El-Hofra um 150 v Chr	Thugga KAI 101 Ende 2 Jh v Chr	Thugga KAI 100 Ende 2 Jh v Chr	Bitia KAI 173 2 Jh n Chr
a															
b															
g															
d															
h															
w															
z															
ch															
ṭ															
j															
k															
l															
m															
n															
s															
å															
p															
ṣ															
q															
r															
š															
t															
	1	2	3	4	5	6	7	8	9	10	11	12	13	14	15

Abb. 35: Das punische Alphabet (Karthago etc.) (Friedrich/Röllig 1999 Taf. 3)

NEUPUNISCH UND KURSIV-PHÖNIZISCH

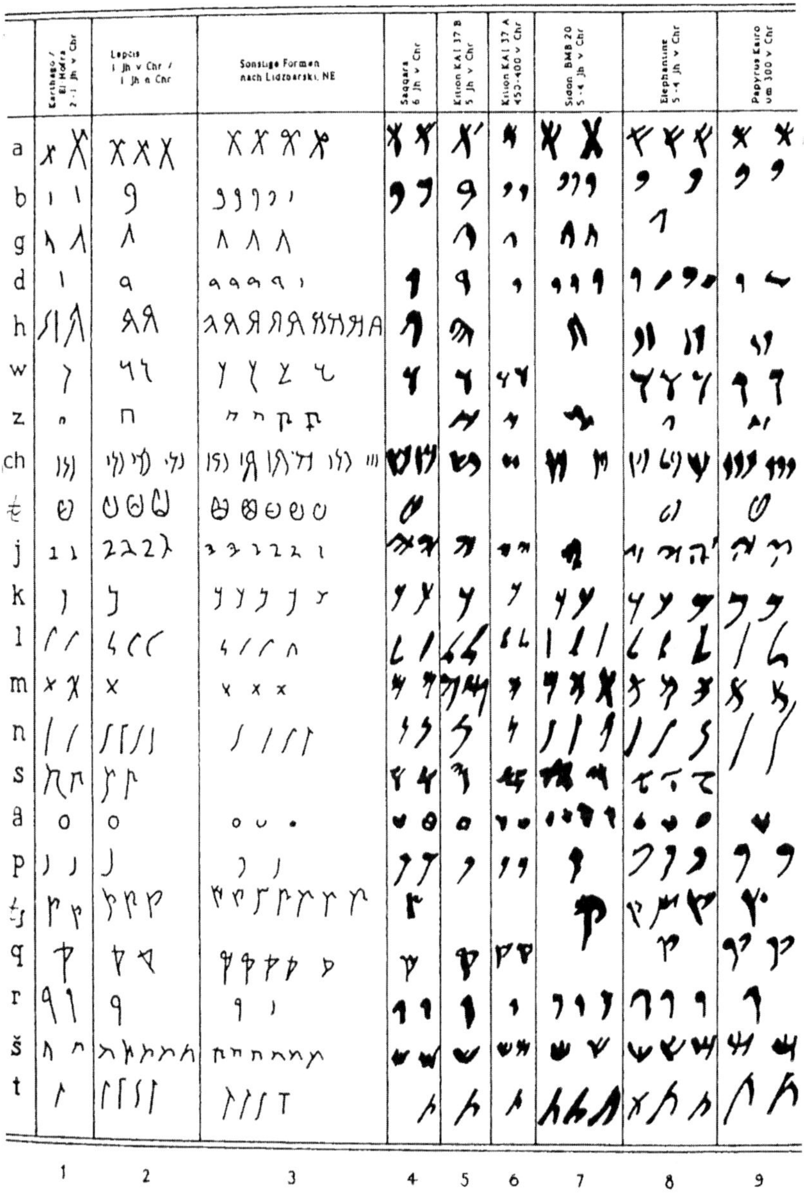

	Karthago / El Hofra 2.-1. Jh v Chr	Lepcis 1. Jh v Chr / 1. Jh n Chr	Sonstige Formen nach Lidzbarski, NE	Saqqara 6. Jh v Chr	Kition KAI 37 B 5. Jh v Chr	Kition KAI 37 A 450-400 v Chr	Sidon BMB 20 5.-4. Jh v Chr	Elephantine 5.-4. Jh v Chr	Papyrus Kairo um 300 v Chr
a									
b									
g									
d									
h									
w									
z									
ch									
ṭ									
j									
k									
l									
m									
n									
s									
ʿ									
p									
ṣ									
q									
r									
š									
t									
	1	2	3	4	5	6	7	8	9

Abb. 36: Das neupunische Alphabet und die phönizische Kursivschrift (Friedrich/Röllig 1999 Taf. 4)

3. Antike Quellen

Appian Punica. In: Brodersen, Kai/Will, Wolfgang (Hrsg.)/Vieh, Otto (Übers.): Appian. Römische Geschichte 2. Bde. München 1987-1989

Aristoteles: Grumbach, Ernst/Flashar, Hellmuth (Hrsg.): Aistoteles. Werke in deutscher Übersetzung 19 Bde. Berlin 1956ff.

Arrian: Wirth, Gerhard/Hinüber, Oskar von (Hrsg. u. Übers.): Arrian. Der Alexanderzug. Indische Geschichte. München/Zürich 1985

Herodot: Feix, Josef (Übers.): Herodot Historien. Griechisch - Deutsch. 2. Bde. 6. Aufl. München 2000

Manetho: Waddell, William Gillian: Manetho. Cambridge 2004 (Ndr. Loeb Bd. 350)

Mela: Brodersen, Kai (Übers. u. Hrsg.): Pomponius Mela. Kreuzfahrt durch die Alte Welt. Zweisprachige Ausgabe. Darmstadt 1994

Menander v. Ephesos: In Flavius Josephus Ant. Jud., Contra Apionem und FrGrHist 783f.: Barclay, John M.: Flavius Josephus. Against Apion. Translation and Commentary. Leiden/Boston 2007

Philon von Byblos: Jacobi, Felix: Philon v. Byblos. Geschichte der Phönizier. Leiden 1958

Plinius: Giebel, Marion (Übers.): Plinius d.Ä. - Naturalis Historia (lat./dt.). Würzburg 2005

Proklos Diadochus: Diehl, Ernst: Proklos Diadochus in Platonis Timaeum Commentaria Bd. 1-3, Amsterdam 1965 (1. Aufl. Leipzig 1903-1906)

Strabo: Radt, Stefan (Übers.): Strabon. Geographica I-IV (gr./dt.). Göttingen 2002

Thukydides:Landmann, Georg Peter (Übers.): Thukydides - Geschichte des Peloponnesischen Kriegs. 2. Aufl. Zürich/München 1976

Vergil: Holzberg, Niklas: Vergil. Aeneis. Berlin/Boston 2015

4. Wörterbücher, Glossarien, Lexika und Grammatiken

Baurain, Claude et. al.: Phoinikeia Grammatika: lire et écrire en méditerranée. Actes du colloque de Liége, 15. – 18. 11. 1989. Namur 1991

Benz, F. L.: Personal Names in the Phoenician and Punic Inscriptions. Roma 1972

Bloch, Armand: Phönizisches Glossar. Berlin 1890

Bongarde, Fr.: Toison d'or de la langue phénicéenne. Paris 1856

Burchardt, Max: Die altkanaanäischen Fremdworte und Eigennamen im Ägyptischen (und Hebräischen). Leipzig 1909/1910 (Ndr. Starnberg 1988)

Chifman, J.: Grammaire Phénicéenne. Moskau 1963

Donner, Herbert/Röllig, Wolfgang: Kanaanäisches Glossar. In: Dies: Kanaanäische und aramäische Inschriften III. Wiesbaden 1964

Erman, Adolf/Grapow, Hermann: Ägyptisches Wörterbuch Bde 1-5. Überarbeitet von Wolfgang Kosack. Nunningen 2018

Friedrich, Johannes/Röllig, Wolfgang: Phönizisch-Punische Grammatik. Bearbeitet von M. G. A. Guzzo und W. Mayer. 3. Aufl. Rom 1999 (Analecta Orientalia 55) [XXXIII-XXXVIII ausführliche Literatur]

Fuentes-Estañol, Maria-José: Vocabulario Fenicio. Bibliotheca Fenicia I. Barcelona 1980

Geus, K.: Prosopographie der literarisch bezeugten Karthager. Leuven 1994

Halff, G.: L'onomastique punique de Carthague, Karthago 12, 1963/1964, 61-146

Harris, Zellig S.: A Grammar of the Phoenician Language. American Oriental Series 8. New Haven 1936 (Ndr. 1964)

Harris, Zellig S.: Glossary of Phoenician. In: Ders.: A Grammar of the Phoenician Language. New Haven/Connecticut 1936, 71-156 (6. Aufl. 1977) [168-172 ausführliche Literatur]
Hoftijzer, Jean/Jongeling, K.: Dictionary of the North-West Semitic Inscriptions. 2 Bde. Leiden/New York/Köln 1995
Jean, Charles F./Hoftijzer, Jean: Dictionnaire des inscriptions semitique de l'Ouest. Leiden 1965
Krahmalkov, Charles R.: A Phoenician-Punic Grammar. (Handbuch der Orientalistik 54). Leiden/Boston/Köln 2001
Krahmalkov, Charles R.: Phoenician-Punic Dictionary. Studia Phoenicia XV. Orientalia Lovaniensia Analecta 90. Leuven 2000
Levy, Moritz Abraham: Phönizisches Wörterbuch. Breslau 1864 (Repr. Norderstedt 2016)
Lidzbarski, Max: Glossary. In: Handbuch der nordsemitischen Epigrahik. 2 Bde. Wiesbaden 1898, 204-388 (Ndr. 1962)
Lipinski, E. (Hrsg.): Dictionnaire de la civilisation phénicienne et punique. Turnhout 1982
Rosemberg, J.: Phönikische Sprachlehre und Epigraphik. Wien/Leipzig o.A.
Schröder, Paul: Die phönizische Sprache. Entwurf einer Grammatik nebst Sprach- und Schriftproben. Mit einem Anhang, enthaltend eine Erklärung der punischen Stellen im Pönulus des Plautus. Mit 22 Tafeln. Halle 1869 (Repr. Wiesbaden 1979)
Siegert, S.: A Grammar of Phoenician and Punic. München 1976
Tomback, Richard S.: A comparative semitic Lexicon of the Phoenician and Ppunic languages. Diss. New York 1974. Missoula/Montana 1978
Van den Branden, A.: Grammaire Phénicienne. Beyrouth 1969
Vattioni, F.: Onomastica punica nelle fonti latine nordafricaine, Studi Megrebini 9, 1977, 1-7

5. Literatur

Aartun, Kjell: Runer. Kulturhistorisk sammenheng. En fruktbarhets kultiksk tradisjon. Oslo 1994
Acquaro, E.: Bronzes. The Phoenicians (Palazzo Grassi). Højbjerg 1988
Albright, W. F.: New Light on the Early History of Phoencian Colonization. Bulletin of the American Schools of Oriental Research 83, 1941, 14-22
Albright, W. F.: Syria, the Philistines and Phoenicia, Cambridge 2008
Almgren, Bertil: Die Datierung bronzezeitlicher Felszeichnungen in Westschweden. Uppsala 1987
Althin, Carl-Axel: Studien zu den bronzezeitlichen Felszeichnungen von Skåne. Bd. 1 (Textteil) Bd. 2 (Tafelteil). Diss. Lund 1945
Aubet, Maria Eugenia: The Phoenicians and the West. Politics, Colonies and Trade. Cambridge 1987 (2. Aufl. London 2001)
Bang, Jörgen: Runes. Genalogy and grammatology. An argumented version of the original Danish essay Runernes genealogi og grammatologi which was presented at Aarhus University 10. October 1996. Odense 1997
Barnett, Robert D.: Mopsus, Journal of Hellenic Studies 73, 1953, 140-142
Barnett, Robert D.: Early Shipping in the Near East, Antiquity 32/128, 1958, 220-230 und. Taf. XXI-XXIV
Barreca, F.: S de une epigrafi puniche di Nora. Accademia Nazionale dei Lincei, Rendiconti 8.16, 1961, 202-203
Bérard, Victor: Les Phéniciens et les poèms homériques. Paris 1902

Bérard, Victor: Les Phéniciens et l'Odysse, 2 Bde., Paris 1902-1903
Berliner, E: Le mois intercalaire du calendrier punique, Revue d'Assyriologie et Archéologie Orientale 13, 1916, 55-61
Besnier, Maurice: Lexique de géographie anciennne. Paris 1914
Birkmann, Thomas: Von Ägedal bis Malt: Die skandinavischen Runeninschriften vom Ende des 5. bis Ende des 9. Jhdts. Ergänzungsbände zum Reallexikon der germanischen Altertumskunde 12. Berlin 1995
Bisi, A. M.: Su un gruppo di stele neo-puniche del British Museum, Rivista di Studi Fenici 4, 1976, 23-40
Bittner, Stefan: Tracht und Bewaffnung des persischen Heeres zur Zeit der Achaimeniden. 2. Aufl. München/Frechen 1987
Bittner, Stefan: Achaimenidische Waffen aus der Zeit Dareios I. im Archäologischen Museum von Aléria (Kosika). Kopis, Akinakes, Spitzhelm und blattförmige Lanzenspitzen. Frechen 2021
Bittner, Stefan: Atlantis. Siedlung - Seebund - Supermacht. Eine phönizische Niederlassung in Marokko am Mittelmeer. Frechen 2022
Bittner, Stefan: Die Reit- und Kriegstracht Kyros d. Gr. als Krönungsornat achaimenidischer Großkönige. Eine Studie zur Genese altpersischer Reitkleidung. Frechen 2023
Blázques, J. M.: Las colonizaciones semitas en Huelva, Cádiz y la Baja Andalucia. Valencia 1975a
Blázques, J. M.: Tartessos y los origínes de la colonización fenicia en occidente. Salamanca 1975b
Blümner, H.: Technologie und Terminolgie der Gewerbe und Künste bei Griechen und Römern. 2. Aufl. Berlin 1912 (Ndr. Darmstadt 1969)
Bonnet, C./Lipinski, E./Marchetti, P.: Religio Phoenicia, Studia Phoenicia IV, Namur 1986
Borée, W.: Die alten Ortsnamen Palästinas. Leipzig 1930
Bose, G.v.: Die Münzen der Balearischen Inseln mit bes. Rücksicht auf Ebusus, Köhnes Zeitschrift für Münz-, Wappen und Siegelkunde 4, 1844, 129-160, 257-296
Braunmüller, Kurt: Methodische Probleme in der Runologie – einige Überlegungen aus linguistischer Sicht. In: Düwel, Klaus/Nowak, Sean (Hrsg.): Runeninschriften als Quellen interdisziplinärer Forschung. Abhandlungen des 4. Internationalen Symposiums über Runen und Runeninschriften in Göttingen v. 4.-9. August 1995. Berlin 1998, 3-23
Bron, F.: Phénicien *išat* = viellesse. Istituto Universitario Orientale di Napoli, Annali 35, 1975, 545
Brunnens, Guy: L'Expansion phénicienne en Mediterranée – Essai d'interpretation fondé sur une analyse des traditions littéraires, préface d'Edward Lipinski. Institute historique belge de Rome. Brüssel/Rom 1979
Burkert, Walter: The orientalizing revolution: Near Eastern influence on Greek culture in the early archaic age [rev. und erw. Ausgabe der dt. Fassung ‚Die orientalisierende Epoche in der griechischen Religion und Literatur' 1984]. Übers. v. Margaret E. Pinder und Walter Burkert. Cambridge/Mass. 1992 (Ndr. 1997)
Charrier, Louis: Description des monnaies de la Numidie et de la Mauretaine et leur prix basé sur le degre de rarite. Paris 1912 (Ndr. 2022)
Carpenter, R.: The Antiquity of the Greek Alphabet. American Journal of Archaeology 37, 1933, 8-29
Coessen, C.: Les Phéniciens et le monde méditerranée. Ausstellungskatalog der Generalbanken von Brüssel und Luxemburg 1986
Collins, T.: The Kilamuwa Inscription, Welt des Orients 6.2, 1971, 183-188

Cross, Frank Moore: An Interpretation of the Nora Stone., Bulletin of the American Schools of Oriental Research 208, 1972, 13-19

Dahood, M.: Some Eblaite and Phoenician Month Names. Atti del I Congresso Internazionale Di Studi Fenici e Punici Roma, 5.–10. Novembre 1979 Vol. II, 595-599

DeGraeve, Marie-Christine: The Ships of the Ancient Near East (c. 2000-500 B.C.). With a Preface by Edith Porada. Leuven 1981

Delavault, B./Lemaire, A.: Une stele ‚molk' de Palestine dédiée à Eshmoun? Revue Biblique 83, 1976, 569-583

Delcor, M.: Réflexions sur l'inscription phénicienne de Nora en Sardaigne, Syria 45, 1968, 323-352

Delekat, L.: Ein Papyrusbrief in einer phönizisch gefärbten konsekutiv-tempus-Sprache aus Ägypten, Orientalia 45, 1971, 401-409

Dietrich, A: Phönizische Ortsnamen in Spanien. Leipzig 1936

Donner, Herbert/Röllig, Wolfgang: Kanaanäische und aramäische Inschriften. Bd. 1, 5. Aufl. Wiesbaden 2002

Dunand, Maurice: Byblia Grammata. Beyrouth 1945

Dunand, Maurice: Feuilles de Byblos. Paris 1936-1958

Dunand, Maurice: Fouilles de Byblos Bd. II (1933-1938). Paris 1950

Düwel, Klaus: Runenkunde Bd. 3. Stuttgart 2001

Eggebrecht, A.: Schlachtungsgebräuche im Alten Ägypten und ihre Wiedergabe im Flachbild bis zum Ende des Mittleren Reichs. München 1973 (Diss. München 1966)

Eissfeldt, O.: Molk als Opferbegriff im Punischen und Hebräischen und das Ende des Gottes Moloch. Beiträge zur Religionsgeschichte des Altertums III. Halle 1935

Ferron, J.: La pierre insrite de Nora, Rivista degli Studi Orientali 41, 1966, 281-288

Février, J. G.: L'inscription d'Abibaal roi de Byblos, Africa 1, 1966, 13-17

Friedrich, J.: Eine phönizische Inschrift späterer Zeit aus Byblos, Orientalische Literaturzeitung 1935, 348-350

Friedrich, J.: Byblos. Mélanges Syries offerts à M. R. Dussaud, Paris 1939, 37-47

Galling, K.: Der Weg der Phöniker nach Tarsis in literarischer und archäologischer Sicht, Zeitschrift des Deutschen Palästina-Vereins 84, 1972, 1-18. 140-181

Garbini, G.: Terminologia sacrificale fenicia: pgå, Bibliotheca Orientalia 120, 1979, 109-113

García y Bellido, A.: Fenicios y Carthagineses en Occidente. Madrid 1942

Gehring, U./Niemeyer, H. G. (Hrsg.): Die Phönizier im Zeitalter Homers, Mainz 1990

Gevirtz, S.: A spindle whorl with a Phoenician inscription, Journal of Near Eastern Studies 26, 1976, 13-16

Ginsberg, H. R.: Ugaritica-Phoenicia. Gaster Festschrift. Journal of the Ancient Near East Society of Columbia University 5, New York 1973, 131-148

Goedicke, Hans: The Report of Wenamun. Baltimore/London 1975

Gratwick, A. S.: Hanno's Punic Speech in the Poenulus of Plautus, Hermes 99, 1971, 25-45

Gray, Louis Herbert: The Punic Passages in the Poenulus of Plautus, American Journal of Semitic Languages 1922/1923, 73-88

Gsell, S.: Histoire ancienne de l'Afrique du Nord. 4 Bde. Paris 1913-1920

Guillaume, A: The Phoenician Graffito in the Holt Collection of the National Museum of Wales, Iraq 7, 1940, 67-68

Guzzo Amadasi, M. G.: Le inscrizioni fenici e puniche delle colonie in Occidente. Studi Semitici 28. Rom 1967

Harden, Donald.: The Phoenicians. Ancient Peoples and Places Bd. 26. London 1962

Heizmann, Wilhelm: Zur Entstehung der Runenschrift. Symposion on Research in Elder Runes. Oslo 2.-4. September 2004. Oslo 2004

Herrmann, W.: Der historische Ertrag der altbyblischen Königsinschriften, Mitteilungen des Instituts für Orientforschung 6, 1958, 14-32

Hill, George Francis: Coins of Ancient Sicily. Cambridge 1903 (Ndr. 2022)

Hill, George Francis: Catalogue of the Greek coins of Phoenicia. The coins of Sidon. In: Catalogue of Greek Coins in the British Museum London. London 1910

Hoftijzer, J.: La nota accusativi t en phénicien, Muséon 86, 1963, 195-200

Hurst, H.: The War Habour of Carthage. Atti del I Congresso Internazionale Di Studi Fenici e Punici Roma, 5. – 10. Novembre 1979 Vol. II, 603-610

Jensen, Hans: Die Schrift in der Vergangenheit und Gegenwart. 3. Aufl. Berlin 1969

Jodin, André: Mogador, comptoir phénicienne du Maroc atlantique. Tanger 1966

Joffily, G. E.: L'inscription phénicienne de Parahyba. Zeitschrift der Deutschen Morgenländischen Gesellschaft 122, 1972, 22-36

Katzenstein, M. J.: The phoenician term *hubūr* in the Report of Wen-Amon. I Congresso Internazionale di Studi Fenici e Punici (1979), Rom 1983, 598-602

Kertai, David. Byblos. S'werelds oudste havenstad. Rijksmuseum vor Oudheden. Leiden 2022

Kertai, David/Zaven, Tania (Hrsg.): Byblos. Gateway to the World. Leiden 2023

Kistler, Erich: Die Phönizier - Vom Händlervolk zur Großmacht, epoc 4, 2009, 14-37

Krahmalkov, C. R.: The punic speech of Hanno, Orientalia 39, 1970, 52-74

Krug, Antje: Die Sahure-Reliefs. Hgg. v. H. Beck u. P. C. Bol. Frankfurt/M. 1978

Lagarge, E.: Le rôle d'Ugarit dans l'élaboration du répertoire iconographique syro-phénicien du premier millénaire avant J.C. Atti del I Congresso Internazionale Di Studi Fenici e Punici Roma, 5. – 10. Novembre 1979 Vol. II, Rom 1983, 547-562

Leclant, J.: The Role of the Phoenicians in the Inteaction of Mediterranean Civilization. Beyrouth 1968

Lerberghe, K.v./Schoors, A.: Immigration and Emigration within the Ancient Near East. Festschrift E. Lipinsky. Orientalia Lovanensia Analecta Nr. 65. Leuven 2009

Lethbridge, T. C.: Boats and Boatmen. London 1952

Levenson, J. D.: The Spindle Whorl Inscription from Chatal Huyuk. Bulletin of the American Schools of Oriental Research 209, 1977, 37-40

Lidzbarsky, M.: Zu den phönizischen Inschriften von Byblos, Orientalische Literaturzeitung 30, 1927, 453

Lipinski, E.: Tartessos et la stèle de Nora. 2. Congreso internacional de estudios sobre las culturas del Mediterráneo occidental 1975, Barcelona 1978, 71-77

Lipinski, E. (Hrsg.): Carthago. Studia Phoenicia VI. Acta Colloquii Bruxellensis habiti diebus 2 et 3 mensis Maii anni 1986. Leuven 1988

Lipinski, E.: Phoenicia and the Bible. Studia Phoenicia XI (Orientalia Lovanensia Analecta). Leuven 1991

Lipinski, E.: Dieux et déesses de l'univers phénicien et punique. Orientalia Lovanensia Analecta Nr. 64. Leuven 2018

Liverani, M.: Prestige and interest. International reations in the Near East ca. 1600-1000 B.C. Padova 1990

Mączyńska, Agnieszka: Lower and Upper Egypt in the 4th millenium BC. The development of craft specialisation and social organisation of the Lower Egyptian and Naqada cultures. In: Studies in African Archaeology 14, 2015, 66-97

Mannert, Conrad: Geographie der Griechen und Römer Bd. 10.2. Afrika: Marmarika, Kyrene, die Syrten, Karthago, Mauretania, die Westküste von Afrika, die westlichen Inseln. Aus den Quellen bearbeitet. Leipzig 1825

Markoe, Glenn E.: Die Phönizier. Aus dem Englischen von Tanja Ohlsen. Stuttgart 2003

McCarter, P. K./Coote, R. B.: The Spatula Inscription from Byblos, Bulletin of the American Schools of Oriental Research 212, 1973, 16-22
Mellaart, J.: Illustrated London News Nov. 1959, 754
Metzer, Otto: Geschichte der Karthager. Berlin 1879
Moltke, Erik: Runes and their origin. Denmark and elswhere. Aus dem Dänischen übersetzt von P. G. Foote. Kopenhagen 1985
Montet. Pierre: Le pays de Negaou près de Byblos et son dieux, Syria 4.3, 1923, 181-192
Montet, P.: Comment rétablir l'inscription d'Abibaal roi de Byblos? Revue Biblique 25, 1926, 321-327
Montet, Pierre: Byblos et L'Egypte. Quatre campagnes de fouilles à Gebeil 1921-1922-1923-1924. Atlas 1929. Paris 1929
Moscati, Sabatino: The world of the Phoenicians. London 1968
Moscati, Sabatino: Precolonizzaszzione gerse e precolonizzazzione fenicia. Rivista di Studi Fenici XI, 1983, 1-7
Moscati, Sabatino/Uberti, M. I.: Le stele puniche di Nora. Studia Semitica 35. Rom 1975
Müller, Hans-Peter: Phönizische historische Inschriften. In: Texte aus der Umwelt des Alten Testaments. AF 1: Rechts- und Wirtschaftsurkunden: Historisch-chronologische Texte. Lieferung 6: Historische Texte III. Gütersloh 1985, 638–645
Müller, Ludwig: Numismatique de l'ancienne Afrique. 4 Bde. Kopenhagen 1860-1872
Muhly, J. D.: Homer and the Phoenicians, Berytus 19, 1970, 19-64
Navaille, Edouard: Le vase à parfum des Byblos, Syria 3.4, 1922, 291-295
Niemeyer, H.G.: Die Phönizier und die Mittelmeerwelt im Zeitalter Homers. Jahrbuch des Römisch-Germanischen Zentralmuseums 31, 1984, 3-94
Nilsson, M. P.: Die Übernahme und Entwicklung des Alphabets durch die Griechen. Det kgl. Danske Videnskap. Selskab. Hist-fil. Meddelelser I. 6. Kopenhagen 1918
Nixon, P. (Übers.): Plautus. Poenulus. Loeb Classical Library IV. London 1952
Page, R. I.: An introduction to english runes. 2. Aufl. Woodbridge/Suffolk 1999
Peckham, Brian: The Nora inscription, Orientalia 41, 1972, 457-468
Pfiffig, A. J.: Wie diese Sterne hier (km hkkbm al, LPI 10f.). Der Sternenschleier der Astarte? Hommage à M. Renard, 1969, 461-473
Picard, Gilbert: Carthage. London 1964
Pietschmann, Richard: Geschichte der Karthager. Berlin 1879
Pietschmann, Richard: Geschichte der Phönizier. Frankfurt/M. 1889 (Ndr. 2022)
Quattrocini Pisano, G.: Antichità puniche al Museo di Como. Atti del I Congresso Internazionale Di Studi Fenici e Punici Roma, 5. – 10. Novembre 1979 Vol. II, Rom 1983, 471-474 (Bild Siegelstempel)
Ranck, T. E.: The Byblos Spatula, an Ancient Bribe or Peace Offering? The Australian Journal of Biblial Archeology 2, 1973, 45-50
Rawlinson, George: The story of Phoenicia. London 1889 (Ndr. Los Angeles 2013)
Röllig, Wolfgang: Eine neue phönizische Inschrift aus Byblos. Neue Ephemeris für semitische Epigraphik II. Wiesbaden 1974, 1-13
Röllig, Wolfgang: On the Origins of the Phoenicians, Berytus 31, 1983, 79-83
Saghieh, Muntaha: Byblos in the Third Millenium – A Reconstruction of the Stratigraphy and a Study oft he Cultural Connections. Warminster 1983
Salles, Jean-Francais: La nécropole ‚K' de Byblos, maison de l'orient – ADPF. Paris 1980
Schauer, P.: Spuren orientalischen und ägäischen Einflusses im bronzezeitlichen nordischen Kreis. Jahrbuch des Römisch-Germanischen Zentralmuseums Mainz 32. Mainz 1985

Schiffmann, I.: Studien zur Interpretation der neuen phönizischen Inschrift aus Byblos (Byblos 13), Revista di Studi Fenici 4, 1976, 171-177
Selm, Gilbert: Marriage and family life in Ugartic literature. London 1954
Sethe, Kurt: Der Ursprung des Alphabets. Nachrichten der königlichen Gesellschaft der Wissenschaften Göttingen. Geschäftliche Mitteilungen 1916, 88-161
Simonetti, Anna: Sacrifici umani et uccisioni rituali nel mondo fenicio-punico. Il contributo delle fonti lette rarie classische, Rivista di studi fenici 1983 (recherchieren)
Smith, William Stevenson: Influence of the Middle Kingdom of Egypt in Western Asia, especially Byblos, American Journal of Archeology 73.3, 1969, 277-281
Sommer, Michael: Die Phönizier. Geschichte - Kultur. München 2008
Spiegelberg, W.: Zur Datierung der Ahiram-Inschrift von Byblos, Orientalia 29, 1926, 257-273
Starcky, Jean: Une inscription phénicienne de Byblos, Mélanges de l'Université Saint Joseph 45, 1969, 257-273
Starcky, Jean: Le sarcophage d'Ahiram roi de Byblos, Bible et Terre Sainte 157, 1974, 19-22
Thiolett, Jean-Pierre: Je m'apelle Byblos. Paris 2005
Thrane, H.: The Mycenaean fascination. A northerner's view. Orientalisch-ägäische Einflüsse in der europäischen Bronzezeit, Ergebnisse eines Kolloquiums. Römisch-Germanisches Zentralmuseum Bonn Monographien Bd. 15. Bonn 1990
Torrey, Ch. C.: The Ahiram Inscription of Byblos, Journal of American Oriental Studies 45, 1925, 269-279
Torrey, Ch. C.: An Inscription of Elibaal, King of Byblos, Journal of American Oriental Society 46, 1926, 237-240
Vanel, A.: Six ostraca phéniciens trouvés au temple d'Echmoun près de Saïda, Bulletin de Musée de Bayrouth 20, 1967, 45-95
Vanel, A.: Le septième ostracon phénicien trouvé au temple d'Echmoun près de Saïda, Mélanges de l'Université Saint Joseph 45, 1969, 345-364
Vennemann, Theo: Germanische Runen und phönizisches Alphabet, Sprachwissenschaft Jahrgang 2006 Nr. 31, 367-429
Vincent, L. H.: Les fouilles de Byblos II. L'inscriptions phéniciennes, Revue Biblique 24, 1925, 183-193
Virolleuad, Charles: Découverte a Byblos d'un hypogée de la XII. dynastie égyptienne, Syria 3.4, 1922, 273-290
Vos, R. L.: The Apis Embalming Ritual. Orientalia Lovanensia Analecta Nr. 50. Leuven 2004
Ward, William A.: The Role of the Phoenician in the Interaction of Mediterranean Civilizations. Symposium archéologique de l'Université américaine de Beyrouth, 1967. Beirut 1968
Wathelet, P.: Les Phéniciens et la tradition homerique, Studia Phoenicia II, Leuwen 1983, 235-243
Wheeler, T. S./Muhly, J. D./Haddin, R.: Mediterranean Trade in Copper and Tin in the late Bronze Age. Annali dell'istitto Italiano di Numistmatica 26, 1979, 139-150
Xella, P.: Le polythéisme phénicien. Studia Phoenicia IV, Namur 1986, 29-39
Zenner, J. K.: Die im Piräus neu aufgefundene phönizische Inschrift, Wiener Zeitschrift für die Kunde des Morgenlandes 2, 1888, 249-252

6. Abkürzungen

CIL: Corpus Inscriptionum Latinorum
CIS: Corpus Inscriptionum Semiticorum Teil I: Phoenician. Paris 1881 ff.
EH: Berthier, A./Charlier, R.: Le sanctuaire punique d'El-Hofra à Constantine. Arts et Métiers Graphiques. Paris 1952-1955
EÜ: Chronik, Hesekiel, Jesaja. Die Bibel. Einheitsübersetzung der Heiligen Schrift. Gesamtausgabe im Auftrag der Deutschen Bischofskonferenz, der Österreichischen Bischofskonferenz, der Schweizer Bischofskonferenz u.a. Vollständig durchgesehene und überarbeitete Ausgabe. Stuttgart 2016
FrHistGr: Müller, Karl (Hrsg.): Fragmenta Historicum Graecorum. 5 Bde. Paris 1841-1884 (2. Aufl. 1875-1885. 3. Aufl. 1928-1938
IEJ: Israel Exploration Journal
IG: Inscriptiones Graecae Bd. 14: Italian, Sicily. Kaibel, G. (Hrsg.). Berlin 1890
KAI: Donner, H./Röllig, W.: Kanaanäische und aramäische Inschriften. Wiesbaden 1962-1964
RCL: Atti della Accademia nazionale dei Lincei. Rendiconti. Classe di scienze morali, storiche e filologiche
RES: Répertoire d'épigraphie sémitique